MaxMania

Van Koen Vergeer verschenen eerder

Sagrada Familìa
Dossier Delvaux
De Formule 1-fanaat
Poëzie in Vredenburg
Le Mans
Mijn Formule 1
Vaders langs de lijn
Mahler
Pole Position
Faust Racer
Kalff. Leven in de racerij

KOEN VERGEER

MaxMania

De weg naar de top

Uitgeverij Atlas Contact
Amsterdam/Antwerpen

Eerste druk mei 2018
Tweede druk juni 2018
Derde druk juni 2018
Vierde, gewijzigde druk maart 2019
Vijfde druk maart 2019
Zesde, gewijzigde druk februari 2021

Omslagontwerp Studio Jan de Boer
Omslagbeeld Peter van Egmond
Foto auteur Fjodor Buis
Ontwerp typografie binnenwerk Wim ten Brinke
Drukkerij Wilco

ISBN 978 90 450 4416 3
D/2018/0108/707
NUR 480

www.atlascontact.nl
@koenvergeerF1 op Twitter

FSC
www.fsc.org
MIX
Papier van verantwoorde herkomst
FSC® C004472

Inhoud

Eau Rouge

Een ochtend in de Ardennen. Bossen. Het vroege zonlicht wordt gezeefd door de sparren op de heuvel, waar een tribune staat. Marshalls in oranje overalls hebben mij de baan laten oversteken. Het is in orde: ik heb een fotografenhesje aan. Aan de overkant loop ik om een bandenstapel heen en zoek het korte strookje gras op, nauwelijks anderhalve meter breed, tussen hek en vangrail. Het ziet er niet uit, maar dit is de ereloge van de snelheid. Hier rijdt de Formule 1 vol gas over je tenen. Eau Rouge.

Bij de eerste twee, drie auto's deins ik nog achteruit, vanwege de rijwind, de turbulentie die rondom de auto's mee suist. Daarna lach ik alleen nog maar van de adrenaline en geluk. Hiervoor ben ik gekomen. Om de Formule 1 door al mijn zintuigen te laten gieren, door alle zenuwbanen, ingewanden, gewrichten. Het hele pandemonium van snelheid, van kleur, concentratie en lawaai.

Daar komt de volgende uit La Source gedraaid, langs de oude pits omlaag gedenderd naar hier, het oog van de naald, tempo 300-plus, het linkervoorwiel heel even – *rrrrt* – over de geel-rode kerbstones, vlak langs de vangrail, waar ik sta. Het is Max! In zijn flitsmachientje van carbonfiber, lichtgewicht metalen en rubber scheurt hij, zeventien jaar jong, over de Raidillon omhoog, vonken sproeiend, prachtig. Als hij al over de kim verdwenen is, rammelt het reclamebord achter mij nog altijd stilletjes heen en weer.

I

WAAR HET VANDAAN KOMT

1

MaxMania

Op 31 augustus 2014 gebeurde er iets bijzonders in Nederland: het achtuurjournaal besteedde aandacht aan de Formule 1. Max Verstappen gaf tijdens het City Racing-festival in Rotterdam een demonstratie met een Toro Rosso-Formule 1-bolide. Vlak daarvoor was bekend geworden dat Max in 2015 zou gaan uitkomen in de Formule 1 voor het team van Toro Rosso. Tijdens de Grand Prix van België op Spa-Francorchamps was hij het middelpunt van een wereldwijde belangstelling geweest. Max was nog maar zestien jaar, hij had nog niet eens een rijbewijs en nu al een Formule 1-contract! Max was het grote talent van de toekomst, een sensatie. Met zijn optreden in de straten van Rotterdam gaf hij de Nederlandse raceliefhebbers alvast een voorproefje. In het nieuwsitem zag je hem over de Coolsingel razen, over het Hofplein, de Willemsbrug en her en der een paar lekkere donuts draaien, rokende banden, groot gejuich. Alleen aan het eind ging het even mis. Max kwam na een paar donuts niet helemaal goed uit, de auto stopte en schoot onverwacht nog een paar centimeter naar voren, tegen de afzetting aan. Voorvleugel los. Met een licht meewarige glimlach sloot de nieuwslezer het item af.

Hoe anders was het toen ik als elfjarig jongetje de Formule 1 ontdekte. Als de Formule 1 destijds in het achtuurjournaal kwam, wist je zeker dat er weer iemand dood was. Zodra het plaatje met de twee raceauto's achter de nieuwslezer in beeld verscheen, zakte mijn hart onmiddellijk een meter omlaag: oh nee... oh nee, niet weer... 'Bij de trainingen voor de Grand Prix van Amerika is de Franse autocoureur François Cevert om het leven gekomen. Cevert werd 29 jaar.' Mijn oudste herinnering aan de Formule 1 komt niet eens van de televisie. Op zaterdagmiddag 5 september 1970 meldde het radioprogramma *Langs de lijn* de dood van Jochen Rindt op Monza. Het bericht raakte me, misschien drong er iets van de verslagenheid van Monza via de radio tot in onze huiskamer door. Buiten, zag ik, kleurde de middag langzaam donker. Echt begrijpen deed ik het niet. Beelden van het ongeluk zag ik pas veel later, op internet. Ik herinner me uit 1970 geen enkel beeld van de Formule 1. Misschien was ik nog te jong. Maar ook in de jaren daarna was de Formule 1 in Nederland nagenoeg onzichtbaar. Het was een soort geheim genootschap, dat heel af en toe opdook op de zondagavond in *Studio Sport*, na het voetbal, het roeien, waterpolo en paardensport. De Formule 1 bestond in Nederland niet.

Gelukkig was mijn vader handig met antennes, zodat ik in die Formule 1-loze dagen soms toch de Grand Prix van Duitsland of Engeland live kon zien. Omgekeerd beschikte ook Bernie Ecclestone over een goede antenne: hij voelde hoezeer jongetjes als ik op zoek waren naar Formule 1 op de televisie. Ecclestone begreep dat de Formule 1 zich beter moest organiseren om zich beter – lees: duurder – te kunnen verkopen. Lange tijd was de Formule 1 een allegaartje geweest, een stel naar motorolie stinkende hobbyisten, die dan eens wel en dan weer niet opdoken om op haveloze circuits tegen elkaar te racen, die daarmee een habbekrats verdienden en met enige regelmaat een van de kameraden ten grave moesten dragen. Bernie begon de Formule 1 te stroomlijnen: met een vaste kalender, met vaste veiligheidsvoorschriften en op den duur zelfs met vaste teams. In een jaar of vijftien transformeerde hij de Formule 1 tot een professionele sport in een gelikt mediacircus, waarvan hij – uiterst gewiekst – de uitzendrechten had verworven. Een mijlpaal in die ontwikkeling was de eerste Grand Prix van Japan in 1976. Het was de ontknoping van een dramatisch Formule 1-seizoen vol schandalen, vuur en de wonderlijke wederopstanding van Niki Lauda. Een Hollywood-script, dat later daadwerkelijk is verfilmd in *Rush*. Die Grand Prix van Japan was de eerste race die wereldwijd werd uitgezonden. Bernies kassa begon te rinkelen. In de jaren daarna werden steeds meer Formule 1-races uitgezonden, voornamelijk via Eurosport en de BBC.

In Nederland leidde de Formule 1 nog altijd een marginaal bestaan. Begin jaren zeventig had *De Telegraaf* nog een inzamelingsactie gehouden onder haar lezers om Gijs van Lennep in de Formule 1 te krijgen: 'Tientje voor Gijs'. Daarna hadden de broers Bob en Rody Hoogenboom bakken vol geld verloren aan een niet vooruit te branden Ensign, wat uiteindelijk bijna leidde tot een ordinaire vechtpartij met loden pijpen bij een garage. Jan Lammers, Europees Formule 3-kampioen, kwam met behulp van een sjekkiesgigant bij het team van Shadow terecht, dat net op dat moment afgleed naar de achterste regionen. Formule 1, dat was niks voor Nederland: een sport voor cowboys, waaghalzen en oplichters, iets met brandende auto's en dood.

Ecclestone deed zijn best om dat imago te verbeteren. Sponsoren waren niet zo tuk op brandende wrakken met hun merknaam erop. De Formule 1 moest veiliger. Het werd ook stukken veiliger, zeker toen de auto's in de jaren tachtig van koolstofvezel werden gebouwd. De schare Formule 1-volgers groeide uit tot een miljoenenpubliek. De kijkcijfers konden makkelijk wedijveren met die van het wereldkampioenschap voetbal of de Olympische Spelen, en dat dan wel iedere twee weken. De inkomsten bleven stijgen, de budgetten rezen de pan uit. Begin jaren zeventig werden de auto's waarmee Jackie Stewart wereldkampioen werd nog gebouwd door een paar mensen in een schuurtje bij een houtvestersbedrijf in Engeland. In 2004 opende McLaren het ruim driehonderd miljoen pond kostende McLaren Technology Centre, waar inmiddels meer dan duizend mensen werkzaam zijn.

Toch bleek het grote publiek nog altijd gevoelig voor de dramatiek van leven en dood, zoals die in de jaren zestig en zeventig hoogtij had gevierd. De dood van Ayrton Senna in 1994 gaf de Formule 1 wereldwijd een enorme boost. Ecclestone was er later bikkelhard over: hoe verdrietig ook, het was goed voor de omzet geweest.

In Nederland was die boost nog groter door de stormachtige opkomst van Jos Verstappen in datzelfde jaar. Met Jos Verstappen hadden we eindelijk een groot talent in de Formule 1. Volgens insiders had Verstappen alles om een Grand Prix-winnaar te worden. Eindelijk een Nederlandse coureur die niet voortdurend door gebrekkig materiaal in de pre-kwalificaties bleef steken, of na twee races wegens gebrek aan sponsoring op straat werd gezet. Nederlandse racefans hunkerden naar succes. Nieuwe commerciële televisiezenders in Nederland zagen wel iets in die Formule 1. Met hun reclame-inkomsten konden ze in elk geval de uitzendrechten betalen. RTL5 begon met het uitzenden van alle Grands Prix, met commentaar van Olav Mol. Rond dezelfde tijd begonnen in Utrecht twee studenten het tijdschrift *Formule 1* dat binnen de kortste keren een duizelingwekkende oplage haalde. Kortom, de Formule 1 kroop ook in Nederland uit zijn schulp.

Mijn uitgever, een soort literaire Ecclestone, voelde blijkbaar dat de tijd rijp was. Toen ik hem voorstelde om een boek over snelheid te maken, zei hij: 'Weet je wat jij moet doen? Jij moet een heel boek schrijven over die Formule 1. Je begint er steeds weer over. Ik vind er zelf niks aan, maar als jij erover vertelt, dan snap ik het en vind ik het wel leuk.' Met sterretjes in mijn ogen keerde ik huiswaarts – een heel boek over de Formule 1! Het was een feest om te schrijven. Elke ochtend zat ik handenwrijvend aan mijn bureau. Yes! Stewart, Lauda, Mansell, Prost, Senna, Hill, Schumacher, Häkkinen – de grote geschiedenis van de Formule 1 scheurde door het boek heen, alsook mijn eigen bescheiden plek daarin. *De Formule 1-fanaat* verscheen in 1999. Ik werd meteen uitgenodigd om erover te komen vertellen in de studio van RTL. Daar zat ik dan, tijdens de voorbeschouwing van de Grand Prix van Monaco, aan tafel. Superzenuwachtig, ik geef het toe. Mediatraining had ik nooit gehad – ik was een schrijver. Vooraf babbelde ik gemoedelijk met presentator Ruud ter Weijden over Gilles Villeneuve en de goeie ouwe tijd. Even later gingen we live en zijn eerste vraag was: 'Waarom is dit zo'n goed boek?' Tja, wat moest ik daar nou op zeggen? Ik was totaal onvoorbereid.

Ik werd ook benaderd door de redactie van de talkshow *M2* bij de publieke omroep. Het was de voorloper van de huidige latenightshows. De redactie wilde me graag in het programma hebben. Een paar dagen later belden ze teleurgesteld af: een van de presentatoren had zijn veto uitgesproken: Formule 1, dat was geen sport.

In België, land met een grote racecultuur, van Spa-Francorchamps tot Jacky Ickx, verscheen intussen een ronkende recensie van mijn boek op de voorpagina van de boekenbijlage. In Nederland gebeurde er niets. We probeerden het via via bij *de Volkskrant*, waar mensen verontschuldigend glimlachten: er waren twee dingen die er nu eenmaal niet in kwamen bij de krant, boksen en autosport. Toen *De Formule 1-fanaat* later werd opgenomen in een folder ter promotie van Nederlandse literatuur in het buitenland, sprak de NRC van 'een domme vergissing'. Uiteindelijk werd het boek alsnog vertaald in het Engels, het Duits en zelfs in het Chinees. Miljoenen Chinezen lezen over racen, het zal dat boek van Koen Vergeer wel wezen.

In Nederland bleek de Formule 1 nog niet bepaald salonfähig. Het ging intussen ook behoorlijk mis met die Verstappen. De Formule 1 was dan wel uit zijn schulp gekropen, het bleef een beetje een bedenkelijke niche, waar beschaafde mensen meewarig op neerkeken. Literaire sportboeken waren in Nederland sowieso nog een vreemd verschijnsel. Ze gingen hooguit over wielrennen of over het nationale voetbalelftal en zeker niet over zoiets barbaars als de Formule 1.

En nu raast Max Verstappen door het achtuurjournaal. Is alles anders geworden? Het lijkt er wel op. Het uitzenden van de Formule 1-races hing jarenlang aan een zijden draadje, wisselde van zender, was eigenlijk te duur. Maar nu Max als een komeet de sport is binnengevlogen, is Ziggo Sport een soort nationale Formule 1-zender geworden, waarop naast alle trainingen en races zelfs een speciaal Formule 1-praatprogramma te zien is. De kranten puilen uit van nieuws over Max en de Formule 1. Zelfs *de Volkskrant* brengt geregeld complete spreads over de Formule 1, goed geïnformeerde spreads ook nog. In alle talkshows is de Formule 1 een regelmatig terugkerend onderwerp geworden. Jeroen Pauw ontving in zijn programma niet alleen Max, maar later ook Nico Hülkenberg en dr. Helmut Marko – veel gekker moet het toch niet worden. Toen Max op 1 oktober 2017, na een lange pechreeks, eindelijk zijn tweede Grand Prix-zege scoorde, was het de dag erna moeilijk om 's avonds géén Formule 1 op de Nederlandse televisie te zien. En natuurlijk verscheen hij ook toen weer in het achtuurjournaal. Nog wel.

Daar is natuurlijk niks mis mee. Ik wil slechts het contrast laten zien. Ik ondervind dat soms nog aan den lijve. Tien jaar geleden zag ik vriendelijke vaders op het schoolplein denken, zodra ik vertelde wat mijn beroep was: interessant, maar wel een beetje een obscure hobby... Daags nadat Max in Spanje zijn eerste Grand Prix-zege boekte, kwam zo'n zelfde vader mij in de supermarkt bijna tegemoet gerend om een kletsende high-five te geven: 'Ge-wel-dig, hè?'

Toch, het blijft een vreemde gewaarwording. Want ineens wordt de Formule 1, die jij zo lang, vaak tegen de stroom in, hebt gekoesterd, hebt moeten verdedigen zelfs, overlopen door hordes enthousiastelingen, die het met een winnende Nederlander zowaar een fantastische sport vinden. Het ís natuurlijk ook een fantastische sport.

Nog kriebeliger wordt het wanneer mensen gaan doen alsof ze er van alles vanaf weten, terwijl ze vaak niet eens weten wie Jackie Stewart is, laat staan Pedro Rodríguez of Jean-Pierre Beltoise. Ik zie veel oude, diehard Formule 1-fans die zich hierover opwinden. Niet doen. Laat iedereen lekker fan zijn op zijn eigen manier. Die overdosering hoort nu eenmaal bij onze hypecultuur, net als al die BN'ers die in de media over elkaar heen buitelen om te vertellen dat ook zij heus Formule 1- dan wel Max-fan zijn. Wat is dat toch met die BN'ers? Is het officieel goedgekeurd als zij er iets over zeggen? Krijgt het meer cachet, of juist iets gezelligs? Het mag van mij hoor, ik ben heel tolerant in die dingen. Ik blijf echter wel volhouden dat het belangrijk is te beseffen waar die Formule 1 vandaan komt, en hoe het hele circus geworteld is in onze cultuur. Straks, wanneer Max zijn tweede of derde wereldtitel binnen heeft, zullen de chauvinistische successupporters zich weer op het volleybal storten, op het boogschieten of het schaatsen. Dan blijven de echte racefans vanzelf over. En dat zullen er vast veel meer zijn dan voordat Max in een Formule 1-auto stapte. Laten we daarom blij zijn dat Max de Formule 1 in Nederland op de kaart heeft gezet. Pontificaal in het midden. Al geef ik toe dat ik soms wel eens verlang naar de tijd dat ik als twaalfjarige de nieuwste *SportAuto* naast de schappen met de seksblaadjes vandaan viste, om thuis, zonder ooit één Duitse les te hebben gehad, het interview met Jody Scheckter te lezen. Toen de Formule 1 nog helemaal voor mij alleen was.

Mijn eigen Bernie is de commotie ook niet ontgaan. Werd het niet eens tijd dat ik het vervolg op *De Formule 1-fanaat* ging schrijven? Nog zoiets: overal verschijnen nu ineens boeken over de Formule 1. Het kan niet op. Ook hier ben ik niet langer alleen. Het zijn ook allemaal leuke boeken, over Max, over zijn prestaties, over wat Formule 1 is en hoe het werkt. Niks mis mee. Wat heb ik daar aan toe te voegen? Het antwoord kreeg ik heel verrassend op de pitmuur in Zandvoort.

In juni 2015 geeft Max zijn eerste Formule 1-demo op Zandvoort, tijdens het Italia a Zandvoort-festival. In de ochtend, tijdens de eerste demo-sessie, sta ik op de pitmuur te kijken. Zodra Max het rechte stuk op komt, steek ik mijn kop door een gat in het hek, waar normaal de pitborden door worden uitgehangen, en ik verbaas me er weer eens over hoe gaaf het is om zo'n machientje met een mannetje erin met 280 kilometer per uur langs te zien flitsen. Aan de overkant raast een kreet van verrukking over de tribune met de auto mee. Prachtig. Als ik mijn hoofd terugtrek en luister hoe Max de

Tarzanbocht in draait, krijg ik een vriendelijke ram op mijn schouder.

'Hey, Koen!'

Ik kijk opzij en zie een wat oudere man breed lachen. Door zijn Limburgse accent weet ik meteen wie het is: opa Verstappen.

'Mooi is dit hè?' Zijn ogen twinkelen van trots.

'Ik vind het geweldig.'

Hij vraagt of ik nog iets ga schrijven over deze dag. Ja, ik denk van wel. Hij hoopt het, hij leest mijn stukken in *Formule 1* graag, zegt hij. 'Want jij schrijft het op zoals wij het voelen!'

Snel steek ik mijn kop door het hek om te zien of Max er alweer aan komt. Woow, met zo'n veer in mijn reet kom ik de dag wel door! Maar dit, bedenk ik even later, is wel het antwoord dat ik destijds bij Ruud ter Weijden in de studio niet had: ik kan opschrijven hoe de Formule 1 voelt. Hoe het is om Formule 1-fanaat te zijn, en hoe je daartoe komt. Waar het allemaal vandaan komt, waarom het zo groots is, hoe het je leven bepaalt en hoe je daarvan kunt genieten. Wat die Formule 1 zo fascinerend maakt, zeker nu Max vooraan meestrijdt om de zege. Ik ga het doen.

2

Ickx en ik

De zelfgemaakte race

Hoe de Formule 1 in mijn leven is gekomen, ik weet het niet. Niet precies. Ik was een gewoon jarenzestigjongetje, opgegroeid in de gelukkigste periode van de twintigste eeuw. Een tijd van echte, voelbare vooruitgang. De techniek ging de wereld beter maken, mooier, leuker, avontuurlijker. En het nieuwe medium televisie bracht het allemaal in beeld. Zelfs vanaf de maan. Ik was dan ook dol op alles wat met techniek te maken had: ruimtevaart, hovercrafts, *Thunderbirds*, robots. Racewagens hoorden daar ook bij: stoere machines waarin gehelmde mannen als een soort ridders over gevaarlijke circuits vlogen. Van die gehelmde mannen was Jacky Ickx mijn held, al heb ik geen idee waarom. Ickx was eind jaren zestig – de tijd waar ik met mijn herinnering nét niet meer bij kan – het nieuwe wonderkind van de Formule 1. Hij was een soort Max Verstappen, maar dan vijftig jaar eerder. In 1967 zette hij de hele Formule 1-elite te kijk met een Formule 2-auto op de Nürburgring. Een jaar later won hij zijn eerste Grand Prix voor Ferrari, in de regen. In 1969 won hij op spectaculaire wijze de 24 uursrace van Le Mans, samen met Jackie Oliver in een Ford GT. Wist ik allemaal niks van. Het moet welhaast die mooie, mysterieuze naam geweest zijn, die waarschijnlijk regelmatig in het nieuws kwam, want bij gebrek aan Nederlandse successen in de racerij was de Belgische Formule 1-held ook een beetje van ons.

In de derde klas van de lagere school schreef ik tussen alle schrijfopdrachten en sommen soms een verhaaltje in mijn schrift, waaronder dit:

> *Vrooom damens en heren u bent verbonden met de zelfgemaakte race. Ickx ligt op kop daarna Steward en daarachter Oliver. Paf! Boem! Pof! Oliver vliegt uit de baan nu ligt Werben derdts. Laatste ronde Hoi!!! Ickx is nummer 1 Steward 2 Werben 3. Terug naar de studio in Bussum.*

Ik was al schrijver voordat ik het wist. Acht of negen was ik toen ik dit schreef, alle spelfouten heb ik keurig onderstreept en verbeterd. De naam van mijn held spelde ik meteen correct, die moet ik dus ergens gelezen hebben. Misschien in die twee deeltjes *Beroemde autocoureurs* die ik een keer uit de bibliotheek had geleend. De brabbelnaam 'Werben' – ik bedoelde Jack Brabham – duidt echter op een mondelinge overlevering, via radio of tv. De autocoureurs in mijn wereld heetten overigens allemaal Jack: Jacky Ickx, Jackie Stewart, Jack Brabham en Jackie Oliver. Had ik toch iets meegekregen van Le Mans, of van het ongeluk op Jarama? Daar reed Oliver in de eerste ronde tegen Ickx aan. De tanks zaten nog boordevol benzine. Brandend kwam Ickx uit de vuurzee tevoorschijn. Nee, dat zou ik me herinnerd hebben. Formule 1 en brand hoorden nog niet bij elkaar.

'Kijk!' Op vakantie aan het Gardameer toonde mijn vader de sportpagina van *De Telegraaf*. Dikke letters kopten: 'Ickx regenkampioen.' Het was de zomer van 1971. Langzaam kreeg Ickx meer betekenis. Hij had de Grote Prijs van Nederland gewonnen, op Zandvoort. In de stromende regen had hij een fantastisch duel geleverd met Pedro Rodríguez. 'De moeilijkste race uit mijn carrière,' stond er bij een foto van de winnaar op het podium. Ik keek vooral naar de korrelige foto van de Ferrari nummer 2 die de BRM inhaalde en droomde van brullende motoren in regensluiers en nevel die bleef hangen boven de baan. Ickx regenkampioen. In Italië scheen de zon. De wereld was nog ver weg.

Zandvoort

De wereld kwam vanzelf dichterbij. Via de televisie. Op 3 juni 1973 zond *Studio Sport* een korte samenvatting uit van de Grand Prix van Monaco. Daar kwamen ze allemaal op me af gedenderd, omhoog naar het Casino. Flitsend, vol kleur, vol lawaai: Cevert, Peterson, Regazzoni, Stewart, Fittipaldi, Lauda, Ickx, Hulme, Amon, Wilson Fittipaldi, Ganley... Nee, al die namen kende ik toen nog niet, maar de overvloed aan energie golfde al door me heen. Ik zat te stuiteren voor de televisie, luisterend naar het rappe commentaar van Frans Henrichs, die en passant meedeelde dat ze dat jaar weer op Zandvoort kwamen racen.

'Ze komen naar Zandvoort!' riep ik.

'Dan gaan we daar toch heen?' zei mijn oudste zus.

Er gebeurde iets. In mij. Het was of er een vlies openbarstte. Ik zag alles om me heen veel scherper: de meubels, de gordijnen met de gekruiste oranje en bruine banen, de poef, alles leek nieuw. Er werden ongetwijfeld nieuwe hersenbanen aangelegd in mijn groeiend brein. Op de televisie zag ik Peterson uit de tunnel tevoorschijn razen, achternagezeten door Stewart. Henrichs tetterde door, ik hoorde niets meer. Je kon erheen... Je kon ze gaan zien, in het echt.

De wereld kwam eraan. En liet onmiddellijk zijn ware gezicht zien. Op 29 juli 1973. Terwijl ik met mijn vader en mijn zus door de zonnige duinen struin, op zoek naar een plekje langs de baan, horen we de circuitspeaker vertellen dat de winnaar van de vorige editie, Jacky Ickx, er dit jaar niet bij is. Enzo Ferrari is zó ontevreden over de prestaties van zijn team dat hij zijn auto's heeft teruggetrokken. Ze komen pas terug wanneer de wagen verbeterd is, waarschijnlijk pas op Monza.

Veel tijd om te treuren over de afwezigheid van mijn held is er niet. Een immense herrie breekt los, de warm-up is begonnen. In de verte zien we een stukje van de baan, daar komen ze aan. Even verdwijnen ze tussen de met toeschouwers bezaaide duintoppen, om drie tellen later recht voor ons langs te scheuren. Oh yes, dit is het. Daar gaan de zwart-gouden John Player Specials, de rood-witte BRM's, een gele wagen met nummer 15, de koningsblauwe Tyrrells, een McLaren, een dikke Brabham – het is te veel, te veel om bij te houden, op te nemen, terwijl het lawaai door lijf en leden gaat, brullend, gierend. Dit is geweldig.

Een paar uur later begint de race. Voor de start komen ze nog een keer langs, zachtjes brommend, sputterend, proestend, soms met een abrupte versnelling, op weg naar de grid. Ik heb intussen in het programmaboekje gekeken. Nummer 5 is Stewart, bij afwezigheid van Ickx is hij mijn favoriet. In zijn kielzog rijdt voortdurend zijn leerling Cevert. En daar is de opponent, de snelle Ronnie Peterson, in een John Player Special Lotus. Jackie Oliver is er ook, hij rijdt in een van de zwarte wagens, met nummer 17. Beltoise, Regazzoni en Lauda rijden in de BRM's, Graham Hill rijdt achteraan met nummer 12, Revson heeft nummer 8 – het gaat beginnen. In de verte barst een ongelofelijke herrie los; wij staan op een duintop helemaal aan de andere kant van het circuit, vlak bij een tunnel onder de baan door. Een tsunami aan lawaai rolt onze kant op, daar zijn ze al! Peterson aan de leiding, voor

Stewart, auto nummer 24, Cevert, een paar witte auto's. De rest schiet voorbij. Het gaat zo snel dat je niet meer kunt zien wie wie is. Even later zijn ze er weer. En weer. Ronde na ronde. Cevert is nummer 24 gepasseerd. Ik ben omlaag gelopen en sta vooraan tegen het hek geleund. Dit is het. Het geluid gaat dwars door je heen, ze schieten voorbij. Dit is mijn wereld, deze intense werveling past bij mij, ik ga er helemaal in mee. Tot: *thomp* – een auto door de lucht vliegt. Gekanteld. Hoog door lucht, ik kan recht in de cockpit kijken. Gevolgd door een hoop gekraak en geschuur waarmee de auto op het asfalt te pletter slaat. De schrik slaat om zich heen. De ontzetting onder het publiek klinkt boven het lawaai van de motoren uit. Even later kringelt er onheilspellende zwarte rook boven de struiken vandaan, en dan komen de vlammen.

Het was een ongeluk. Een verschrikkelijk ongeluk, waarvan we de dramatische afloop gelukkig niet zagen. De wagen lag op zijn kop achter een bosschage. We hadden ook niet gezien dat er een andere auto gestopt was. Dat de coureur eruit was gesprongen en op het brandende wrak was afgerend. Tevergeefs probeerde hij de gecrashte auto om te keren en te blussen. Het brandblussertje was veel te klein. Ondertussen reden de andere auto's gewoon door. Roger Williamson verbrandde levend, bekneld in zijn March. David Purley, die hem trachtte te redden, hoorde hem in de vlammen schreeuwen om hulp. Safetycar, reddingsteams – niks van dat alles. Bestond niet. De baanposten droegen niet eens brandvrije kleding. Hun hesjes wapperden gevaarlijk zo dicht bij de vuurzee. Niemand kon Purley helpen. 'Formule 1 in het stenen tijdperk,' oordeelde Niki Lauda later. Veel later. Destijds werd hem gevraagd waarom hij niet was gestopt, waarop hij boos antwoordde: 'Ik word betaald om te racen, niet om te blussen.'

Langs de baan weten we van niks. De schrik zit er diep in. Dit is niet goed. Je voelt dat er iets vreselijks gebeurd is. De race dendert maar door. Er komt een brandweerwagen met sirenes voorbij gereden. Even later is de brand gedoofd. De zon is verdwenen. Er waait een kille wind over het circuit. Er is niks meer aan. Peterson valt uit met motorpech, Stewart wint, gevolgd door Cevert. En dan wordt het stil. Er speelt nog een volkslied door de speakers als iedereen zwijgend het circuit verlaat. Langs het pad omlaag zien we het blusschuim op de bladeren liggen. Dit is niet goed.

Als we thuiskomen, roept een buurjongen: 'Er is er weer een dood, hè?' We hebben het al die tijd geweten. Dagenlang leef ik in de veronderstelling dat het Oliver was. Nummer 17 was er niet meer bij na de crash. Oliver was twee ronden eerder al uitgevallen. Pas later lees ik in een oude krant, onder een paar gruwelijke foto's, de naam van Williamson.

Spelen

Verdoofd was ik. Maandenlang. Steeds weer hoorde ik die doffe klap tegen de vangrail, zag ik die auto door de lucht gaan. In oktober verongelukte ook nog eens Cevert. Ik was in tranen. De Formule 1 ging daarna in winterslaap, tot *Studio Sport* in maart zowaar een samenvatting bracht van The Race of Champions op Brands Hatch. Het was een geweldige race, met een zinderend duel tussen Niki Lauda en Jacky Ickx, in de stromende regen. Ickx was overgestapt naar Lotus. In de zwart-gouden John Player Special versloeg hij Lauda, die nu voor Ferrari reed. Het aanstekelijke commentaar van Henrichs begeleidde de beslissende inhaalactie: 'Niemand die het onder deze omstandigheden in zijn hoofd zou halen om buitenom te passeren in Paddock Bend. Alleen Jacky Ickx!' Ik was er weer. Niemand minder dan Ickx himself had me wakker geschud. Want het racen ging verder. Een nieuw Formule 1-seizoen was begonnen, met een sensationele zege van mijn held.

Nu moest ik erbij zijn. Er alles over weten. Alles wat ik over de Formule 1 te pakken kon krijgen lijfde ik onmiddellijk in. Dat was echter weinig tot niets. Nog steeds was de Formule 1 een geheim genootschap waar je zelden iets over hoorde in Nederland. Voor mijn verjaardag kreeg ik een viewmasterprojector met een boekje: *Autorenner – met Jacky Ickx*. Ik bekeek de plaatjes een keer op zolder, en daarna nog een keer. Er was geen bal aan. Het waren allemaal foto's van Ickx in een Ford Mustang. Slechts één in een Formule 1-auto, een Ferrari uit 1970, een eeuwigheid geleden alweer. En dan nog, een paar pietluttige dia's die op de muur schenen, onscherp en boven in de hoek doorsneden door een waslijn. Dichterbij ging Ickx niet komen zo.

Op school vond ik in het bibliotheekje achter in de klas twee boeken, *Grand Prix 1971* en *Grand Prix 1972* van Ulrich Schwab. Alle races uit die seizoenen op een rij, met foto's. Binnen twee weken kende ik beide boeken uit mijn hoofd. Het mooist waren die magische rijtjes in de raceverslagen: Ickx, Stewart, Regazzoni, Hulme, Siffert, Peterson, Cevert, Andretti, Schenken, Fittipaldi... daar stormden ze weer voorbij. Ik voelde de energie weer gaan.

Ik begon zelf met het organiseren van races, thuis op zolder. Met een paar racewagens die ik had, of wat erop leek: een Ferrari CanAm, een Chapparal, Ford GT, Futura, Mot Rod, Harley Hustler. Op het gele, geblokte zeil zette ik met papieren reclameborden op zondagochtend een parcours uit: Zandvoort, Silverstone, Reims, Spa-Franchorchamps. Spectaculaire races waren het, waarbij ik zelf het commentaar gaf.

Op een ochtend op weg naar school kwamen klasgenootjes mij tegemoet gerend: bij de speelgoedwinkel in de straat stond een racewagen in de etalage! Na school ging ik meteen kijken. Ik geloofde mijn ogen niet: daar stond hij, in een plastic doos, als in een glazen kistje, te wachten op mij. Op mij alleen. De Ferrari 312 B2, schaal 1:28 van Mebetoys. Hij had zelfs nummer 2 – de auto waarmee Ickx op Zandvoort had getriomfeerd in 1971. De eerstvolgende woensdagmiddag ging ik hem kopen. Met deze auto won Ickx Grand Prix na Grand Prix en werd hij talloze malen wereldkampioen. Bij mij op zolder. Tussen de races door maakte ik speciale reportages. Dan bouwde ik 's middags van Lego een pitbox en was ik vervolgens aanwezig bij Ickx' eerste test van de nieuwe Ferrari V12. Na een paar rondes stapte hij uit, klaar voor een interview – met mij. 'Jacky, wat zijn je eerste indrukken van de nieuwe motor?' Ziggo en RTL bestonden nog niet, Olav en Jack zaten nog op hun eigen zolders, de Nederlandse televisie kwam nog niet verder dan schaatsen en *Oebele*. Ik was mijn tijd ver vooruit.

Schrijven

In de zomer van 1974 moest ik voor mijn moeder geregeld een slof Mantano halen in een sigarenzaak in Hoog Catharijne. Daar werden ook tijdschriften verkocht. Naast het schap met blaadjes vol blote dames, waarover een steelse blik geen kwaad kon, ontdekte ik de racebladen. Ik kocht er mijn allereerste *SportAuto*, Heft 8, August 1974, voor drie gulden zestig. Bomvol Formule 1. Er stonden raceverslagen in van de Grands Prix van Frankrijk en Nederland, en een voorbeschouwing op de Grand Prix van Duitsland, met reportages en interviews. Het belangrijkste zat helemaal middenin: een spread met foto's van alle auto's, vol in beeld, in kleur. Ik kon mijn geluk niet op. Ickx stond er ook tussen, in een JPS Lotus 76, nummer 2.

In grote multomappen begon ik zelf raceverslagen te schrijven. Ik knipte foto's uit de krant en schreef er zelf een veel beter en volledig verslag naast. Daarnaast maakte ik analyses en hield ik uitgebreide voorbeschouwingen. Ik tekende de circuits na, woog de kansen van de favorieten, soms besprak ik de toestand in het land. Gelukkig kwamen er steeds meer races op televisie. Ik zat met pen en papier in de aanslag en hield alles bij. Vliegensvlug noteerde ik – in afkortingen – de volgorde: Lauda, Scheckter, Regazzoni, Fittipaldi, Depailler, Peterson, Stuck, Hulme, Reutemann... de rijtjes van Schwab, de energie, ik kon erbij.

Alleen over Ickx schreef ik niet veel meer. Het ging bergafwaarts met hem in de Formule 1. De zege in The Race of Champions zou zijn laatste Formule 1-overwinning blijken. De Lotus 76 was een mislukking. Het team greep terug op de oude 72. Peterson won ermee in Monaco, maar Ickx boekte nauwelijks nog resultaten. In 1975 spaarde ik al mijn zakgeld op om op 22 juni naar de Grand Prix van Nederland te kunnen gaan. In mijn eentje. Ik was overal bij: de trainingen op vrijdag en zaterdag, en de race op zondag. Ickx was er ook. Ik ben blij dat ik hem heb zien racen, op Zandvoort. Ook al lag hij er na zes rondjes uit met motorpech. Twee races later hield hij het bij Lotus voor gezien. Het jaar erna zag ik hem nog één keer rijden, tijdens de trainingen, in een Ensign. In 1979 was hij voor het laatst op Zandvoort. In een Ligier scoorde hij zijn laatste WK-punten in de Formule 1. Maar toen was ik er al niet meer bij.

Leven, liefde en literatuur

Het echte leven kwam eraan. Op de middelbare school werd ik verliefd op zo'n beetje alle meisjes uit de klas. Ik luisterde naar breed uitgesponnen rockmuziek die naar hogere sferen klom, ik had kosmische ervaringen, kortom, ik voelde de zucht van de eeuwigheid.

Op 10 september 1978 raakte Ronnie Peterson op Monza betrokken bij een massacrash, meteen na de start. Hij werd op het nippertje uit zijn brandende Lotus gered en met ernstige beenbreuken afgevoerd. Alles was live te zien op televisie, gefilmd vanuit een helikopter. Een dag later was hij dood. Verdrietig schreef ik een verslag in mijn multomap. Naast een foto waarop Peterson in het ziekenhuis lag opgebaard, met één simpel kaarsje naast zijn kalme gezicht. Dood. Dit was niet goed. Peterson was een van de laatst overgebleven helden van het eerste uur. Hij was uit die tunnel in Monaco tevoorschijn geschoten, hij had op Zandvoort aan de leiding gereden, hij was de snelste van allemaal geweest en nu was hij dood. Echt dood. Net zoals mijn oma een halfjaar eerder. Hier gingen mensen dus echt aan dood. Dit was niet goed te praten. En terwijl ik de laatste zinnen neerschreef, wist ik dat het voorbij was. De multomap ging dicht. Voorgoed. Een kinderdroom was over.

Tegelijk ging een andere multomap open. Hierin begon ik verhalen te schrijven. Magisch-realistische verhalen die ronkten van verlangen en liefdesverdriet.

Ickx was gestopt met de Formule 1. Hij reed nog wel in Le Mans en won er nog een paar keer. De Formule 1 volgde ik slechts vanuit een ooghoek. Ik hield het liever stil. De meisjes op wie ik viel, waren veel te lief en te zachtaardig om iets voor die bruutheid te voelen, de studenten met wie ik omging, keken al helemaal neer op die platvloerse herrie. Formule 1 was een vies woord. Pas later, toen ik mijn ware liefde gevonden had – heus, ook lief en zachtaardig – en ploeteraar Nigel Mansell de circuits onveilig begon te maken, kwam de Formule 1-fanaat langzaam weer uit zijn schulp.

Le Mans

Fast forward. Langs diverse omwegen ben ik uiteindelijk geworden wat ik altijd al was: schrijver. Op aanraden van mijn uitgever schrijf ik in 1999 *De Formule 1-fanaat*, waarin ik natuurlijk ook stilsta bij mijn jeugdheld. Het boek brengt dingen aan het rollen. Een redacteur van het tijdschrift *Carros*, waarin een voorpublicatie uit *De Formule 1-fanaat* heeft gestaan, belt op en vraagt of ik voor hen naar Le Mans wil gaan. Als ik de telefoon heb neergelegd, loop ik gillend door het huis: 'Ik ga naar Le Mans! Ik ga erheen! Echt!' Er is in zevenentwintig jaar weinig veranderd. Het is het jaar 2000. Een kruispunt. Ickx rijdt voor het laatst mee met de Dakar-rally en ik sta voor het eerst in de pits, tussen de prototypen, echte racewagens. Vierentwintig uur lang waan ik me in een droom, in een strip van Michel Vaillant. In de jaren daarna word ik kind aan huis in Le Mans. Ik leer hoe het werkt met passen en hesjes, een paar woordjes Frans doen wonderen. Diep in de nacht wandel ik door de pitstraat en in het ochtendgloren sta ik vlak langs de baan bij Tertre Rouge.

De jaarlijkse persconferentie van de Automobile Club d'Ouest op vrijdag laat ik meestal aan me voorbijgaan. Tot ik in 2003 lees dat zesvoudig winnaar Jacky Ickx acte de présence zal geven. Ickx! Hij is er. Echt.

Als hij na afloop van de persconferentie naar buiten wandelt, wordt hij onmiddellijk omzwermd door een groepje mannen van middelbare leeftijd. Ze hebben stapels foto's van hun jeugdidool bij zich, of hij ze allemaal maar wil signeren. Hij neemt de tijd, heeft voor iedereen een woordje, hij is reuze aardig. Ten slotte komt hij ook bij mij. Hij is meer dan dertig jaar ouder dan op de foto's uit mijn viewmaster, maar hij ziet er nog steeds hetzelfde uit: brede mond in een glimlach, scherpe trekken, donker haar. Zijn gezicht is weliswaar meer gegroefd geraakt, in zijn ogen is iets van het wonderkind bewaard gebleven. Ik vertel hem dat ik schrijver ben, geef hem de Engelse vertaling van mijn boek en vraag of hij mijn Nederlandse editie wil signeren, bij de foto van hem in de Lotus tijdens The Race of Champions op Brands Hatch. Ja, die race herinnert hij zich nog goed. Ik zeg dat ik van plan ben een boek te schrijven over Le Mans, mag ik hem daarover interviewen? Natuurlijk. Hij geeft me een faxnummer. Het komt er echter niet van.

Het interview (1)

Op 12 juni 2005 ben ik op Zandvoort bij de Masters of Formula 3. Na mijn boek over Le Mans heeft Rick Winkelman mij naar zijn tijdschrift *RaceReport* gehaald. Ik ben nu echt autosportjournalist. Mijn moeder beweerde altijd dat ik daar niet brutaal genoeg voor was. Waar ze natuurlijk gelijk in had. Diep vanbinnen druk ik die jongen van een jaar of elf stevig tegen me aan. Want vandaag gaat het gebeuren: ik ga Jacky Ickx interviewen. Tussen de races door is er een demo met vier historische Formule 1-Ferrari's. Een van die wagens zal worden bestuurd door Jacky Ickx. Op zondagochtend geeft hij interviews, een hele rits. Ik ben nummer drie op de lijst.

Dagenlang heb ik me afgevraagd wat ik hem moest vragen. Ik had geen idee. Gewoon alles tegelijk. Eigenlijk wil ik hem iets vertellen. Over mijn allereerste verhaaltje, over de Ferrari 312 B2 in het glazen kistje en dat hij bij mij op zolder al tien keer wereldkampioen is geweest. Inmiddels heb ik een plan. Ik ga voor *RaceReport* een reeks maken over oude circuits, over de Nürburgring, Zandvoort, daar vraag ik hem naar, dan komt de rest vanzelf.

Een persdame wenkt me. Het is zover. De achterwand van de tent wordt gevormd door een teambus, daar gaan we een trapje op en door een deurtje naar binnen. Binnen gaan twee glazen schuifdeuren vanzelf open en ik treed een heus motorhome binnen. Zo'n zeven meter diep en donker, volkomen smakeloos ingericht als een luxe caravan. Met bruine kastjes, alles in fineer, kil, beige gordijntjes voor de ramen. Dit is het *Sanctum Sanctorum*. In dit soort ruimtes zijn sinds mensenheugenis de Lauda's, de Senna's en de Schumachers geïnterviewd. Rechts wacht Jacky Ickx. Hij zit een beetje onderuitgezakt op een bankje en laat zijn telefoon op tafel draaien. Hij oogt vermoeid. Hij staat op zodra hij me ziet en schudt mijn hand. Ik vertel hem over mijn boek over Le Mans. Hij herinnert zich onze ontmoeting. Het gesprek loopt meteen vanzelf, alsof het altijd al gaande was. We krijgen het over Zandvoort, over de regenrace uit 1971. Ach, zegt hij, die was ook weer niet zó moeilijk. Good Year had geen goede regenband dat jaar, dus de helft van het veld was bij voorbaat kansloos, ook Stewart. Het duel met Rodríguez was goed, ja. 'Zo hoort het: zonder gevecht geen glorie. Dat is nu juist het probleem van de Formule 1 van vandaag: er wordt nauwelijks nog ingehaald. Er is geen show meer. Het is allemaal te perfect. De hele sport, de auto's, alles is te perfect.'

De Ferrari 312 B2 was eigenlijk niet zo'n goede auto geweest. De ophanging was niet goed. Je moest er tijden mee realiseren die eigenlijk niet haalbaar waren. Hoeveel races had hij ermee gewonnen? Twee? Hier op Zandvoort en op de Nürburgring. Ja, dat circuit kende hij goed, omdat hij daar de Marathon de la Route had gereden. Dat was ver voor mijn tijd geweest. Een race van vierentachtig uur! Zo leerde je die baan wel kennen. Er waren op de Ring toen zeventien plaatsen waar de auto helemaal los kwam van het wegdek. Over veiligheid werd nauwelijks nagedacht. Hij wijst op de televisie aan de andere wand, waar jonge coureurs op het podium staan. 'Kijk, de racerij is nu vol kinderen, en allemaal zeer getalenteerd. Het leven zit goed in elkaar. Er is een tijd voor alles...'

Vanzelf keren we terug naar Zandvoort. Waar was hij in 1973? Ach, was ik speciaal naar Zandvoort gekomen om hem te zien en hij was er niet? Ja, dat was waar ook. Maar ik was er toch wel toen hij hier zijn laatste punten scoorde met Ligier? Nee, toen was ík er niet. Die Ligier was een goede wagen geweest. Hij kon echter de motivatie niet meer opbrengen om die laatste paar tienden te vinden. Hij was blij dat hij met zo'n auto zijn Formule 1-loopbaan had mogen afsluiten. Het was voorbij, hij kon de Formule 1 zonder frustraties verlaten.

De schuifdeuren gaan open. De persdame verschijnt. 'Zijn jullie klaar?'

'Met hem is het nooit klaar,' lacht Ickx, 'hij schrijft boeken.'

Terwijl ik mijn spullen inpak, babbelen we nog wat over Le Mans, over het zoeken naar onderdelen langs de baan. 'Tja, die liggen daar soms...' Lachend nemen we afscheid.

Als ik buiten het trapje weer af wankel, wil ik het wel uitschreeuwen, over het hele circuit, over al die jaren, naar dat jongetje van elf: 'Het is gelukt!' Jochie op je zolder, ik heb het gehaald. Dus doe maar, speel maar, verzin je reportages, je interviews, maak ze mooi, maak ze echt. Want ooit zul je hem in het echt ontmoeten en interviewen. De cirkel is rond. Heden, verleden, toekomst, alles draait mee. Het leven zit goed in elkaar.

Het interview (2)

Zeven jaar later doet zich nog een gelegenheid voor. Er komt een groot boek uit over Ickx. Ik ben voor *Formule 1* bij de presentatie in Brussel. Naast een vitrine met de halfverbrande helm die hij droeg bij het ongeluk met Jackie Oliver op Jarama, praat ik kort met hem. Die helm is werkelijk een reliek. Hij was dáár, op Jarama, in een soort *outer space* – een tijdperk, een sfeer die we ons nu nog maar nauwelijks kunnen voorstellen. 'We waren wel professionals, maar op een heel amateuristische manier,' bekent Ickx. 'Er waren echter ook geen sponsors, er was geen exclusiviteit. Wij konden rijden waar we wilden. Dat is niet meer zo. Je moet je specialiseren. Het is nu veel zwaarder, je moet er altijd staan, de tijd is niet meer van jou. Wij konden doen wat we wilden. Daarom was het ook een mooie tijd.'

Het gesprek gaat gewoon verder en voert vanzelfsprekend langs de vaste onderwerpen. De Ring, ja, hij kende alle 178 bochten uit zijn hoofd. Nu nog? Hij zwijgt en knikt langzaam. 'Weet je wat het is? Het is alsof je in je eigen huis bent, in het licht of in het donker, dat maakt niet uit. Je weet waar de meubels staan, waar het lichtknopje zit, waar je tandenborstel staat. Je kunt alles blindelings vinden.'

Hij vertelt over Ferrari. 'Ferrari was altijd aardig, altijd charmant en geduldig met mij. Ik ben ook de enige coureur die Ferrari nooit bekritiseerd heeft.' Ook al bouwde Ferrari in zijn tijd niet zijn beste wagens. 'Een racewagen bouwen ging in die tijd proefondervindelijk. Er waren ingenieurs met wat ideeën die werden uitgeprobeerd, zonder hulpmiddelen als computers. Er werd gewoon een auto gebouwd en met een beetje geluk was hij goed. En als ze er dit of dat aan zouden verbeteren, dan zou hij het jaar erop nog beter zijn. Maar dan bleek hij juist slechter.'

Toch, in die tijd werd juist Fiorano aangelegd, Ferrari's eigen testbaan, waar met sensoren en videobeelden het weggedrag van de wagen kon worden bestudeerd. Heeft hij daar nooit gereden? 'Jazeker. Ik was de eerste die daar de baan op ging. Het hele systeem, aangelegd door Heuer, was heel mooi, maar ik vond het niks om drie dagen lang driehonderd rondjes te rijden op hetzelfde circuit.' Niki Lauda wel. Twee jaar later was Lauda wereldkampioen met Ferrari. Tja, de overstap naar Lotus was een verkeerde keuze. 'Ferrari heeft mij nota bene gevraagd om nog een jaar voor hem te rijden. Maar als je ziet hoeveel races ik gereden heb en hoe vaak ik heb gewonnen – in de Formule 1, op Le Mans, maar ook in al die andere klassen – dan heb ik eigenlijk helemaal geen recht om ergens spijt van te hebben.'

Als hij al mijn vragen voor vandaag heeft beantwoord en we beleefd afscheid nemen, flap ik het eruit: 'Weet u dat ik als elfjarig jongetje al interviews met u hield?' Verbaasd fronst hij zijn wenkbrauwen. Ik vertel hem van mijn eigen races op zolder, dat hij daar zo'n beetje alle races won en dat er na afloop altijd een interview was, ook al moest ik zelf zijn antwoorden verzinnen. De verbazing gaat over in een glimlach. 'Prachtig... prachtig...' Dan moet hij toch echt naar het volgende interview.

1: Life on the Limit

Op een middag in de winter word ik gebeld door ene Mike: of ik de schrijver van het boek *Formula 1 Fanatic* ben. Hij heeft het gelezen en vond het heel interessant. Hij werkt als producer mee aan een Amerikaanse documentaire over de Formule 1 in de jaren zeventig. Zouden ze mij daar een keer voor mogen interviewen? Natuurlijk. Fijn, binnenkort is de crew in Londen, dan laten ze me wel overkomen. Het wordt een *pretty big thing*, ik moet maar eens op de site kijken.

Dezelfde middag lees ik dat Bernie Ecclestone zijn fiat heeft gegeven aan een Amerikaanse bioscoopfilm over de seventies. De makers mogen beschikken over oude archiefbeelden en zullen een keur aan betrokkenen interviewen, onder wie Jacky Ickx, Jackie Stewart, Niki Lauda, Emerson Fittipaldi, Mario Andretti, Alain Prost, maar ook Michael Schumacher, Sebastian Vettel en Lewis Hamilton, alsook Ron Dennis, Max Mosely en Bernie Ecclestone. En mij...?

Een paar weken later belt Mike weer. Of ik eind maart naar Londen kan komen. Ik moet zelf maar even een vliegticket regelen. Alles wordt vergoed. De dagen voor de meeting begin ik te twijfelen: is het wel echt? Zelfs nog wanneer ik opstijg, bekruipt me de angst dat ergens iemand in een internetcafé mij een enorme loer zit te draaien en zich slap lacht als ik straks op Gatwick voor joker sta. Haha, die ijdeltuit dacht dat hij in één film met Stewart, Ecclestone en Schumacher ging komen!

Ik tref Mike bij de Starbucks. De volgende ochtend is het interview. De schrijver van het script, Mark Monroe, is de interviewer. Hij heeft mijn boek heel goed gelezen en laat me vertellen over mijn beleving van de Formule 1 destijds. Over Ickx, over Zandvoort, over Peterson en Senna. Ik raak helemaal op dreef. De crew zit geregeld te stuiteren van opwinding: heel goed, dit is wat ze willen hebben! Na afloop vertel ik dat er nog een 8mm-filmpje bestaat met beelden van Zandvoort 1973. Met open mond bekijken ze een van de multomappen die ik heb meegenomen. O ja, daar willen ze vast nog iets mee doen. Ze moeten nu verder. Over een uurtje wacht John Surtees. In het vliegtuig terug kan ik het nog steeds niet geloven.

Drie jaar duurt het voordat *1: Life on the Limit* uitkomt. Ik hoor niets meer en ga ervan uit dat ik allang uit het script geknipt ben. Niks ervan, mailt Mike, ik krijg meer *airtime* dan menig wereldkampioen. Op 14 mei 2014 sta ik op de rode loper, voor de Nederlandse première in Rotterdam. De film is prachtig. Op sommige momenten lijkt het wel een verfilming van mijn boek. Veel vuur en dood, maar zo was het. Wat er heel goed uit naar voren komt, tussen alle ongelukken door, zijn de vrolijke kleurrijkheid en de meeslependheid van het wereldje. De filmbeelden van mijn vader komen langs. Wat zou hij trots zijn geweest. 'Was het toch nog ergens goed voor.' Net zo trots ben ik dat ik nu samen met Ickx in één en dezelfde film zit. 'Dat ik nog leef,' zegt hij ergens op een balkonnetje in Monaco, 'is puur geluk.'

3

Jos the Boss

Het is zaterdagavond in Le Mans. De 24 uursrace is al een uurtje of acht onderweg. Nog maar zestien te gaan. Audi en Peugeot strijden om de eindzege. Het is het jaar waarin Jacques Villeneuve is ingestapt bij Peugeot in een poging de Triple Crown of Motorsport te veroveren. Na een zege in de Indy 500 in 1995 en het wereldkampioenschap Formule 1 in 1997 ontbreekt alleen nog de overwinning in Le Mans. Het zal hem niet lukken. In het holst van de nacht wordt hij op z'n nummer gezet door Endurance-racer Tom Kristensen, die zijn achtste Le Mans-zege zal binnenhalen met Audi. Tot zover de LMP1-klasse. In de andere prototypeklasse, de LMP2, leidt Van Merksteijn.

De Nederlandse hekwerktycoon Peter van Merksteijn heeft de hand weten te leggen op een Porsche RS Spyder, en vormt samen met Jeroen Bleekemolen en Jos Verstappen voor deze 24 uur Team Merksteijn. De Spyder is een van de beste racewagens ooit gebouwd. Bestemd voor de lichtere (en langzamere) LMP2-klasse wassen de Porsches de LMP1-Audi's regelmatig de oren tijdens Endurance-races in Amerika. In Le Mans wil men dat niet hebben. Het vermogen van de Porsche is daarom flink teruggeschroefd, zodat hij zich keurig gedeisd zal houden in de LMP2-klasse. In die klasse is de Porsche nog altijd verreweg de snelste auto, en dankzij steun van de Porsche-fabriek ook de betrouwbaarste.

In de loop van de avond is autosportliefhebber premier Jan

Peter Balkenende nog even in de pits geweest om een praatje te maken met de teamleden. Fantastisch dat een Nederlands team het zo goed doet in deze klassieker. Van Merksteijn gaat comfortabel aan de leiding. Jos Verstappen heeft zojuist zijn stint gedaan. Achter in de pits, tussen de ovens waar de banden worden opgewarmd en de rechauds met etensresten, kom ik hem tegen. Hij stopt even als ik hem vraag of het goed gaat.

'Nou, dat kun je toch wel aan de rondetijden zien?'

Zeker, het ziet er allemaal supersnel uit. Maar nu ze zo royaal aan de leiding gaan, overwegen ze dan ook om het wat rustiger aan te doen? Jos' mond wordt een streep, dan haalt hij zijn schouders op, alsof ik een hele rare vraag stel.

'Waarom? De auto kan ertegen, dus waarom zouden we rustig aan doen?'

Hij draait zich om en loopt weg. De rest van de 24 uur wil hij niet meer met me praten. Zondagochtend staat hij langdurig een Duitse journaliste te woord, af en toe een blik op mij werpend die zegt: kom maar niet bij me in de buurt. Nou, dan niet. Wat een arrogante kwal, zeg.

Het heeft lang geduurd voordat ik een beetje wilde begrijpen waarom hij mij destijds niet meer wilde spreken. Waarschijnlijk werd hij 'appelig' van me: daar had je weer zo'n journalist uit de Randstad, zo'n type dat graag intelligent wilde zijn. Vrijdagmiddag had ik hem ook al gevraagd waar hij nu precies naar keek, toen hij een tijdje loerend en mijmerend rond de Porsche had gelopen. Wat moest dat? Eerst van die ingewikkelde vragen stellen en dan tijdens de race ook nog eens beginnen over rustig aan doen. 'Rustig aan doen' komt in het woordenboek van Jos Verstappen niet voor. Alles gaat op volle snelheid. Zo, en alleen zó kon hij bereiken wat hij allemaal bereikt heeft in de autosport. Al die Nederlandse journalisten – op een paar goedgekeurde types na – snappen daar niks van. Ze lopen alleen maar in de weg, voelen zich heel wat als ze eens bij een race aanwezig zijn, maar schrijven het liefst een lullig stukje als er eens iets misgaat. Jos had, om het diplomatiek te zeggen, niet zoveel vertrouwen in de Nederlandse pers. Hij kon ook niet weten dat ik hem al zo vaak had verdedigd en dat ik wars was van alle grindbaksarcasme. Ik volgde de Formule 1 al zo'n beetje sinds hij werd geboren en ik wist ook wel hoe zijn carrière in elkaar stak.

Zonder financiële middelen en alleen door keihard te werken en voortdurend op het randje – of erover – te racen was Jos vooruitgekomen in de racerij. Hopelijk komt er ooit een goede biografie over hem die laat zien wat het racen écht voor hem betekende.

Alles begon met de karts. Op de dag van zijn eerste communie, zo wil het verhaal, zag hij voor het eerst een kartrace en was onmiddellijk verkocht. Zijn vader, eigenaar van een café in het Limburgse Montfort, steunde hem, al was hij soms misschien wat streng. Jos werd gehard. Hij was van zichzelf supersnel en van de lange, moeilijke weg omhoog werd hij een doorzetter – een aanvaller die niet opgaf voordat hij helemaal vooraan reed. Ex-Formule 1-coureur Huub Rothengatter zag onmiddellijk het talent van de ruwe *selfmade man* en hielp hem als manager de autosport in. In 1992, het eerste seizoen dat Jos in een racewagen reed, in de Opel Lotus-klasse bij het team van Frits van Amersfoort, werd hij meteen Benelux-kampioen. In het boek *Dwars door de Tarzanbocht* van Hans van der Klis, over alle Nederlandse Formule 1-coureurs, herinnert Van Amersfoort zich dat jaar: 'Er gebeurde altijd iets bijzonders. Meestal was dat een zege, maar het kon ook een gigacrash zijn of een ruzie met een andere deelnemer in de paddock.' Het jaar erop werd Jos Duits Formule 3-kampioen en won hij de Marlboro Masters op Zandvoort. Meer kon je in die jaren niet doen om je visitekaartje af te geven aan de Formule 1.

Onder de Nederlandse racefans begon de koorts te stijgen. Daar kwam een grote aan. Eindelijk een coureur die echt mee ging doen in de Formule 1, een winnaar, een kampioen in wording. Zulke dingen zeiden ze zelfs in het buitenland, zeker nadat hij tijdens diverse Formule 1-tests had geschitterd met snelle tijden. Dat hij ook een auto in de kreukels reed, deed er niet toe, dat hoorde erbij.

Benetton pikte hem op als testrijder voor 1994. Prima, niks mis mee, even rustig aan, een jaartje in de luwte om te wennen aan de auto's, aan het wereldje. Echter, Benettons tweede coureur, J.J. Lehto, blesseerde zijn nek bij een heftig testongeluk, zodat Jos meteen aan de bak moest in Brazilië, de eerste race van het jaar. Niks rustig aan. In Brazilië raakte hij buiten zijn schuld betrokken bij een crash met vier auto's. Eddie Irvine duwde hem het natte gras op, waarna alles misging. De Benetton maakte een zijwaartse salto, de stukken vlogen in het rond. Zo ging Jos onmiddellijk de wereld over. Ook in Nederland. Zie je wel: die Formule 1 is niks dan crashes en ongelukken, een sport voor idioten en waaghalzen. Jos werd in het diepe gegooid. Hij reed naast ene Michael Schumacher, die bij Benetton zijn teamgenoten verkruimelde. Drievoudig wereldkampioen Nelson Piquet, Riccardo Patrese, Martin Brundle en later Johnny Herbert: geen van allen hadden ze iets in te brengen. Jos ook niet.

Door de dood van Ayrton Senna werden wereldwijd nog veel meer mensen nieuwsgierig naar de Formule 1. In Nederland nam de belangstelling extra toe door het racen van Jos Verstappen. De Nederlandse racefans hunkerden naar succes. En als iemand iets kon bereiken in de Formule 1, dan was het Jos Verstappen. Ze zagen zijn tomeloze inzet, die uiteindelijk werd beloond met twee podiumplaatsen, in Hongarije en in België. Fantastische resultaten. Zoiets was nog nooit een Nederlandse Formule 1-coureur gelukt. Eindelijk. Binnen de kortste keren had Jos de grootste fanclub van alle Formule 1-coureurs. Een hondstrouwe schare die hem naar allerlei races volgde, getooid met Nederlandse vlaggen met in de witte baan hun credo: *Jos the Boss*.

Het grote publiek wil echter overwinningen. Zij zagen Jos vooral crashen. Tegen de pitmuur in Frankrijk. Of in Hockenheim, toen hij de auto van Schumacher even mocht gebruiken tijdens de kwalificatie... Niet handig, de auto van je teamgenoot kort rijden. Niemand vroeg naar de achterliggende oorzaak, dat was een veel te ingewikkeld verhaal. Men zag alleen Jos met de auto van Schumacher in de grindbak staan. Hetzelfde weekend vloog de auto van Jos ook nog eens in brand tijdens een pitstop. Grote schrik. Jos ontkwam met lichte brandwonden. Er werd, zoveel was wel duidelijk, op allerlei manieren gesjoemeld bij dat Benetton. Niet de meest prettige omgeving voor je Formule 1-debuut. Het grote publiek zag ten slotte ook dat Jos tegen het eind van het seizoen zonder pardon aan de kant werd geschoven voor Herbert, die overigens geen punt meer scoorde. Het seizoen erop werd Jos door Benetton ondergebracht bij het team van Simtek. Om ervaring op te doen. Insiders zagen hoe Jos zich uit de naad reed, maar de Simtek was gewoon een hok en ging voortdurend kapot. In Monaco was het team failliet. Over en sluiten. Zie je wel: Formule 1 was geen sport. Het was een wereld vol list en bedrog waar het slechts draaide om geld, veel geld.

Voor 1996 stapte Jos over naar Arrows, opnieuw een achterhoedeteam met, laten we zeggen, gecompliceerde financiën.

Ik herinner me vooral de demo die hij op 4 augustus met de Arrows gaf op Zandvoort, tijdens de Marlboro Masters. Die middag werd later het openingshoofdstuk van *De Formule 1-fanaat*. Zestigduizend mensen waren naar Zandvoort gekomen om eindelijk weer eens een echte Formule 1-wagen door de duinen te horen brullen. Jos verbeterde het baanrecord en gaf daarna een supershow weg, met proefstarts en vette rubbersporen voor de diverse tribunes. Groot gejuich. De Formule 1 was terug in Nederland. In een blije roes keerde iedereen huiswaarts. De resultaten waren misschien wat minder, we hadden een echte racer in de Formule 1. Een vechter, die liever crashte dan zich braaf tevreden te stellen met een anonieme klassering. Deze compromisloze vechtlust maakte hem tot een mythe. Nooit daarvoor en nooit meer daarna toonden Nederlandse Formule 1-coureurs zo'n bikkelharde mentaliteit.

Deze houding was ook de oorzaak van zijn tragiek. Na het begin bij Benetton kon Jos alle hoge verwachtingen, van zichzelf, van zijn omgeving en de hele wereld, niet meer waarmaken. Met steeds mindere auto's moest hij steeds hoger boven zijn macht reiken, waardoor het ook steeds vaker misging. Nadat Arrows hem had gedumpt om plaats te maken voor wereldkampioen Damon Hill, reed Jos een seizoen voor het team van Ken Tyrrell, ooit een legendarisch team waarmee Jackie Stewart driemaal wereldkampioen was geworden, maar nu hopeloos in de achterhoede ploeterend. En toen Tyrrell werd overgenomen door BAR, werd Jos, tegen het advies van de oude Ken Tyrrell in, eenvoudig opzijgezet voor Ricardo Rosset, die een flinke zak sponsorgeld meebracht.

Halverwege het seizoen 1998 haalde Jackie Stewart *himself* Jos naar zijn Formule 1-team, als vervanger van Jan Magnussen (inderdaad, de vader van Kevin). Sir Jackie dacht Jos nog wel wat te kunnen leren: als ze nu eens samen in een Fordje over het circuit reden, dan liet hij Jos zien hoe je, door op sommige plaatsen net even wat rustiger aan te doen, per saldo sneller reed. Dat was de filosofie van Jackie Stewart. Daar moest je bij Jos dus niet mee aankomen. Je hoefde Jos Verstappen niet uit te leggen hoe je moest racen, ook al was je driemaal wereldkampioen. Bovendien ging alle aandacht in het team naar Rubens Barrichello. Kortom, het boterde niet. Het volgende seizoen werd Jos dan ook vervangen, opnieuw door Johnny Herbert, die op de Nürburgring in een chaotisch regenballet de eerste en enige Grand Prix-overwinning voor het team van Stewart boekte. Een gemiste kans, misschien. Jos zat dat jaar zonder racezitje. Hij testte een Formule 1-auto voor Honda, met de belofte dat hij in 2000 zou gaan racen. Jos klokte sensationele tijden. Tot Harvey Postlethwaite, de drijvende kracht achter alle Honda-beloften, tijdens een van de tests overleed aan een hartaanval en het hele project werd afgeblazen.

Jos keerde terug naar Arrows. Het conflict met teambaas Tom Walkinshaw was inmiddels uitgepraat en bij Arrows kon hij tenminste weer wat laten zien. Voor het eerst in zijn Formule 1-loopbaan zat Jos twee jaar achtereen bij hetzelfde team. Hij scoorde een paar punten en in 2001 reed hij in Maleisië de race van zijn leven. Meteen na de start sprong hij van plaats achttien naar plaats zes, door in de eerste paar bochten steeds de juiste lijnen en de ruimte te vinden. Daarna duelleerde hij, in de stromende regen, met Grand Prix-winnaars Heinz-Harald Frentzen en Mika Häkkinen, die in veel snellere auto's reden. Heel even reed hij zelfs op de tweede plek. Alle Nederlandse racefans zaten te bidden voor de buis in de hoop dat David Coulthard nu snel naar de pits zou gaan, zodat Jos in elk geval één keer in zijn leven, al was het maar even, aan de leiding van een Grand Prix gereden had. Het mocht niet zo zijn. De baan droogde op en Jos finishte uiteindelijk als zevende, destijds net buiten de punten. Aan het eind van dat jaar werd hij, ondanks dat hij een waterdicht contract had, opnieuw door Walkinshaw aan de straat gezet. Zie je wel: die Formule 1, het was allemaal politiek, geld en vuil spel.

Het waren moeilijke jaren. Jos mocht dan als een bezetene rijden en door insiders keer op keer worden geprezen, klinkende resultaten bleven uit. Het grote publiek haakte teleurgesteld af. Jos was al geen geweldige prater – mediatraining had hij niet veel gehad, dat interesseerde hem ook niet, hij was een racer – maar een te langzame of onbetrouwbare auto was al helemaal niet te verkopen. 'Tja, wat moet ik zeggen?' klonk het meestal gedesillusioneerd voor de microfoons van de pitreporters. En hoe minder het ging, hoe vervelender de verhalen in de pers werden. Gevallen sporthelden hoeven in Nederland nu eenmaal niet op veel clementie te rekenen. En zeker gestrande autocoureurs niet. Meewarig werd er over crashes en auto's in grindbakken geschreven en als er ook maar een gerucht was over privéproblemen, een opstootje of een handgemeen waar Jos bij betrokken was, dook de pers daar meteen bovenop. Geen wonder dat Jos een diep wantrouwen begon te koesteren tegenover de pers. Het was Jos tegen de rest. Tegen de arrogantie uit de Randstad, tegen de vooroordelen inzake de autosport en de Formule 1 in het bijzonder, tegen het onbenul.

Na nog een jaartje aanmodderen bij Minardi hield Jos het eind 2003 voor gezien. Zijn droom, de top bereiken in de Formule 1, had hij net niet bereikt. Jackie Stewart bleef erbij: Jos was te snel in het diepe gegooid. Hij had rustig aan, bij een kleiner team, zonder druk en zonder Schumacher als teamgenoot, moeten rijpen. Maar ja, 'rustig aan' komt in het woordenboek van Jos niet voor. Racefans die hadden gedroomd van een Grand Prix-winnaar, van een wereldkampioen, konden diep vanbinnen niet anders doen dan toegeven aan wat het grote publiek en de kritische pers allang wisten: het wordt nooit wat tussen Nederland en de Formule 1. Ook al ben je nog zo goed, wij Nederlanders, een correct en eerlijk volk, wij passen gewoon niet in die doortrapte wereld van het grote geld, van glamour en valse schijn.

Zijn fans bleven Jos trouw. Toen hij in 2005 overstapte naar de A1-Grand Prix-serie, gingen ze allemaal mee. De A1-serie was een raceklasse met standaardauto's, die uitkwamen voor een land. Jos reed voor Team Holland, dat werd gerund door Jan Lammers. Ik heb er eerlijk gezegd nooit veel aan gevonden. Dat idee van die landenteams gaf het geheel een songfestivalgeurtje: 'En op de derde plaats achter Engeland en Zwitserland liggen wij!' Ik ben gewoon niet zo van dat chauvinisme. Ook de 'Power to pass'-knop, die het inhalen in de A1-serie wat al te gemakkelijk maakte, deed afbreuk aan het echte racen. Toch liet Jos er uiteindelijk wel weer mooie dingen zien. Met als hoogtepunt de races in Zuid-Afrika. In de eerste race crashte hij in de laatste ronde tijdens een 'do or die'-actie voor de overwinning. Dat was Jos: een tweede plek telde niet. De dag erop reed hij vanaf plaats zestien naar de zege, inclusief een spectaculaire inhaalactie in diezelfde bocht. Dat was ook Jos: vlammen.

Het volgende A1-seizoen begon in Zandvoort. De duinen kleurden helemaal oranje, inclusief Bengaalse vreugdevuren – een schitterend gezicht. Maar de massaal toegestroomde fans wachtten tevergeefs op hun held, omdat coureur en team met elkaar overhoop lagen inzake de financiën. Ook dat was Jos: er moest wel geld op tafel komen. (En dat was nu eenmaal ook Jan: dat geld was er even niet.)

Na deze afknapper in de A1 racet Jos nog slechts bij gelegenheid, zoals in 2008 op weg naar de zege in de LMP2-klasse in Le Mans. Hij heeft inmiddels een andere prioriteit: Max. Zijn zoon, opgegroeid in een wereld vol snelheid, wil ook racen, te beginnen op een kart. Al snel blijkt het knulletje over een uitzonderlijk talent te beschikken. Geërfd van zijn vader, maar zeker ook van zijn moeder, die lange tijd een geweldige kartster is geweest. In een interview met *Formule 1* uit 2007 is Jos daar heel duidelijk over: 'Hij rijdt heel secuur. Ik ben meer van het gooien en smijten. Het inzicht en het inhalen heeft hij van mij, de stijl van zijn moeder.' Jos zet alles opzij. Hij zal Max alles leren. Alles. De beginselen, de trucjes, de finesses. Hij zal hem op alle terreinen begeleiden. Want talent alleen is niet genoeg. Hij zal hem harden tegen zijn opponenten en tegen het wereldje. Hij zal hem ook leren dat hij het zichzelf met al zijn talent niet te gemakkelijk maakt. Tijdens kartwedstrijden spreken ze af in welke bochten Max wel en niet mag inhalen, om het lastiger te maken. Geen punt, Max wint aan de lopende band. En als het eens niet lekker gaat, dan zijn ze 's avonds niet bij de gemoedelijke barbecue te vinden, dan zijn ze veertig kilometer verderop op een andere kartbaan aan het testen, om de kart te verbeteren. En als het na een kartweekend op weg naar huis begint te regenen, keren ze om: kunnen ze mooi nog even oefenen op een natte baan. Hard rijden, het gevoel voor de kart, voor de banden, de grip, het vermogen, de remmen: het kruipt Max diep in de vezels. Ik heb me stiekem wel eens afgevraagd: is dit niet het klassieke voorbeeld van de voetbalvader die zich langs de lijn schor staat te schreeuwen in de hoop dat zijn zoon zijn verloren droom goed zal maken? Er is vast wel iets van waar, maar hoe verder Max klimt op de ladder, hoe meer Jos stapjes terug doet. En wie Max over Jos hoort praten, hoort dat het wel goed zit.

Er rijden inmiddels veel zonen van ex-Formule 1-coureurs in de Formule 1. Een Formule 1-vader lijkt welhaast onmisbaar. Die kent immers het wereldje, die weet hoe de hazen lopen, beschikt over een grote gunfactor en begrijpt alle ingewikkelde belangen. Zo'n vader kent ook de vuile spelletjes en de valkuilen. Jos heeft ze allemaal aan den lijve ondervonden. Hij stond er destijds – samen met Huub Rothengatter – helemaal alleen voor. In een land bovendien waar er door het grote publiek op de Formule 1 werd neergekeken. Het moet hem vreselijk gestoken hebben. Misschien houdt hij daarom, ook waar het Max betreft, het gas er vol op: geen tijd verspillen in riskante juniorcategorieën, meteen van de karts naar de Formule 3, bij een team bovendien dat hij kan vertrouwen, en vanaf daar in één keer door naar de Formule 1. Alles op volle snelheid, alleen zo kom je er. Want overal liggen de kwaadwillenden, de profiteurs en de bedriegers op de loer. Keihard werken, niks toegeven, niet te aardig zijn, meedogenloos doordenderen naar de top. Rustig aan doen komt in het woordenboek van de Verstappens nog altijd niet voor.

4
Schumacher

Niemand kan om Schumacher heen. Hij is het ijkpunt: zevenmaal wereldkampioen, vijf keer met Ferrari. Die vijf successeizoenen bij Ferrari heerste hij zoals nog nooit iemand had geheerst in de Formule 1. *Love him, or hate him,* hij was de beste. Ik haatte Schumacher. Ik haatte hem toen hij parmantig intimiderend voor Damon Hill ging rijden tijdens de opwarmronde voor de Engelse Grand Prix in 1994. Ik haatte hem toen hij Hill van de baan roste tijdens datzelfde seizoen in Australië. Toen hij in 2000 op Spa-Francorchamps bij tempo 280 ging zigzaggen voor de neus van Mika Häkkinen. Toen Barrichello voor hem van het gas moest in Oostenrijk 2002. Toen hij zijn Ferrari opzettelijk tegen de vangrail drukte om zijn poleposition veilig te stellen in Monaco 2006. Hij leerde het nooit. En maar winnen. Hij was de beste.

Iedereen die hem een beetje gekend heeft, weet: hij was ontzettend aardig. Alleen op de baan en in de media was hij een arrogante kwal. Ter afschrikking. Ter bescherming misschien. Het imago van de *bad guy* kwam hem eigenlijk best goed uit, want dat hield iedereen op afstand. Lekker rustig. Binnen zijn team was hij echter zorgzaam en attent. Op de fabriek in Maranello ging hij tussen de middag een potje voetballen met het personeel. Hij betrok alle geledingen bij zijn successen. Schumacher was niet alleen een slimme politicus, zoals Alain Prost, hij inspireerde ook iedereen, zoals Ayrton Senna. Voor Schumacher deed je alles, en meer. Je wist dat hij het zou omzetten in klinkende resultaten. Want ja, hij kon ook nog een lekker potje autoracen. Je zag het: zodra Schumacher gas gaf, werd de auto bij zijn nekvel gegrepen en over de baan gejaagd, over de kerbs gesleurd. Zand en stof waaiden op. Zonder ook maar een moment de controle te verliezen perste hij op het allerlaatste moment de benodigde poleposition-tijd uit zijn Ferrari.

Toch, ik haatte hem. Om dat seizoen 1994. Allemaal vals spel. Al is het nooit bewezen. Nog maar weinig mensen twijfelen eraan: de Benetton was een illegale auto. En mogelijk daarom ging Senna over de schreef in Imola. Pijnlijk. Het Benetton-team had een softwaretovenaar in huis. Zulke mensen had je in het begin van het computertijdperk: een soort medicijnmannen die zo snel de werking van een computerprogramma konden uitleggen dat jij ten slotte uit wanhoop op Enter drukte. De verboden elektronische rijhulpen, zoals *traction-control* en *launch-control*, werden nooit op de auto gevonden. Later bleek dat ze in een handomdraai in het motormanagement konden worden geïnstalleerd, door een softwaretovenaar bijvoorbeeld. FIA-president Max Mosley gaf toe dat het de FIA destijds aan knowhow ontbrak om dit soort dingen echt te controleren. Jos Verstappen, in 1994 teamgenoot van Schumacher, is ervan overtuigd dat Schumacher gebruikmaakte van de verboden hulpmiddelen. In 2011 vertelde hij in een interview: 'Ze zullen het nooit toegeven, maar ik ben ervan overtuigd. Ik heb het later nog eens aan Flavio Briatore gevraagd. Hij zei: "Laten we er maar niet over praten." Dan weet ik genoeg.' Verstappen verbrandde dat jaar bijna tijdens een pitstop in Hockenheim, omdat Benetton had gefoezeld met de tankinstallatie. Het team tuimelde van de ene in de andere affaire. Je zag het gewoon, het deugde voor geen meter. Met die maffiose Briatore aan het roer, petje achterstevoren op zijn hoofd, beslissingen van de wedstrijdleiding aanvechtend in de pitstraat, de zwarte vlag negerend, en alsmaar zweren dat ze nooit iets illegaals hadden gedaan. Tot slot ramde Schumacher in de beslissende race zijn concurrent Hill van de baan, nadat hij zelf zijn wagen had beschadigd. Schumacher werd daardoor kampioen. Hij kon er niets aan doen, hield hij vol, de auto was stuurloos. Het seizoen 1994 bleef en blijft een smet op zijn blazoen.

In 1997 deed Schumacher, inmiddels bij Ferrari, tijdens de beslissende race in Jerez een poging om zijn concurrent Jacques Villeneuve van de baan te rijden. De poging mislukte. Schumacher schoof zelf de grindbak in om er niet meer uit te komen en Villeneuve werd kampioen. De reactie van zijn ex-teambaas Briatore sprak boekdelen: 'Michael moet niet denken dat hij zo wereldtitels kan blijven winnen.' Ferrari's technisch directeur Ross Brawn vertelde later dat Schumacher moord en brand schreeuwend terugkeerde in de pits. 'Villeneuve tikte mij eraf! Villeneuve heeft me uit de race gekegeld!' Nadat hij wat was gekalmeerd en de tv-beelden had bekeken, werd zijn gezicht asgrauw en besefte hij wat hij zojuist had gedaan. 'Michael had een blinde vlek,' aldus Brawn. 'Hij was zo competitief ingesteld, dat hij dingen soms niet zag zoals jij en ik ze zouden zien.'

Met Brawn vormde Schumacher het perfecte duo in de moderne Formule 1. Van het niveau Chapman en Clark, Stewart en Tyrrell of Lauda en Di Montezemolo. Het was niet voor niets dat Di Montezemolo, inmiddels directeur bij Ferrari, begin jaren negentig Lauda als adviseur had benoemd om het zwalkende team op de rails te zetten. Zij begrepen dat Ferrari rustige, rationele beslissers nodig had en geen temperamentvolle kortetermijnchaoten. En natuurlijk de snelste coureur van die tijd, Michael Schumacher. De Duitser was niet alleen de snelste, hij hield tijdens het rijden ook nog eens genoeg hersenruimte over om een race te lezen. Daarbij beschikte hij op de pitmuur nog eens over een veelvoud daarvan in de persoon van Brawn. Met pitstops voor bandenwissels en bijtanken was de Formule 1 in de loop der jaren meer en meer een strategisch spelletje geworden. Schumacher en Brawn beheersten dat spelletje verreweg het best.

Gevraagd naar wat Schumacher zo goed maakte, noemde Williams-teambaas Frank Williams drie dingen. Ten eerste zijn intelligentie. Ten tweede zijn fitheid. 'Ik mag blij zijn wanneer mijn coureurs in een week net zoveel in de gym zitten als Michael op één dag,' glimlachte hij. En ten derde: hij zat gewoon graag in de auto. Niet alleen tijdens raceweekenden, ook voor tests was hij altijd beschikbaar. Het racen, nee, het rijden in een Formule 1-wagen was zijn leven.

Je kunt er nog een vierde punt aan toevoegen: Schumacher wist hoe hij moest communiceren. Bij zijn aantreden bij Ferrari in 1996 wist hij meteen de juiste toon te vinden. Te midden van alle euforie in de Italiaanse pers verkondigde hij dat de *tifosi* vooral geduld moesten hebben. Als ze het komend seizoen één of twee races zouden winnen, zou dat al heel wat zijn. Het werden er drie. Schumacher begreep de passie en de honger naar succes in Italië. Daar is Ferrari meer dan alleen een raceteam – het is een mythe, een religie. Al zeventien jaar had Ferrari geen wereldkampioenschap meer veroverd. Het werd tijd. De druk was hoog. Maar Schumacher wist ook dat succes in de Formule 1 een lange adem vergt.

Een hele lange adem. Want het ging niet vanzelf. De geniale ontwerper Adrian Newey bouwde voor Williams en later voor McLaren geweldige auto's. En zowel Villeneuve als Häkkinen liet zich niet intimideren door de Rode Baron. Gelukkig maar, anders had hij misschien wel tien jaar alleenheerschappij gehad. Het weerwerk van de 'garagisten' gaf het succes van Ferrari ook glans: zonder gevecht geen glorie. In 1997 was er de befaamde botsing met Villeneuve. In 1998 kreeg Schumacher tijdens de beslissende race in Japan pech met de koppeling en daarna nog een lekke band. Häkkinen kampioen. In 1999 leek Schumacher recht op de titel af te rijden, tot iemand op Silverstone vergat om een dopje op de remleiding vast te kitten. De eerste keer dat Schumacher met tempo 300 op Stowe Corner af denderde, trapte hij op een leeg rempedaal. Hij schoof rechtdoor de grindbak in, om met een smak in de bandenstapel te eindigden. Hij brak zijn been en moest zes races missen. Häkkinen opnieuw kampioen. Het seizoen 2000 begon Schumacher met drie overwinningen op rij. In de zomer volgden echter drie uitvalbeurten achter elkaar. Zowel in Oostenrijk als in Duitsland kwam Schumacher niet verder dan de eerste bocht. Was het de druk? In Hongarije won Häkkinen afgetekend en op Spa werd Schumacher door de Fin afgetroefd met een waanzinnige inhaalmanoeuvre bij Les Combes. Monza was het keerpunt. Deze keer was Schumacher Häkkinen te snel af en boekte zijn eenenveertigste Grand Prix-zege. Het Koninklijke Park ontplofte. Schumacher zelf ook. Tijdens de persconferentie werd hem gevraagd hoe het voelde nu hij evenveel Grand Prix-overwinningen had behaald als Ayrton Senna. Schumacher barstte in tranen uit. Onbedaarlijk snikkend zakte hij voorover. Het was te veel. De herinnering aan Senna, aan 1994, de droom van die Ferrari-titel die hij nu al vijf jaar najoeg en die hem na de crashes en de nederlagen opnieuw door de vingers dreigde te glippen – het hoorde op een of andere manier allemaal bij elkaar. De druk was megagroot geweest. Net op tijd had hij het tij weten te keren. Het grote doel kwam weer in zicht. Met het hervonden vertrouwen won hij vervolgens driemaal op rij en stelde al in Japan de titel veilig.

Nu was het hek van de dam. Vier jaar lang veegde Schumacher de vloer aan met de concurrentie. Twee generaties coureurs heeft hij verpletterd. Eerst moesten mannen als Coulthard, Frentzen, Barrichello en Verstappen eraan geloven, daarna waren Button, Heidfeld, Massa en Montoya aan de beurt. In 2002 stond Schumacher na elke race op het podium, waarvan elf keer op de hoogste trede. In 2004 won hij dertien van de achttien races en was hij al in de zomer wereldkampioen. Record na record sneuvelde. Zeven wereldtitels, 91 Grand Prix-zeges, 155 podiumplaatsen, 68 polepositions: records voor de eeuwigheid. Zo leek het tenminste. Het was, op z'n zachtst gezegd, bij tijd en wijle doodsaai. Hoe vaak zat ik niet voor de televisie, tien vingers gespreid naar het beeldscherm, telehypnotiserend, bezwerend dat zijn band lek ging, zijn motor stuk, zijn accu leeg, een neus eraf desnoods – kapot, ga kapot… Het waren de jaren waarin er niks meer kapotging in de Formule 1. De Formule 1 werd te perfect. En Schumacher bleef winnen.

In Engeland pakte Damon Hill ieder Grand Prix-weekend een motorzaag om grommend een oude rododendronhaag te snoeien. In zijn memoires *Watching the Wheels* (naar een melancholieke song van John Lennon) schrijft hij: 'Ik hoefde geen race meer op de televisie te zien. Toen Michael alles begon te winnen en de hele boel wegvaagde, raakte ik ervan overtuigd, ben ik bang, dat er iets helemaal mis was met onze sport, en dus ook met onze wereld. Om een of andere reden kreeg hij een oneerlijk voordeel.'

Schumacher was echt de beste. En het *dreamteam* waarvan hij het bezielende middelpunt was, was dat ook. Een hechte club, close, volledig op elkaar ingespeeld en gebrand op de overwinning. Een belangrijk onderdeel van het hele pakket waren de banden. Ferrari ontwikkelde een bijzondere band met fabrikant Bridgestone. Als er een oneerlijk voordeel was, dan zat het daar. Andere teams begonnen te klagen dat Bridgestone eigenlijk alleen met en voor Ferrari werkte. Ferrari kreeg banden waar zij niet eens naar mochten kijken! Uiteindelijk leidde die exclusiviteit ook tot de ondergang. Meer en meer ontevreden teams stapten over naar concurrent Michelin, zodat deze firma voor 2005 met een meerderheid van stemmen een nieuw bandenreglement kon doordrukken. Prompt won het almachtige Ferrari niets meer. Ja, nog één race: de aanfluiting in Indianapolis. In Indianapolis ontploften de Michelinbanden door de speciale belasting op het circuit. Drie dagen lang werd er overlegd om een oplossing te vinden. Tevergeefs. Zodat er op zondag slechts zes auto's (de overgebleven Bridgestone-teams) van start gingen voor een woedend publiek. De ommekeer was echter duidelijk. Ordinaire bandenpolitiek had Schumacher op de knieën gekregen. Alonso werd wereldkampioen. In 2006 ging de trend voort, tot de FIA, door journalisten inmiddels omgedoopt tot Ferrari International Assistance, halverwege het seizoen een veringsysteem op de Renault afkeurde en Schumacher aan een geweldige inhaalrace begon. Hij kwam net te kort.

Het begon te rommelen bij Ferrari. Directeur Di Montezemolo vond het tijd voor een nieuwe generatie. Er waren coureurs opgestaan die zich niet meer lieten ringeloren door Schumacher. Ferrari had de volgende *hotshot* al op het oog: Kimi Räikkönen. Volgens de geruchten was hij al gecontracteerd. In september 2006 maakte Schumacher bekend dat hij ging stoppen met de Formule 1. Hij was moe. De batterij was leeg. Ook Brawn liet weten dat hij er een jaartje tussenuit kneep. Het dreamteam viel uiteen. Er werd getwijfeld of Schumacher echt wel wilde stoppen. Voelde hij zich niet meer gesteund door de Scuderia of vreesde hij voor die snelle, ijskoude Fin? Wat was Michael Schumacher wanneer hij geen Formule 1-coureur meer was? Hij ging paardrijden. Hij ging scheuren op de motor, crashte en brak haast zijn nek. Dat was een teken. Toen Ferrari in 2009 een vervanger zocht voor de geblesseerde Massa, kwam Schumacher weer in beeld. De nekblessure van het motorongeluk zat hem dwars. Het vonkje bleef echter gloeien en in 2010 maakte hij zijn comeback, als coureur bij Mercedes. Niki Lauda, die dertig jaar eerder een vergelijkbare comeback had gemaakt, wist wel waarom: Schumacher wilde eigenlijk niet stoppen. En toen hij Massa en Räikkönen zag klungelen bij Ferrari, bekroop hem het gevoel dat hij het beter kon. Nog één keer wilde hij zich meten met een volgende generatie. Hij heeft het geweten.

De Formule 1 was veranderd. Om kosten te besparen was het testen tijdens het Formule 1-seizoen drastisch beperkt. In zijn tijd had Ferrari ongebreideld kunnen testen op de privébaan in Fiorano. Schumacher had altijd klaargestaan. Brawn hoefde hem maar te bellen en hij was al onderweg. In 2010 ontwikkelden Formule 1-teams echter alles met behulp van de simulator. Schumacher werd misselijk in zo'n ding. Dat kreeg je op zijn leeftijd, hij was inmiddels eenenveertig. Daarnaast beklaagde hij zich over de banden. Met de nieuwe Pirelli-banden moest je voorzichtig doen om te kunnen winnen. Banden sparen was niks voor hem. Hij wilde volle bak kunnen racen op zijn Bridgestones. Alleen zo kon hij immers laten zien dat hij nog altijd de snelste was. Het scheelde niet veel of zijn comeback was binnen een jaar voorbij. In de openingsronde van de Grand Prix van Abu Dhabi spinde Schumacher in het gedrang. Links en rechts schoten auto's voorbij, alleen Liuzzi zag hem te laat en reed frontaal tegen hem op. De Force India schoot over de neus en de cockpit van de Mercedes omhoog. Een paar centimeter meer naar links en Schumacher was onthoofd geweest. Nog een teken. Hij moest het lot niet langer tarten. De Formule 1 was en bleef een gevaarlijke sport. Natuurlijk zag hij dat zelf niet zo. Schumacher ging nog twee jaar door. Zonder succes. In die drie jaar voegde hij slechts één schamele podiumplaats aan zijn erelijst toe. De buitenwacht oordeelde meedogenloos: Schumacher was te oud, niet snel genoeg meer. Zonder de (illegale) voordelen van Benetton en Ferrari bleek hij toch ook maar een gewone coureur. Zelf bleef hij er filosofisch onder. In deze drie jaar had hij iets nieuws geleerd, namelijk verliezen. Hij genoot nog steeds van het rijden in de Formule 1. Hij kon nog wel even door.

Bij Mercedes dachten ze daar anders over. Het team was weliswaar een voortzetting van Brawn GP, dat in 2009 zo verrassend de wereldtitel had veroverd, en het team werd nog wel geleid door Ross Brawn, maar Mercedes begon stilaan de eigen cultuur door te drukken. Het dreamteam kwam niet meer terug. Net als destijds bij Ferrari begreep Mercedes-adviseur Niki Lauda dat je de snelste coureur van de huidige generatie in je team moest hebben. Dus strikte hij eind 2012 Lewis Hamilton. Voor Schumacher was er geen plaats meer. Hij stopte ermee. Definitief.

En nu ligt hij daar. Hoe wreed kan het zijn. Bijna twintig jaar een levensgevaarlijke sport bedrijven, met 280 per uur langs de vangrails scheren – hij reed gewoon te snel voor het armetierige noodlot. Ongeschonden kwam hij eruit en dan valt hij tijdens een potje skiën met zijn hoofd op een rots. Ongelofelijk. Zijn atletenlijf is nog intact, maar zijn hersenen hebben alle connecties verloren. Daarom zit ik hier nu weer: tien vingers gespreid, omgekeerd evenredig telehypnotiserend, bezwerend dat hij zijn kinderen hoort, zijn vrouw, zijn vriend Ross '*it's looking good Michael, it's looking damn good…*' Dat hij zijn ledematen weer gaat voelen en bewegen. Heel, word weer heel… Als iemand dat kan, dan is het Michael Schumacher. Word heel…

II

INHALEN – 2015

5
Inhalen

Het begint allemaal in China, op 12 april 2015. Met een inhaalactie op Marcus Ericsson. Voor het eerst zie ik met eigen ogen wat voor een bijzondere coureur Max Verstappen is. Insiders wisten het natuurlijk allang: Max was geen gewone coureur. Dat was al duidelijk op de karts. Daar had hij zo'n beetje alles gewonnen wat er te winnen viel. Hij was er wereldkampioen geworden. Daarna was hij overgestapt naar de autosport. Niet in een van de laagste klassen, zoals de Formule Renault of BMW, nee, meteen door naar de Formule 3. Ook daar, in het team van Frits van Amersfoort, reed hij onmiddellijk de sterren van de hemel. Het was net als met Jos, vertelde Van Amersfoort later: zodra Max wegreed, viel je mond open, en hij ging niet meer dicht. Natuurlijk had ik over Max' prestaties in de Formule 3 gehoord en ze deels ook gezien, maar voor een gelouterde Formule 1-fan moet je het eerst maar eens laten zien in de Formule 1. Hoeveel megatalenten zijn er niet stukgelopen op de Formule 1? Al die aspirant-wereldkampioenen die net onder de top zijn gestrand, zijn gezonken in de grijze middenmoot, of nog treuriger: in de laatste rijen zijn blijven steken, vechtend om überhaupt nog mee te mogen doen aan de race op zondag.

Van de Formule 3 heeft Max in één keer de sprong naar de Formule 1 gemaakt. In de zomer van 2014 heeft hij bijna vierhonderd testkilometers in een oude Toro Rosso afgelegd om in aanmerking te komen voor een superlicentie, zonder rijbewijs... Iedereen die hem zag rijden, stond versteld: alsof hij nooit anders had gedaan. Met de superlicentie op zak kon hij aan het eind van het seizoen alvast een paar keer meerijden in de vrije trainingen op vrijdag. Wennen. De eerste keer was op de vrijdagochtend in Japan op Suzuka, drie dagen na zijn zeventiende verjaardag. Een vuurdoop, want Suzuka is een lastig, onvergeeflijk circuit. Old school, met overal grindbakken. Opvallend dat Jos hem daar, voor één keer, de raad gaf om het vooral rustig aan te doen. Niet meteen de limiet opzoeken, want de hele wereldpers kijkt mee. Als er iets misgaat, heb je voor je het weet een naam als brokkenmaker, en daar kom je niet zo snel meer vanaf. Jos weet er alles van.

Bijna een halfjaar later maakt Max zijn Grand Prix-debuut in Australië. Voor het team van Toro Rosso. Toro Rosso is het juniorteam van het grote Red Bull-team, dat tussen 2010 en 2013 vier keer wereldkampioen werd met Sebastian Vettel. Vettel is nog altijd de jongste wereldkampioen ooit. Met zijn zeventien jaar en 166 dagen is Max in elk geval de jongste Grand Prix-coureur ooit. Een record dat staat voor de eeuwigheid. Want meteen bij zijn entree in de Formule 1 schudt Max de regels op. Het zal niet de laatste keer zijn. Diverse oud-coureurs en ex-kampioenen spreken hun twijfels uit over een Formule 1-debuut op zo'n jonge leeftijd. Mika Häkkinen acht het een te groot risico. Een zeventienjarige kan nooit klaar zijn voor de Formule 1, denkt hij. Jacques Villeneuve is nog stelliger: 'Het is een belediging. Red Bull zet een kind in een Formule 1-wagen. Iemand die in de Formule 1 debuteert, moet een winnaar zijn met veel ervaring. Dit is het slechtste wat de sport kan overkomen.' Het lijkt erop dat de criticasters gehoor vinden bij de FIA, want die vaardigt al snel een regel uit dat Formule 1-coureurs voortaan minimaal achttien jaar moeten zijn. Max glipt als laatste onder het hek door en doet gewoon zijn ding in Melbourne.

Zijn teambaas Franz Tost zegt later dat het een van Max' beste races van het jaar is geweest. Max weet zijn banden in prima conditie te houden en ligt lange tijd op koers voor een paar WK-punten in zijn allereerste Formule 1-race. Tot de motor stukgaat. Zal ook niet de laatste keer zijn. De motorleverancier van Toro Rosso is Renault. En Renault heeft het zwaar in de Formule 1. De hybridemotoren zijn complex en kwetsbaar. Renault komt niet alleen power te kort, de motoren gaan ook regelmatig kapot. De onvrede bij Red Bull hierover groeit. In de loop van 2015 komt het tot grote conflicten, dreigementen, zelfs een breuk. Zover is het in het voorjaar nog niet. Twee weken later in Maleisië blijft de motor heel. In zijn tweede Grand Prix scoort Max zes WK-punten door keurig als zevende te finishen, vóór zijn teamgenoot Carlos Sainz en zelfs voor de twee coureurs van het grote zusterteam Red Bull, Daniel Ricciardo en Daniil Kvyat. De volgende race is in China.

China staat al jaren op de Formule 1-kalender. Michael Schumacher boekte er in 2006 zijn laatste Grand Prix-zege. Er komen intussen meer mensen op het Shangai International Circuit af, maar de Formule 1 is nog niet *booming* in het land waar anders elk vleugje van het oude Westen onmiddellijk tot grote economische successen leidt. Waarschijnlijk is daar toch echt een Chinese Formule 1-coureur voor nodig. Kijk maar naar ons: het grote publiek wil een naam, een gezicht en liefst ook aansprekende resultaten, overwinningen. Pas dan kan men zich inleven in die ingewikkelde, onbereikbare sport.

China paste in Ecclestones trek naar het Oosten. Daar zat

het grote geld. Voor 240 miljoen dollar werd een gloednieuw circuit uit de grond gestampt. Circuitbouwer Hermann Tilke tekende de baan in de vorm van het Chinese teken *shang*, dat 'opstijgen' betekent en ook het eerste teken in de naam Sjanghai is. Een geslaagd circuit. Na start-finish, te midden van een prachtig pit- en tribunecomplex, draait de baan naar rechts met een lange doordraaiende bocht, knijpend, tot hij ineens naar links opendraait. Een wurgende combinatie, waar meteen na de start twintig overkokende egootjes doorheen moeten. Het is altijd dringen geblazen. Touchés gegarandeerd. Sneuvelende voorvleugels en handige jongens die snel een paar plaatsen winnen. Na deze bochten volgt een slingerend, technisch gedeelte, dat eindigt bij een zeer ruime 180-graden bocht, omzoomd door – elk jaar weer – treurige, lege tribunes. De bocht komt uit op een lang recht stuk van dik een kilometer, een soort startbaan waar aan het eind een krappe haarspeldbocht wacht. Ik houd van die hele lange rechte stukken. Alles aan de auto gaat daar voluit, precies waarvoor het gemaakt is: de machine laten gieren, krijsen, roodgloeiend, snelheid ver boven de driehonderd per uur – *that's motorracing*. En daar, aan het eind van het rechte stuk, gebeurt het.

'Ik had lang genoeg rondgekeken,' verklaart Max na afloop. 'Het werd tijd om eens wat aan te vallen.' In de negende ronde rijdt hij op plaats elf, achter Marcus Ericsson in een Sauber. Nog even inzoomen op Ericsson. Als kind werd de Zweed Ericsson al geprezen om zijn snelheid en zijn slimheid. Hij werd vergeleken met viervoudig wereldkampioen Alain Prost, die niet voor niets 'Le Professeur' als bijnaam had. Op zijn zestiende werd Ericsson, in zijn debuutjaar, Formule BMW-kampioen in Engeland. Vervolgens werd hij Formule 3-kampioen in Japan. Een glansrijke toekomst lag in het verschiet. Tot hij vastliep in de GP2-serie. De GP2 is een fuik, de doorstroom is gering en voor je het weet, zit je een jaar of twee te modderen met middelmatig materiaal. Het is precies de reden waarom Jos ervoor heeft gezorgd dat Max die categorie kon overslaan. Dankzij flinke financiële rugdekking kon Ericsson in 2014 nog net de sprong naar de Formule 1 maken. Maar daar is hij, bij teams die voortdurend in financiële nood verkeren, veroordeeld tot een rol in de achterste rangen. Zo kan het dus gaan, zelfs al was je ooit het grootste talent *ever*, de nieuwe Alain Prost.

China. Max rijdt achter Ericsson. In het eerste, slingerende gedeelte van de baan rijdt hij naar de Sauber toe. De downforce van de Toro Rosso is prima, dus Max gaat lekker door de bochten. Hij zorgt dat hij binnen één seconde achter de Zweed komt te rijden wanneer ze de lange bocht voor de lege tribunes in draaien, zodat hij straks aan het eind van het rechte stuk gebruik kan maken van DRS. Achter elkaar jagen ze het rechte stuk op. De Ferrari-motor van de Sauber heeft wat meer pk's, zo lijkt het, de afstand wordt iets groter. Halverwege echter zet Max zijn DRS in. Een deel van zijn achtervleugel klapt open en prompt gaat de Toro Rosso tien, vijftien kilometer per uur sneller dan de auto vóór hem. Maar nog altijd ligt de Sauber te ver voor. Ericsson heeft waarschijnlijk in de spiegel gekeken, remt laat en stuurt in voor de haarspeldbocht. Als hij dan nog eens opzijkijkt, krijgt hij de schrik van zijn leven. Tot verbijstering van de Zweed, maar ook van alle tot dan toe kalm voortbabbelende televisiecommentatoren, schuift daar de Toro Rosso binnendoor. Max heeft nóg later geremd, en glijdt dreigend op de Sauber af, maar het past precies. Max houdt zelfs genoeg snelheid over om meteen weg te accelereren, terwijl Ericsson, perplex, bijna tot stilstand gekomen, op de rand van de baan achterblijft. Wat een manoeuvre. Het is vooral de uitvoering ervan. Gladjes. Zonder rokende banden, zonder touché, zonder bravoure of circusnummer. Clean. Later vertelt Max dat hij zijn inhaalacties zorgvuldig plant. Dat hij kijkt naar de lijnen van zijn tegenstander voor hem, waar hij snel is en waar niet, waar hij misschien problemen heeft. Dan bereidt hij de actie voor, al een paar bochten eerder begint het, hij weet wat hij gaat doen, en waar precies. Het geeft een lekker gevoel als het lukt. Ja, er komt ook wel wat lef bij kijken, maar ach, hij doet dit al zo lang, zijn hele leven eigenlijk, het is zijn natuur.

Inhalen is lang een probleem geweest in de Formule 1. Dankzij het overvloedig gebruik van de windtunnel werd de aerodynamica van de wagens in de loop der jaren geperfectioneerd. Het werd zelfs té perfect. Auto's kregen steeds meer downforce en een geweldige wegligging. Echter, zodra je vlak achter een tegenstander reed, werd de rijwind onrustig, en daardoor verloor de supergevoelige auto veel downforce. De wegligging en de snelheid werden zo minder en ook de banden kregen het zwaarder. Allemaal factoren die het lastiger maakten om een concurrent lekker dicht op de hielen te zitten en voorbij te steken. Om wat meer positiewisselingen te krijgen werden de pitstops weer ingevoerd. Pitstops voor bandenwissels en bijtanken. Met een slimme pitstopstrategie kon je je tegenstanders inhalen. Voorbeeld: je neemt iets meer benzine mee om een paar ronden langer te kunnen rijden dan je concurrent die voor je rijdt. Zodra hij zijn pitstop maakt, rijd jij twee superrondjes met bijna lege tanks. Je tegenstander, met volle tanks en koude banden, kan zo hard niet. Zodat jij, na jouw pitstop, vóór hem de baan weer op komt. Schumacher was hier een meester in, hij rolde zo hele groepjes op.

Voor veel toeschouwers was het echter hogere wiskunde.

Bovendien was het vaak gissen wie er met veel of wie er met weinig benzine reed. Een enquête onder racefans in 2010 wees uit dat zij vooral echte inhaalacties op de baan wilden zien. Daarvoor is DRS, het Drag Reduction System ontwikkeld. Zodra je in een DRS-zone vlak achter je tegenstander rijdt, kun je voor de volgende bocht een klep in de achtervleugel openzetten. De wagen heeft zo minder luchtweerstand, gaat dus sneller en kan op die manier een inhaalpoging wagen. Het is een kunstgreep waar veel Formule 1-fans echt aan moesten wennen. Nog steeds. Puristen zoals ik vinden inhalen met hulpmiddeltjes maar niks. Inhalen mag best lastig zijn. Móét lastig zijn. En niet zeuren over turbulentie: de ware kampioen passeert. Zo is het. Zo was het. En zo zal het altijd zijn. Maar ik zie ook dat DRS werkt. We zien er meer spectaculaire inhaalacties door. Omdat je van verder weg, van buiten de ergste turbulentie een aanval kunt inzetten. In de bocht komt het toch aan op laat remmen, je goed positioneren en zo mogelijk je tegenstander verrassen. Tegenwoordig kent elk circuit twee DRS-zones. In 2017 werd er eindelijk wat geëxperimenteerd met de lengte, want sommige zones zijn te lang en maken het inhalen te makkelijk, en sommige zijn te kort, waardoor ze gewoon niet werken.

Tien ronden nadat hij Ericsson heeft ingepakt, passeert Max op bijna identieke wijze Ericssons teamgenoot Felipe Nasr. Opnieuw extreem laat remmen, aan de binnenkant, zonder een wiel te blokkeren, precies wetend wat de auto nog wel en net niet meer kan. Glad als een aal. Commentatoren zitten te springen in hun hokjes. Dit is racen. Zó moet het! Even later moet ook Sergio Pérez eraan geloven. Pérez rijdt op oudere, versleten banden, dat is waar, hij heeft dus minder grip. Hij heeft echter ook een Mercedes-motor achterin, met veel meer pk's. Dus probeert Max het deze keer niet op het rechte stuk, maar juist in het bochtige gedeelte. Eerst doet hij een aanval binnendoor in de nauwe bocht 6, naar rechts. Door de snelheid bij het uitkomen van de bocht wordt de Toro Rosso naar de buitenkant gedreven, zodat de wagens naast elkaar de lange bocht 7 in vliegen. Dat is een bocht naar links, dus nu zit Max aan de binnenkant... Ik zit met open mond te kijken. Zo gladjes, zo zonder duw- en trekwerk. Zo... vanzelfsprekend. Zo – ik durf het haast niet te zeggen – zo haalde Senna zijn tegenstanders in.

Alle actie wordt uiteindelijk niet beloond. Vier ronden voor de finish houdt de motor ermee op. Wat geeft het. 'Een nieuwe superster is geboren,' oordeelt Damon Hill na afloop. En hij is niet de enige die dat denkt.

6

Crash

De zesde race van het jaar is Monaco. Racen in Monaco, dat is zoiets als helikopter vliegen in je eigen huiskamer, aldus drievoudig kampioen Nelson Piquet. Het is de eerste keer Monaco voor Max. Hij heeft veel geoefend in de simulator. Maar dit is het echte Monaco, met alles erop en eraan. En eromheen: glamour en dikdoenerij, Pagani's en jetski's, Gucci en Prada. Gezien worden. Monaco is het theater van de snelheid. Nergens ziet de Formule 1 er zo gelikt uit als in dit belle epoque-decor.

Dit is het oude Europa, waar de Formule 1 uiteindelijk een product van is. De eerste Grand Prix van Monaco vond plaats in 1929. Het was in de tijd dat mondaine badplaatsen moesten zorgen voor aansprekend vermaak voor de welgestelde gasten, die immers niet alleen kwamen kuren. Dus kwamen er casino's, modefestivals, schaaktoernooien, autoraces. Een beetje badplaats had zijn eigen Grand Prix: Nice, Napels, Livorno, Cannes, Pescara, Monaco, Oostende. Zandvoort is in wezen gewoon een nakomertje in deze trend.

Het circuit van Monaco is sinds die allereerste keer niet wezenlijk veranderd. Je kunt ook moeilijk het Casino of het Hotel Mirabeau verplaatsen voor een chicane of een uitloopstrook. In 1973 werd de bocht bij de gasmeter, tegenwoordig Rascasse, wat ingewikkelder gemaakt, werd de tunnel verlengd en gemoderniseerd en werd het zwembad gebouwd, zodat de baan daar nu omheen slingert. Dat was het wel zo'n beetje. Het altijd gelijk gebleven traject bulkt dan ook van de geschiedenis. Nuvolari joeg hier in 1933 in zijn brandende Alfa achter Varzi aan. Ascari vloog in 1955 met zijn Lancia van de kade in zee. Moss knokte er tegen de Ferrari's. Graham Hill – Mr. Monaco – won er maar liefst vijf keer. Jackie Stewart, drievoudig winnaar, nam er tijdens het raceweekend in 1971 een prachtige film op met Roman Polanski. Toen kwamen Prost en Senna: tien jaar lang heersten zij in het prinsdom. In 1984 werd de wedstrijd vroegtijdig afgevlagd vanwege de regen, precies op het moment dat Senna Prost dreigde te passeren om de leiding in de race. Het sterkte Senna in zijn overtuiging dat het establishment altijd tegen hem zou zijn. Vier jaar later beleefde Senna opnieuw een turbulent weekend in Monaco. Tijdens de kwalificatie reed hij volgens eigen zeggen bijna in een andere dimensie. Hij verpletterde Prost in de race, tot hij volkomen onnodig tegen de vangrail kleunde bij Portiers. Vanaf dat moment werd Monaco helemaal Senna's ding. In 1993 won hij er voor de zesde keer. Schumacher bleef steken op vijf. Monaco is het kroonjuweel. De meest bekeken race van het jaar. De race die iedere Formule 1-coureur wil winnen.

Monaco is het langzaamste circuit van het jaar, maar omdat de auto's slechts op millimeters afstand langs de vangrails suizen, lijkt het nergens anders zo hard te gaan. Het gaat ook hard: met 275 omhoog naar het Casino, 285 door de tunnel, 230 en 110 – *tsjiktsjak* – langs het zwembad, 210 bij Ste. Dévote. Honderd procent concentratie, liefst meer. Een foutje wordt meedogenloos afgestraft.

In de eerste vrije trainingen neemt Max zich voor vooral kilometers te maken. Maar na een rondje of tien kent hij de baan wel en rijdt uiteindelijk de tweede snelste tijd, veertien honderdste achter Hamilton. Iedereen staat perplex. Max blijft er onaangedaan onder. De auto gaat nu eenmaal goed. Hij heeft vertrouwen. Franz Tost glimlacht. Max' wagenbeheersing, weet hij, is buitengewoon. Mika Häkkinen heeft zijn kritiek allang ingetrokken.

Monaco heeft één nadeel: je kunt er niet inhalen. Hoewel... echte helden passeren ook hier. Een enkele keer lukt dat, meestal resulteert het in het betere duw- en trekwerk, in botsinkjes, schade en ongelukken. In 2011 bijvoorbeeld draaide de race uit op een ordinair potje straatvechten. Het was het jaar waarin DRS was ingevoerd, en het leek alsof de coureurs daardoor wakker waren geschud: alsof ze weer beseften dat het bij autoracen de bedoeling is dat je elkaar op de baan inhaalt. Dus ook in Monaco. Als eerste liet Schumacher, in een Mercedes, zijn spierballen rollen en passeerde Hamilton over de stoep in Loews. (Loews is de haarspeldbocht kort voor de tunnel. De bocht heet allang geen Loews meer. Hij wordt vernoemd naar het hotel dat ernaast staat. Dat hotel verandert eens in de zoveel jaar van eigenaar, dus voor mij blijft het gewoon Loews, dat is makkelijker.) Waarschijnlijk had Schumacher zijn auto beschadigd, want even later werd hij zelf weer gepasseerd. Eerst door Hamilton met hulp van DRS in Ste. Dévote, daarna door Barrichello met een ouderwetse uitremactie bij Mirabeau – iets wat sinds Niki Lauda niet meer was voorgekomen. Hamilton ging daarna nog even door. Hij probeerde Massa opzij te duwen in Loews en toen dat niet lukte in de tunnel. Massa kwam op het vuile gedeelte van de baan terecht en crashte hard tegen de vangrail. In de slotfase probeerde Hamilton zich langs Maldonado te wurmen in Ste. Dévote. Misschien iets te optimistisch, want de Venezolaan kon geen kant meer op en kleunde zijwaarts tegen de vangrail. Voor beide acties in Monaco werd Hamilton bestraft. Het seizoen 2011 was een hel voor Hamilton. Zijn McLaren kwam te kort. Zijn geduld raakte op. Hij wilde winnen en voor het kampioenschap gaan. In zes races was hij al vijfmaal bij de stewards geweest. Hij was ook altijd de klos, vond hij. Het establishment was tegen hem.

Afijn: inhalen, vergeet het maar in Monaco. Wanneer de coureur vóór je goed oplet en verdedigende lijnen rijdt, kom je er nooit voorbij. In 1992 won Senna door acht ronden lang de veel snellere Mansell achter zich te houden. Hilarische taferelen, onvergetelijk. Mansell probeerde het links, rechts, eroverheen, maar Senna kende Monaco en wist precies waar hij de gaatjes moest dichten. Vooraan starten is in Monaco daarom van levensbelang. De kwalificatie is eigenlijk al de helft van de race. Max is zwaar teleurgesteld als hij in de kwalificatie blijft steken op plek tien, achter zijn teamgenoot. Hij is zelfs boos. Hij wil toch wel iets laten zien in Monaco. De banden kwamen echter niet snel genoeg op temperatuur. Hij had het team er nog voor gewaarschuwd. Voor zijn gevoel was het niet zijn schuld.

De start is al even belangrijk. Jean-Pierre Beltoise schoot in 1972 vanaf de tweede startrij voorbij Ickx en Fittipaldi en werd niet meer teruggezien. Beltoise, die na een ernstig ongeluk nog maar met één arm kon sturen, reed in de regen de race van zijn leven en won. Dat is ook Monaco.

Genoeg geschiedenis. De start in 2015 verloopt vlekkeloos. De zilverpijlen gaan ervandoor. Vettel volgt. Max in het middenveld, wint niks, verliest niks. Na een paar ronden passeert hij wel Maldonado, maar die heeft problemen met zijn remmen. In Ste. Dévote steekt Max binnendoor. Het kan dus wel, al past het maar net. Bij de eerste pitstop gaat er echter iets mis. Het rechter achterwiel wil er niet op. Dertig seconden gaan verloren. In de 46e ronde besluit het team daarom tot nóg een pitstop, om de snellere supersofts te monteren. Max komt als dertiende de baan weer op, net achter Vettel, die derde ligt en inmiddels een ronde voorsprong heeft. Op zijn nieuwe banden houdt de Toro Rosso gelijke tred met de Ferrari. In het spoor van Vettel raast Max over het circuit. Zodra Vettel op achterblijvers stuit, krijgen deze de blauwe vlag te zien en moeten zij plaats maken. Bij het zwembad krijgt Sainz zo'n blauwe vlag. In de langzame Rascasse-bocht maakt de Spanjaard daarom keurig plaats voor Vettel. Max ziet zijn kans en glipt, slim als een oude vos, in het kielzog van de Ferrari vliegensvlug voorbij zijn teamgenoot. Even later flikt hij hetzelfde kunstje bij Bottas. Net voor Portiers dwingt Vettel de Fin van de racelijn, waarop ook Max doodleuk voorbij komt rijden. De commentatoren juichen om zoveel gehaaidheid. De volgende is Grosjean. De Fransman is echter via de radio gewaarschuwd en gooit, zodra hij Vettel erlangs heeft gelaten, de deur dicht. Nu moet Max het zelf doen. Het gaat om plaats tien, het laatste WK-punt. Max loert en weet al snel waar het moet gebeuren. In de 63e ronde schaduwt hij Grosjean over start-finish, tempo 280, om vlak voor Ste. Dévote naar rechts te duiken, in een poging binnendoor te steken. En dan gaat het mis. Er is te weinig ruimte. On board zien we hoe Max op hoge snelheid met zijn linkervoorwiel tegen het rechterachterwiel van de Lotus op rijdt. Het gaat allemaal razendsnel. Het wiel breekt meteen af en slaat woest op de neus van de wagen. Stuurloos schuift Max rechtdoor over de kerbs om frontaal in de bandenstapel te knallen. Kleng! Grote schrik.

Het eerste wat ik denk is: oh god, die jongen zijn benen! De auto heeft zich bijna tot aan het stuur in de afzetting geboord. Max beweegt. Zet de auto uit, maakt het stuur los.

Hij is kalm. Natuurlijk, de auto heeft voorafgaand aan het seizoen de vreselijkste crashtests doorstaan. De coureur zit veilig in een onkreukbare cel en de afzetting in Monaco bestaat onder andere uit plastic watertanks die veel van de schok absorberen. Crashes horen erbij in de Formule 1. Ze laten letterlijk in één klap zien wat er op het spel staat, hoeveel energie erin omgaat. Deze crash vertelt me dit keer ook iets over mij. Ik volg de Formule 1 al heel wat jaren en heb dus al heel wat crashes gezien. Ik weet onderhand wel welke schrik bij welke crash past, maar deze schrik was anders. Ik merk dat de betrokkenheid bij Max echt heel anders is. Ik ben van huis uit niet zo klakkeloos chauvinistisch, maar Max is toch veel dichterbij dan de rest. Omdat we van alles delen, omdat hij mijn taal spreekt, omdat ik beter weet waar hij vandaan komt, is de identificatie veel groter, veel directer. Het zegt wel iets over mijn Nederlandse identiteit, daar is toch meer van dan ik had gedacht. Max is intussen uitgestapt. Gewoon een crash. Balen.

Max wordt ter plaatse gecheckt: hoe gaat het met je, weet je waar je bent en welke dag het is? Daarna wordt hij nader onderzocht in het medisch centrum. Hij heeft niks ernstigs. Wat stijve armen en een blauwe plek op de borst. Het is een harde klap geweest. Morgen, morgen pas zal alles hem zeer doen. Terug in de pits is de schrik verdwenen en is hij alleen nog maar boos. Woedend. Op Grosjean. Max weet zeker dat de Fransman eerder remde dan de ronde daarvoor. Het was een gemene brake-test. Grosjean is bij de botsing rechtdoor geschoten in de kleine uitloopzone voor het witte kerkje, heeft de auto kunnen keren en is uiteindelijk als twaalfde gefinisht. Na afloop is de Fransman verbaasd over de aantijgingen. Hij ontkent heftig. Wat heeft hij er nou aan om Max daar een brake-test te geven? De zaak wordt onderzocht, de telemetrie komt op tafel en die geeft Grosjean gelijk. Hij remde zelfs vijf meter later. Max krijgt een gridstraf voor de volgende race wegens het veroorzaken van een botsing. In Canada moet hij na de kwalificatie vijf plaatsen achteruit op de grid. Max blijft echter volharden: hij heeft niets fout gedaan, hij remde op precies dezelfde plek als de ronde ervoor. Voor het eerst zien we iets van een onverzettelijke overtuiging – noem het koppigheid. Het tekent zijn wil, op weg naar de top. Er is ook geen reden om Max niet te geloven, omdat hij met prostiaanse precisie rijdt en het ook gewoon zou toegeven als hij zich domweg had verremd. Hoe kan er dan toch een botsing zijn? Een mogelijke verklaring is een veranderde turbulentie aan het eind van de Boulevard Albert 1er, onder de bomen, tussen de twee auto's zo dicht bij elkaar. Monaco is millimeterwerk, misschien ook wel wat betreft luchtdichtheid. Hoe dan ook: het ongeluk en vooral Max' boze en onverzettelijke reactie achteraf doen veel stof opwaaien. Diverse gelouterde coureurs bemoeien zich ermee. Het establishment vindt het blijkbaar tijd om de jonge hond eens de les te lezen. Massa vindt de straf volkomen terecht. 'Hij heeft toch iets verkeerds gedaan? Zeker voor een zeventienjarige debutant zou het een verkeerd signaal zijn als hij er ongestraft mee weg zou komen.' Jenson Button waarschuwt Max dat hij op zijn woorden moet passen: Formule 1-coureurs zijn professionals, die geven elkaar geen brake-tests meer. Het is duidelijk: het nieuwe knulletje mag dan wel goed zijn, hij hoeft niet meteen zo hoog van de toren te blazen.

7
MaxMania

Het is echt nog wennen. Ik betrap mezelf er die eerste maanden van 2015 regelmatig op dat ik 'Jos' zeg, in plaats van 'Max'. Namen zitten blijkbaar stevig verankerd in ons hoofd. Dat verandert op 28 juni, wanneer zowel Jos als Max aanwezig is bij het Italia a Zandvoort-festival. Een rustig, gemoedelijk festival met allemaal Italiaanse auto's: Lancia's, Ferrari's, Fiats. Max zal er een Formule 1-demonstratie geven met een Italiaanse Toro Rosso. Tenminste, de auto heet even Toro Rosso en is van boven tot onder uitgedost in de Toro Rosso-kleuren. Eigenlijk is het een show-car van Red Bull. Het is de Red Bull RB8 uit 2012, waar Vettel wereldkampioen mee werd. Dat komt goed uit, want de 2012-auto heeft nog de oude v8-motor achterin en die maakt veel meer lawaai dan de nieuwe hybridemotoren. Goed voor het Formule 1-gevoel, en daar komen we voor: het Formule 1-gevoel, met Max. In de ochtend draait Max zijn eerste rondjes. Vanaf de pitmuur kijk ik hoe hij door de Luyendijkbocht komt aangezeild en over het rechte stuk dendert. Het geluid zwelt aan en met dik 280 per uur scheert hij voorbij de pits en de tribunes. Geweldig om te horen hoe een kreet van verrukking met de auto meevliegt, nog boven het motorgeluid uit, tot aan de Tarzanbocht. Dit is waar al die fans al die jaren naar hebben verlangd. Dertigduizend mensen zijn er naar Zandvoort gekomen. Om te kijken naar Maserati's en Lamborghini's, maar vooral naar die paar rondjes van een Formule 1-auto, met Max aan het stuur.

Ik ben vast niet de enige die terugdenkt aan de demo van Jos, bijna twintig jaar geleden alweer, in zijn Arrows. Ook toen hunkerden we, als een volk verdwaald in de woestijn, naar de Formule 1. Zestigduizend mensen waren erbij, veel meer dan nu, maar toen waren de kaartjes gratis. En Jos was destijds al een tijdje actief in de Formule 1. Hij had al bij een topteam gereden, op het podium gestaan – en in brand gestaan. Max heeft pas acht Grands Prix gereden. Het is nog wennen. Het grote publiek loopt er nog niet voor uit. Op de tribunes zitten dan ook de echte racefans, die de sport al jaren volgen. Veel van hen hebben hun oude vlaggen en spandoeken meegenomen met 'Jos the Boss' erop. Vanmiddag zal ook Jos een paar ronden rijden, in een Minardi. Maar Jos beseft ook: vanaf nu draait het allemaal om Max.

Max' turbulente entree in de Formule 1 heeft wel wat losgemaakt in Nederland. Alleen al voor de aankondiging van zijn optreden hier rukte de pers massaal uit. 'Ongekend,' zegt circuitdirecteur Erik Weijers. 'De NOS was er met zes man, maar ook *SBS Shownieuws*, *RTL Boulevard*, RTV Noord-Holland, TV Limburg, noem maar op. Plus veel schrijvende pers. De mediahype was enorm.' Ook in het buitenland is Max groot nieuws. Meestal gaat het dan om zijn jonge leeftijd. Na de aanvankelijke scepsis van de ex-kampioenen zijn er nu alleen nog positieve geluiden te horen. Max Verstappen brengt leven in de brouwerij. Vorige week nog had hij een geweldig gevecht met crashkoning Pastor Maldonado in Oostenrijk, dat de Venezolaan slechts na een ijselijke glijpartij in zijn voordeel wist te beslissen. Max, jong en onbevangen als hij is, daagt de gevestigde orde uit, aldus Niki Lauda. 'Er komt een nieuwe generatie aan: de computerkids.' De vier jonge Red Bull-coureurs verdienen bij elkaar evenveel als Vettel in zijn eentje bij Ferrari, vermoedt Lauda. 'Is Vettel dat salaris straks nog wel waard?' Nog lovender is Martin Brundle, ex-Formule 1-coureur en inmiddels commentator bij Sky Sports: 'Ik zie trekjes van Schumacher en Senna bij Max. Schumacher was mijn teamgenoot bij Benetton en tegen Senna heb ik gereden in de Formule 3. Ik herinner me nog goed dat ik me soms vertwijfeld afvroeg wat hen zo goed maakte. Waar talent precies in schuilt, weet ik nog steeds niet, maar ik zie hetzelfde bij Max Verstappen. Het ogenschijnlijke gemak waarmee hij rijdt, is ongekend.' Enorme complimenten. In Nederland blijven we toch wat voorzichtiger. We zijn nog niet vergeten hoe Jos de hemel in geprezen werd als mogelijke Grand Prix-winnaar en zelfs wereldkampioen. Al zien wij ook wel hoe uitzonderlijk goed Max het doet en dat hij steeds weer voor spektakel zorgt. Als hij kan aanvallen, dan gaat hij er ook voor, net zijn vader. En dat is wat we graag willen zien. Net als Jos heeft Max iets waar wij gewone mensen misschien wel te weinig van hebben: zonder aarzeling, met volle overtuiging van zijn kunnen, vliegt hij erin. Of zou het zijn puberbrein zijn dat bereid is om meer risico's te nemen? Misschien. Formule 1-volgers verbazen zich juist over Max' volwassenheid. Hij oogt nu al veel kalmer, verstandiger en evenwichtiger dan zijn vader. Hij is cool. Ook in de manier waarop hij met alle aandacht omgaat. Hij is nog maar achttien. Ik heb zelf twee kinderen die twee maanden ouder zijn dan Max. Ik herken in zijn houding, in zijn gedrag en zijn blik regelmatig dingen van mijn eigen kids. De wijze waarop hij interviewers aankijkt: onbevangen, maar niet naïef, eerder een licht geamuseerde blik van 'laat maar horen, ik ben benieuwd wat je nu weer wilt weten'. Hoe anders dan de altijd wat gespannen, om niet te zeggen: nurkse Jos. Jos weet dat zelf ook: 'Max is aardiger, een allemansvriend. In het begin was ik nogal gesloten, haast verlegen. Dat heeft me wel eens opgebroken. Max is juist iemand die goed uit zijn woorden komt en makkelijk met mensen omgaat.' Zo is het. Jos had het destijds natuurlijk veel zwaarder. Hij betrad een totaal onbekende jungle en moest maar zien waar hij uit kwam. De ervaring en ongetwijfeld ook de financiële middelen die Jos aan zijn Formule 1-avonturen heeft overgehouden, hebben Max een veel betere uitgangspositie gegeven. Daarom rijdt hij nu in de Formule 1. En hoe.

's Middags komen ze samen de baan op. Vader en zoon. Jos in een Minardi. Eigenlijk zou hij in de Minardi PS03 rijden, de auto waarmee hij in Japan 2003 een punt zette achter zijn Formule 1-carrière. Geheel in de geest van de Italiaanse renstal gaat de auto echter kapot. Er zijn problemen met de remmen. Jarenlang was Minardi het lelijke eendje op de grid. Toen het noodlijdende team in 2001 werd overgenomen door de Australische luchtvaartondernemer Paul Stoddart, werd het alleen maar erger. Foeterend en protesterend tegen alles wat ongelijk en oneerlijk was in de Formule 1 – tegen de Formule 1 zélf dus eigenlijk – ging Stoddart ten onder. Maar Jos Verstappen, vertelt hij desgevraagd, was verreweg de beste coureur die hij ooit in zijn team heeft gehad. Eind 2005 werd Stoddarts Minardi opgekocht door Red Bull, dat er Toro Rosso van maakte, het opleidingsteam voor Red Bull Racing. In feite rijdt Max dus bij het oude team van zijn vader. Er zijn nog een paar mensen over uit die tijd. Gelukkig heeft Jumbo-directeur en Minardi-verzamelaar Frits van Eerd een Minardi PS05 meegenomen en kan Jos daarmee de baan op, een paar tellen later gevolgd door zijn zoon. Daar gaan ze. Door de Tarzanbocht, Gerlachbocht, Hugenholtz, de Hunzerug op. Een fantastisch gezicht. Even later komen ze samen, naast elkaar, volle bak over het rechte eind gescheurd. Max remt later en duikt als eerste de Tarzanbocht in. Nu moet Jos achter Max aan. Nee, het is geen race, maar kunnen ze dat wel loslaten? Na afloop vertelt Max dat hij erg zijn best moest doen om zijn vader voor te blijven, omdat de Minardi op de rechte stukken veel harder kon. Jos houdt vol dat het wisselen van auto niet ideaal was en dat hij er alweer een tijdje uit is. 'Nou ja,' besluit hij, 'als ik Max bij had kunnen houden, had hij zich moeten schamen.' Daar komen ze alweer voorbij, Max een flink eind voor Jos. Het is een geweldig geluid, twee Formule 1-auto's in de duinen.

Wanneer ze even later hun wagens naast elkaar stilzetten op de finishlijn, juicht het publiek op de tribune. Daar zitten de diehard fans, die de Formule 1 altijd trouw zijn blijven volgen. Ook in barre tijden, toen onze coureurs steevast ten prooi vielen aan slecht materiaal, geldgebrek of politieke spelletjes. Nu wordt alles anders. Eindelijk hebben we een coureur die niet slechts spartelend in de achterhoede mee hobbelt. Al blijven we voorzichtig. We vermoeden het wel, het kan haast niet misgaan, maar honderd procent zeker is het nooit: Max gaat het heel ver schoppen in de Formule 1. Als hij over het circuit raast, draagt hij alle verwachtingen, alle hunkering en alle hoop op succes van de Nederlandse Formule 1-fans met zich mee. Vader en zoon zijn uitgestapt. Fotografen eromheen. Er volgt een kort interview. Jan Lammers en Arie Luyendijk zijn ter plaatse. Het is een historische middag, weet iedereen. Vandaag heeft Jos het stokje definitief overgegeven aan zijn zoon Max.

8

Hoe veilig moet het zijn?

In augustus 2015 ben ik voor *Formule 1* bij de Grand Prix van België op Spa-Francorchamps. Midden in de actie. Cool. Een paar dagen eerder ben ik al naar de Ardennen gereden voor een kleine pelgrimage. Naar het gehucht Masta. Daar ergens is de boerderij waar Jackie Stewart in 1966 crashte. Een ongeluk dat de Formule 1 voorgoed veranderde.

De Grand Prix van België vindt in 1966 nog plaats op het oude circuit. Een baan van maar liefst veertien kilometer lang die voor het eerst werd gebruikt in 1921. Een supersnel traject met veel rechte stukken en lange, snelle bochten, tussen Francorchamps, Malmédy en Stavelot. Het is grotendeels openbare weg en voert pal langs huizen, bomen en telefoonpalen. Levensgevaarlijk. Het circuit eiste in de loop der jaren heel wat levens. In 1960 waren er tijdens de Grand Prix zelfs twee coureurs verongelukt. Chris Bristow crashte in de snelle bocht bij Burnenville, werd uit zijn auto geslingerd en door een stuk prikkeldraad onthoofd. Later in de race kreeg Alan Stacey een fazant tegen zijn hoofd en was op slag dood. Andere tijden. In 1966 is er niet veel veranderd. Alleen de auto's gaan veel sneller. Vijftien gaan er van start, omlaag richting Eau Rouge, onder een stralende zon. Het weer in de Ardennen kan echter bedrieglijk zijn. Een paar bochten verder voelen sommige coureurs al wat spatjes, bij Burnenville rijden ze een heuse wolkbreuk binnen. Auto's gaan glijden, Siffert, Hulme, Spence en Bonnier botsen tegen elkaar aan. De Cooper van Jo Bonnier vliegt door de lucht, slaat de ruit van een boerderij in, maait een rijtje strobalen overhoop en komt met zijn neus en voorwielen ver over de rand van een hoge muur tot stilstand. Een paar centimeter verder en hij was meters omlaag gestort. Beelden van dit ongeluk zijn terug te zien in de geweldige racefilm *Grand Prix*. De race gaat voort.

Na Burnenville en Malmédy volgt het lange rechte stuk naar Masta, tempo boven de 250 per uur, links en rechts telefoonpalen. In Masta gaat de weg met een links-rechtsknik tussen de huizen door. Voor echte racers vol gas. John Surtees rijdt op kop, gevolgd door Jochen Rindt en Jackie Stewart. Nog voor de knik ziet Stewart Rindt spinnen. De Cooper tolt rond en rond, maar volgt wonder boven wonder de baan en raakt niets. Dan spint Stewart zelf. Aquaplaning. De auto glijdt rechtdoor de baan af, maait een houten schuurtje omver, knalt tegen een telefoonpaal en ploft dan anderhalve meter lager op een boerenerf neer. Stewart, verdoofd door de klap, zit klem in de auto, die langzaam volstroomt met benzine. Eén vonkje en de hele boel staat in de hens.

Het is puur toeval dat Stewarts beide teamgenoten ook crashen bij Masta. Graham Hill en Bob Bondurant moeten een steeksleutel bij het publiek lenen om het stuur uit Stewarts BRM te verwijderen. Pas daarna kunnen ze hem, met gevaar voor eigen leven, uit het wrak vol benzine tillen. Intussen gaat de race gewoon voort, auto's scheuren door de regen op twee meter afstand voorbij. Zodra Stewart ergens in het hooi ligt, gaat Hill maar eens op zoek naar een ambulance.

In 2015 tuf ik met mijn Citroën door Burnenville. Er is niks veranderd. De muur waar Bonnier bijna vanaf kletterde, is er nog. Een paar kilometer verderop slinger ik door de beruchte kink het gehucht Masta binnen. Daar staat het oude stationsgebouw, nu een frituur. Ertegenover, het kan niet missen, is de boerderij waar Stewart crashte. Er spelen nu kinderen met poppen en grote plastic auto's. Ze halen *maman*, die daarna opa haalt: ja, hij heeft het ongeluk destijds gezien. Doodeng was het. De mensen stonden schuilend voor de regen bij hun huizen te kijken, niemand durfde dichterbij te komen. Hij kan precies de plek aanwijzen waar Stewart was neergekomen. De schuur hebben ze later vergoed gekregen. Prachtig.

Aanvankelijk werd Stewart naar een soort medisch centrum naast het circuit gebracht. Daar lag hij op een stretcher, tussen de peuken en lege bierflessen. Ze konden echter weinig voor hem doen, dus moest hij alsnog voor onderzoek naar het ziekenhuis. Onderweg verdwaalde de ambulance. De verwondingen vielen mee: slechts wat botbreuken. Die middag echter besloot Stewart dat het allemaal anders moest.

Allereerst plakte hij voortaan een passende steeksleutel aan de binnenkant van zijn cockpit. Daar bleef het echter niet bij. Stewart ging zich op alle mogelijke manieren inzetten voor meer veiligheid op en rond de circuits. Hij zorgde ervoor dat coureurs veiligheidsgordels gingen dragen, hij begon te ijveren voor het plaatsen van vangrails langs de baan, zodat Formule 1-coureurs zich niet meer te pletter reden tegen bomen of telefoonpalen, en hij zette zijn collega's aan tot het boycotten van al te gevaarlijke circuits, zoals dat van Spa. Daarnaast richtte hij de Grand Prix Drivers Association op, die zich inzette voor de belangen van de coureurs. Zijn acties werden hem lang niet altijd in dank afgenomen. Organisatoren zagen de kosten oplopen. Als meneer Stewart het te gevaarlijk vond, kon hij maar beter stoppen met racen.

In 2012 heb ik een lang gesprek met Stewart. Het gaat onder meer over veiligheid. 'Weet je, ik kon gewoon niet geloven dat de circuiteigenaars en de regelgevers zo weinig ondernamen op het gebied van veiligheid. De kans dat ik als Formule 1-coureur om het leven kwam, was destijds twee op drie, een belachelijk gemiddelde. Zoiets mocht je niet toestaan!' Alle tegenstand, ook onder coureurs, nam Stewart er maar bij. Naarmate hij vaker kampioen werd, kreeg hij meer gezag. 'Wij waren professionele coureurs, sportmensen, en de omgeving waarin je je sport bedrijft, moet toch aan zekere voorwaarden voldoen.' Waarom waren ze daar niet eerder op gekomen? Waren de coureurs voor zijn tijd dom geweest? 'We hadden het niet door. De sport kwam in een enorme versnelling terecht. De auto's werden op alle vlakken ontwikkeld: we kregen bredere banden, zonder profiel, we kregen vleugels op de auto's. Plotseling werden sommige bochten met een tweemaal zo hoge snelheid genomen. Als er iets stukging of iemand maakte een fout, dan was de impact veel groter, fataal zelfs. Dat had haast niemand in de gaten.'

We krijgen het ook over de Grand Prix van Zandvoort in 1973. Ik zag hem die dag winnen, zijn zesentwintigste Grand Prix-zege, waarmee hij het record van zijn leermeester Jim Clark brak. Maar alles werd overschaduwd door de dood van Roger Williamson. 'Tja, dat was een trieste dag. In de wereld van nu zou de race zeker gestopt zijn. Destijds waren daar geen procedures voor. En zolang een race niet gestopt wordt, gaat een autocoureur door. Ik zag de brand twee, drie seconden per ronde, ik wist niet precies wat er aan de hand was. Je rijdt langzamer, maar ook weer niet te langzaam. We hadden zulke verschrikkelijke ongelukken al vaker meegemaakt. We waren het gewend om tussen de brandende auto's door te rijden. De sport was zo anders.' Zelfs veertig jaar na dato komt er een zekere hardheid in zijn stem. Nog lijkt hij bezig het weg te duwen. In zijn memoires, *Winning is not enough*, vergelijkt Stewart de Formule 1-coureurs uit zijn tijd met de

Bomberboys uit de Tweede Wereldoorlog, die ook niet te lang nadachten voor ze in hun kisten stapten om daarna boven Duitsland te gaan vliegen in de wetenschap dat een aantal van hen nooit meer terug zou keren. Toch, aan het eind van het interview stelt hij: 'De periode waarin ik heb geracet, was de meest kleurrijke, de meest betoverende, de meest opwindende, maar ook de meest gevaarlijke. En de chemie van al die elementen zorgde ervoor dat de Formule 1 in die tijd naar een uitzonderlijke hoogte kon stijgen en in zekere zin het respect verwierf dat nog altijd voortduurt.'

Ik denk dat het waar is. Het gevaar en de dood gaven de Formule 1 in die tijd een aura dat nog altijd nagloeit in de sport van vandaag. Ook al zijn de tijden drastisch veranderd. Ik moest er ook even goed over nadenken toen ik zelf de vraag kreeg voorgelegd tijdens het interview voor de film *1: Life on the Limit*. Nadat ik had verteld hoe mooi het allemaal was geweest in de jaren zeventig, de auto's, de uitgesproken karakters van de coureurs, de spectaculaire circuits, kwam de interviewer met de hamvraag: was de sport destijds beter? De dood incluis? Ja. Eh... nee, niet alles was beter natuurlijk. Dat er zoveel coureurs verongelukten, was echt niet beter. Ik voel nog de schrik en de verlamming die ik als kind elke keer weer doormaakte wanneer ik hoorde dat een van mijn helden gesneuveld was. Dat was niet goed. Dat wil je niet. Ik zou ook niet willen dat mijn kinderen dat moesten meemaken. Dus nee, vroeger was het niet beter.

De verbetering van de veiligheid verliep, en verloopt eigenlijk nog altijd, middels *trial and error*. De ongelukken die gebeurden, brachten de kwetsbare punten aan het licht. Na het ongeluk van Roger Williamson begreep men dat het toch verstandiger was om overal langs de baan snelle reddingswagens paraat te hebben, met grote brandblussers aan boord en marshalls in brandvrije kleding. Stewart had gevochten voor vangrails, maar in de loop der jaren bleek dat niet altijd de beste oplossing. Williamson was op een slecht verankerde vangrail gelanceerd, Cevert werd op Watkins Glen door de rail aan stukken gereten, en Helmuth Koinigg werd precies een jaar later op hetzelfde circuit door een vangrail onthoofd. Andere tijden. Misschien moesten er toch maar vanghekken komen.

Een belangrijk keerpunt kwam er in 1978. Na het ongeluk van Ronnie Peterson op Monza. Peterson raakte betrokken bij een massacrash meteen na de start. Hij werd uit zijn brandende auto gered, maar stierf de volgende ochtend in het ziekenhuis, omdat hij op het circuit te lang zonder verzorging was geweest en eenmaal in het ziekenhuis juist weer te snel was geopereerd. 'Iemand mag toch niet sterven aan een gebroken been,' mopperde Bernie Ecclestone. Ecclestone was begonnen de Formule 1 te organiseren. Hij deed dat ook op het gebied van veiligheid. Na de dood van Peterson gaf hij professor Sid Watkins de volmacht om de medische voorzieningen op de circuits te regelen. De juiste, snelle verbindingen met de ziekenhuizen in de omgeving, waar dan ook de juiste dokters aanwezig waren. Dus niet meer de maag- en darmspecialist die toevallig van racen hield, maar specialisten op het gebied van botbreuken, neurologie en brandwonden. En deugde er iets niet in de ogen van Watkins, dan ging Ecclestone aan het eind van de pitstraat staan en werd er geen meter gereden tot het geregeld was. Natuurlijk gebeurde dit allemaal ook omdat de Formule 1 steeds meer op de televisie kwam en de grote sponsoren niet graag werden geassocieerd met mannen die in auto's verbrandden. Het ging echter niet alleen om geld, het zat dieper. Ook ik sloeg thuis, na die traumatische middag op Monza, mijn multomap dicht. Hier gingen mensen bij dood. Dat was niet goed. Een nieuwe generatie ging zich met de Formule 1 bezighouden. En die naoorlogse generatie had een andere kijk op leven en dood.

En nog werd niet meteen alles superveilig. Er waren minder branden door een systeem dat de brandstofleidingen en tanks onmiddellijk afsluit bij een crash. Er was snellere assistentie op de circuits, er stond altijd een helikopter stand-by, en er waren dokters in de nabijgelegen ziekenhuizen. Maar in het turbotijdperk gebeurden nog altijd de meest vreselijke ongelukken. De turbowagens met hun enorme vermogen waren uiterst onveilig. Coureurs voelden zich vastgesnoerd voor op een bom, waarbij hun voeten zelfs vóór de vooras uitstaken. Heel wat coureurs hebben in die tijd hun carrière moeten beëindigen met verbrijzelde enkels.

Een echte kwantumsprong maakte de veiligheid met de komst van de koolstofvezel. Begin jaren tachtig werd de eerste monocoque geheel van koolstofvezel gebouwd. Vanaf dat moment zaten de coureurs goed beschermd in een onkreukbare overlevingscel. Er kon hun niks meer gebeuren. Zo leek het.

In 1987 sloeg Nelson Piquet op hoge snelheid tegen de muur in de Tamburellobocht. Iedereen vreesde voor zijn leven, maar Piquet overleefde de klap. Na een nachtje in het ziekenhuis achtte Piquet zichzelf wel weer genezen en meldde hij zich op het circuit om te racen. Professor Watkins hield hem tegen. Later gaf Piquet toe dat hij na die crash maandenlang niet had kunnen slapen, zichzelf niet was en hopeloos uit vorm raakte. De professor had toch wel gelijk gehad.

Natuurlijk was er Imola 1994. Roland Ratzenberger verongelukte door een defect aan zijn wagen. Ayrton Senna had normaliter flink gekneusd uit zijn Williams moeten klimmen, ware het niet dat hij de pech had dat een deel van de ophanging door zijn vizier naar binnen was gevlogen. Na Imola zijn er weer nieuwe dingen verbeterd. De verhoogde cockpitrand bijvoorbeeld, die in 1996 Jos Verstappen het leven redde bij een enorme crash op Spa-Francorchamps. De sport werd steeds veiliger. Wat keer op keer bewezen wordt door de megacrashes waar coureurs, een beetje beurs en duizelig misschien, maar zonder één schrammetje, vandaan lopen. Denk aan de Eau Rouge-crash van Ricardo Zonta in 1999, de crashes van Webber en Alonso op Interlagos 2003, het horrorongeluk van Robert Kubica in Canada 2007 of de ongelofelijke salto achterwaarts van Webber in Valencia 2010.

Een nadeel van deze relatieve onkwetsbaarheid is dat de coureurs nu dingen met Formule 1-auto's uithalen die voorheen totaal ondenkbaar waren. Zoals domweg niet toegeven wanneer een duel verloren dreigt te gaan. Of als het niet anders kan de tegenstander knalhard van de baan rammen. Senna en Schumacher gaven wat dat betreft niet echt het goede voorbeeld. Ook de botsing tussen Vettel en Webber in Turkije 2010 past in dat rijtje, of nog recentelijker de aanvaringen tussen Hamilton en Rosberg. Dit heeft er uiteindelijk toe geleid dat racestewards straffen gingen uitdelen bij de minste of geringste touchés – maar daarover later meer. De situatie van de wilde jaren zeventig is in elk geval omgekeerd: toen was seks veilig en de Formule 1 gevaarlijk, nu is het andersom. Volgens Gerhard Berger is een crash met een moderne Formule 1-auto eigenlijk een soort biljartsituatie.

De film *1: Life on the Limit* laat naast de vele verschrikkelijke ongelukken ook zien hoezeer de veiligheid in de Formule 1 is toegenomen. De film besluit in 2013 met een typisch Amerikaanse, optimistische noot: sinds de dood van Ayrton Senna op Imola is er al twintig jaar geen Formule 1-coureur meer om het leven gekomen tijdens een Grand Prix-weekend. Ik dacht onmiddellijk toen ik het las: had dát er nou niet bij gezegd, het is de goden verzoeken.

In 2014 regent het pijpenstelen op Suzuka. Zozeer dat je elk moment een safetycar verwacht of zelfs een rode vlag. De race gaat echter voort, Hamilton aan de leiding. Dan raakt de regie even van slag. Eerst is er een safetycar en dan hangt toch de rode vlag uit. Het is onduidelijk waarom. Een voor een komen de auto's de pits binnengereden, de coureurs stappen uit. Er is iets ernstigs gebeurd, maar we weten niet wat. Er komt geen beeld van. Dat is het meest verontrustend. Ongelukken worden meestal uit alle hoeken en standen herhaald, behalve als ze echt heel ernstig zijn. Ik voel een oude angst opkomen. Een angst die diep vanbinnen nog in me zit, die blijkbaar nooit meer helemaal weggaat. De regie laat, ver uitgezoomd, de Dunlopbocht zien. Daar was Sutil van de baan gegaan, maar die auto waren ze gewoon al aan het opruimen. Op Twitter wordt gemeld dat het om Jules Bianchi gaat.

Pas 's avonds zie ik beelden, via Twitter. Verschrikkelijk. Marshalls zijn in de Dunlopbocht met een kraanwagen bezig de Sauber van Sutil weg te takelen. Ter hoogte van het ongeval wordt dubbel geel gezwaaid, ten teken dat er een gevaarlijke situatie is. Coureurs moeten vaart minderen en indien nodig onmiddellijk kunnen stoppen. Als de Sauber aan de kraanwagen hangt en ze al een meter of wat achteruit gereden zijn, vliegt er nog een auto van de baan. Op hoge snelheid spint de wagen over het gras en slaat onder de achterkant van de kraanwagen. Het gevaarte, dat toch een paar duizend kilo weegt, vliegt bijna een meter de lucht in, zo hard is de klap. Marshalls rennen op de gecrashte auto af en schrikken. De hele bovenkant van de Marussia is weggeslagen. Bianchi is aan zijn hoofd geraakt en zit zonder een teken van leven in de cockpit.

De FIA doet later onderzoek naar de oorzaak van het ongeluk. Bianchi heeft weliswaar vaart geminderd, maar hij reed nog altijd behoorlijk hard op het stuk waar dubbel geel gezwaaid werd. Tegen aquaplaning kon hij niets doen. Door de snelheid was de impact zeer groot. Dat hij precies onder de kraanwagen slaat, is natuurlijk *freaky*. Schumacher miste ooit zo'n kraanwagen op een haar in Brazilië, Liuzzi in Duitsland.

Bianchi is naar het ziekenhuis overgebracht. Daar wordt hij kunstmatig in coma gehouden. Hersenletsel. Alle verbindingen in zijn hersenen zijn stukgeslagen. Alleen een wonder kan hem nog redden. Precies op zo'n wonder wacht de wereld al tien maanden bij Michael Schumacher. Bianchi's familie komt over. De situatie is hopeloos. In november wordt hij teruggevlogen naar Nice, zodat hij dichter bij familie en vrienden is. Op 17 juli 2015 sterft hij, vijfentwintig jaar oud. Bianchi was een groot talent. Hij was de eerste coureur in de Ferrari Driver Academy. Dankzij Ferrari reed hij vanaf 2013 in de Formule 1, bij Marussia. In 2014 scoorde hij in Monaco de allereerste WK-punten voor het kwakkelende team. Ze werden gevierd als een overwinning. Ferrari-directeur Di Montezemolo weet zeker dat Bianchi in de toekomst voor hun Formule 1-team gereden zou hebben. De toekomst lachte de immer opgewekte Fransman toe. Tot zijn auto op Suzuka het contact met het wegdek verloor.

Kort na het ongeluk met Bianchi kondigt de FIA een nieuwe maatregel aan: zodra de marshalls op de baan moeten werken, geldt een *virtual safetycar*. De auto's worden dan verplicht op het hele circuit langzaam te rijden. Anders dan bij de echte safetycar blijven zo de afstanden tussen de coureurs gelijk. Trial and error. Er gaan ook weer stemmen op dat het hoofd van de coureur beter beveiligd moet worden. Het hoofd van de coureur is nu het meest kwetsbare punt geworden.

Denk maar aan Senna. Denk aan Felipe Massa, die in 2009 in Hongarije aan de dood ontsnapte toen hij een metalen veer door zijn vizier kreeg. Denk aan Henry Surtees, de zoon van racelegende John, die in 2009 bij een relatief onschuldig ongeluk in een Formule 2-race een band precies op zijn hoofd kreeg en op slag dood was. Of aan Justin Wilson, die in de Indycars een rondvliegend wrakstuk op zijn hoofd kreeg, ook dood. Wordt het niet tijd voor een afgesloten cockpit? Een dichte auto druist echter in tegen de essentie van een Formule-auto, die altijd open wielen en een open cockpit heeft gehad. Er circuleren tests en onderzoeken naar cockpitbescherming. Eén ervan is de halo, een soort wc-bril rondom de cockpitrand. Als je weet hoezeer de Formule 1 heeft moeten vechten voor meer veiligheid, en als je weet hoeveel pijn het je doet wanneer een coureur om het leven komt (om het even niet over de coureur zelf te hebben), dan kun je er bijna niet op tegen zijn. Toch ben ik er niet voor. Het is te lelijk. En we willen toch graag het mannetje in de auto blijven zien. Er bestaan plannen voor een raceserie met zelfrijdende auto's zonder coureur erin. Bijzonder intrigerend, sciencefiction wordt werkelijkheid, maar de Formule 1 gaat uiteindelijk om mensen, om coureurs die iets bijzonders kunnen. Daar horen ook risico's bij. We zijn van heel ver gekomen, bedenk ik als ik in mijn Citroën Masta uit rijd, richting Stavelot. Zie hoe smal de weg hier is. Hier hebben Ickx, Rindt en Rodríguez bijna driehonderd per uur gereden. Tussen de huizen, de wegmarkeringen en telefoonpalen. Onvoorstelbaar inmiddels. Dat ligt al lang achter ons. De Formule 1 heeft, met succes, de dood bijna geheel verdreven uit de sport, maar ze moet niet doorschieten en ook de mens verdrijven door hem onkwetsbaar op te bergen in een projectiel.

9

Een weekend in Spa

Voor de pers begint een Grand Prix-weekend al op donderdag. Nadat we onze passen hebben opgehaald in een lokale autoshowroom, kunnen Linda van der Heide, vaste verslaggeefster van *Formule 1*, en ik de paddock binnen, het hermetisch afgesloten gedeelte rondom de pits, de motorhomes en het mediacentrum. Het is er nog rustig. Aan de koffie in het Energy Station van Red Bull zien we de hoofdrolspelers van het weekend een voor een binnendruppelen. Buiten worden ze belaagd door handtekeningenjagers, binnen door de paparazzi. Er wordt niet gereden vandaag. Het is tijd voor interviews, mediamomenten en televisieopnames.

Ik heb een interview met Josef Leberer. Leberer was ooit de verzorger van Ayrton Senna. Hij loopt al ruim dertig jaar mee in de Formule 1. In 2015 waakt hij over het wel en wee van de Sauber-coureurs, Marcus Ericsson en Felipe Nasr. Je kunt de taak van verzorger zo breed opvatten als je wilt, vertelt hij een uurtje later, wanneer we in het motorhome van Sauber zitten. Hij is in elk geval het hele jaar door bezig met zijn coureurs, om te zorgen dat ze alle uitdagingen die op hen afkomen aankunnen, zowel fysiek als mentaal. Wat jonge coureurs vooral nodig hebben, zegt Leberer, is tijd. Tijd om zich te ontwikkelen. Ook dat moet je breed zien. 'Het gaat erom dat coureurs zich persoonlijk ontwikkelen. Dat ze alles wat er gebeurt, met henzelf maar ook om hen heen, kunnen inschatten en begrijpen. Er komt meer bij kijken dan alleen het rijden. Het gaat ook om gedrag en communicatie.' Natuurlijk houdt hij ook hun fysieke ontwikkeling in de gaten en hun voeding. Voor elke Grand Prix kijken ze samen even in de keuken van het team. 'Dan bespreken we wat ze graag willen en wat het beste is. En dat wordt dan ook klaargemaakt. Ik vind het belangrijk dat coureurs zelf weten wat goed en belangrijk is, dat ze zich bewust zijn van hun eetgewoontes en hun leefwijze. Ik ben geen wondergoeroe.'

Nadenken over het eten begon toen Leberer bij McLaren werkte, in de tijd van Alain Prost en Ayrton Senna. Die twee waren zo competitief, dat ze elk detail aangrepen om zich te verbeteren, dus ook hun voeding. Als Leberer over Senna praat, wordt zijn stem zachter en kalmer. Hij maakte destijds alles met Senna mee: zijn magie, zijn vete met Prost, zijn polepositions, wereldtitels, Imola. 'Senna was een geniale coureur, daar hoef ik niks aan toe te voegen. Maar ook als mens was hij heel bijzonder. Hij was uniek in zijn focus, wist goed wat hij wilde. Hij motiveerde het hele team door zijn voorbeeld. Mij ook. Je voelde: voor hem doe ik alles. Hij was een ongelofelijke persoonlijkheid.' Het was een bijzondere periode. Anders. 'Prost en Senna waren harde kerels. Dat werd natuurlijk van hen verwacht, maar het kwam ook van binnenuit. Zij wisten: dit ben ik, dit wil ik, dus dit ga ik doen. Ze hadden een rotsvaste overtuiging: nu ben ik aan de beurt. Dat hebben coureurs vandaag de dag niet. Tegenwoordig zijn de coureurs bij grote concerns in dienst en moeten ze doen wat die concerns hun opdragen, anders kunnen ze gaan.' Wat de coureurs van nu laten zien, is ook heel knap, de druk is enorm en de techniek is heel anders. 'Maar ze zijn nog zo jong. Ze debuteren al voor ze achttien zijn en een rijbewijs hebben! Coureurs van nu hebben nog niet zoveel levenservaring. Daarom moeten ze de tijd krijgen om zich te ontwikkelen, in alle opzichten.'

Leberer heeft ruim de tijd, ik kan bijna drie kwartier met hem praten. Hoe anders gaat het, hoor ik van Linda, wanneer je tijdens een Grand Prix-weekend een coureur wilt spreken. Je krijgt hooguit tien minuten voor een interview. En meestal zit de pr-man of -vrouw erbij. Een enkele keer is zelfs al vooraf bepaald waarover wel en niet zal worden gesproken. Daar moet je het maar mee doen. Voor de rest kun je in het mediacentrum kijken op het schema met de persmomenten. Coureurs verschijnen dan een kwartiertje in het motorhome om vragen van de schrijvende pers te beantwoorden.

Aan het eind van de middag is het ineens gedaan met de rust. De pitstraat gaat open, en het toch al ruimschoots aanwezige publiek stroomt binnen. Het is het moment om in de pitboxen te kijken en handtekeningen te scoren van de aanwezige coureurs. Binnen een paar tellen staat de hele pitstraat vol. Het drukst is het voor de garage van Toro Rosso. Vier, vijf, zes rijen dik. Suppoosten moeten de dranghekken tegenhouden. In Azië is het nog veel erger, lacht iemand van Mercedes. Een groot gejuich gaat op als Max uit zijn pitbox komt gewandeld. In zijn hand heeft hij een stapel kaarten die hij zal signeren en uitdelen. Hopeloos ouderwets, zo blijkt al snel. De meeste mensen zijn helemaal niet meer geïnteresseerd in een kartonnetje met een handtekening. Ze willen een selfie. De fans vooraan, niet zelden stevig gespierde kerels, roepen om het hardst om hun idool: 'Max! Max!' En zodra hij in de buurt is, wordt een stevige arm liefdevol om hem heen geslagen en wordt hij tot in het beeld van het mobieltje gesleurd. Smile! Selfie. Wonderlijk hoe hij het allemaal met een glimlach laat gebeuren. Hij vindt het leuk en neemt de tijd. Als de anderen, ook Hamilton, Vettel en Räikkönen, allang weer naar binnen zijn, staat Max nog handtekeningen uit te delen. Ook op shirts, foto's, petjes. Hij is al aan een tweede stift toe. Tot iemand van het team hem naar binnen haalt: er moeten nog pitstops worden geoefend.

Op vrijdag is er al vroeg actie. Vrije trainingen Formule 1, GP2, GP3. Voortdurend zijn er auto's op de baan. Na het ontbijt, dat we nuttigen bij McLaren, regelt Linda dat ik het fotohesje om mag doen en ga ik naar Eau Rouge om de eerste vrije training langs de baan te bekijken. In Eau Rouge, achter de vangrail, weet ik niet wat ik meemaak. De Formule 1-wagens scheuren met 300 kilometer per uur op nog geen anderhalve meter afstand voorbij. Steeds weer gaan ze *rrrrrrrt*, *rrrrrrrrt*, over de geel-rode kerbs. Max, Vettel, Rosberg, Hamilton. Midden in de actie. Hiervoor doen we het. De jongen van elf in mij knijpt me in mijn arm – dit is toch geweldig? Kijk hoe ze omhoog razen, vonken sproeiend, de Raidillon op.

Terug in het mediacentrum zie ik veel journalisten stukjes tikken – voor de sociale media, voor de site, krant, tijdschrift. Nieuws en nieuwtjes, maar ook geruchten en roddels. Heel veel roddels. In de loop van de dag zie ik hoeveel tijd Linda kwijt is aan het gladstrijken van een relletje rond de Nederlandse ex-Formule 1-coureur Giedo van der Garde. Tot voor de rechter ruziënd over zijn contract en heel veel geld zijn Van der Garde en het team van Sauber begin 2015 uiteengegaan. Het gerucht gaat dat hij niet meer welkom is in de paddock. Zelfs Ecclestone schijnt zich ermee bemoeid te hebben. Tweetjes met insinuaties en halve waarheden gaan de wereld in. 'Je hoort er nu helemaal bij, Linda,' lacht de Duitse journaliste Bianca Garloff aan de overkant van de tafel.

's Middags na de tweede vrije training is er een speciaal kwartiertje voor de Nederlandse pers met Max in het Energy Station. Mooi om te zien hoe de landelijke pers bijna letterlijk aan zijn lippen hangt. In zijn mimiek herken ik weer de jongen van bijna achttien, die zich nog altijd door de wereld laat verbazen. Na tien minuten is eigenlijk alles wel verteld en zijn de nodige vragen gesteld. Toch voel je hoe de journalisten méér willen, om de tafel dringen, nóg een vraag verzinnen om nog maar een quote te scoren. Ik heb er nog wel een: ziet Max de talloze fans rondom het circuit en geeft het thuispubliek hem die paar tienden extra, zoals Nigel Mansell altijd beweerde? Heel af en toe ziet hij hen. Hij wéét vooral dat ze er zijn, maar die paar tienden, daar heeft hij nog niks van gemerkt, helaas. Na een kwartier gebaart de persvrouw van Toro Rosso dat het gedaan is, Max moet weer voort.

Later die middag troept het Nederlandse kamp toevallig samen bij wat er nog over is van de broodjes. Er blijkt nogal wat frustratie te bestaan. Voor de thuisrace werd op wat meer Max gehoopt. 'We kunnen helemaal niks met hem!' moppert een dagbladjournalist. 'Zo kunnen we toch ook geen leuke items maken?' Een andere journalist verzucht dat hij niet eens een interviewtje mag doen met opa Verstappen, omdat die misschien lelijke dingen zal zeggen over Renault. Een televisieredacteur haalt zijn schouders op. 'Max is inmiddels een wereldmerk. Vergelijk het maar met Ronaldo of Messi. Die geven ook niet even een extra interviewtje aan de lokale courant.'

Als ik tegen de avond het mediacentrum uit loop, zie ik in mijn ooghoek een krom mannetje buiten op de trap staan roken. Wacht even, dat is Nigel Roebuck. Roebuck, mijn held. Zijn columns lees ik altijd het eerst in *Motorsport*. Ik ga hem even de hand schudden. Ik stel me voor als de schrijver die in *1: Life on the Limit* vertelt over Zandvoort 1973. Oh ja… hij knikt. Ik vraag me af of hij de film wel gezien heeft. Hoeft ook niet, hij was overal bij. 'Juist ja, jij bent schrijver…' Hij neemt nog een hijs van zijn dunne, zelf gedraaide sigaretje en wijst dan naar beneden, naar het vierkantje van kunstgras, met dubbele dranghekken afgezet. Daar moeten de coureurs – verplicht – verschijnen na afloop van de race om interviews te geven, dat wil zeggen: alleen aan de televisiezenders. De schrijvende pers wordt er streng geweerd. 'Wat vind jij dáár dan van?' vraagt hij. Voordat ik antwoord kan geven, gromt hij: 'Dat is toch een peepshow...' Hij vertelt hoe hij in 1971 begon als Formule 1-verslaggever. Een van die eerste races kon hij gewoon een uurtje babbelen met Pedro Rodríguez. 'Tja, een paar weken later was hij wel dood. In Duitsland. Je kwam toen veel dichter bij de coureurs. Een enkele keer raakte je zelfs bevriend. Daar was nog tijd voor. Al had het ook zijn risico's.' De laatste met wie hij echt bevriend was, was Gilles Villeneuve. Ik knik. Zijn verhalen over Villeneuve zijn altijd prachtig, ontroerend. Ik vertel dat ik Villeneuve ooit de laatste romantische raceheld genoemd heb. Hij glimlacht. Ik vraag wat híj dan vindt van de recente discussie over de vraag of de Formule 1 misschien te veilig is geworden. Hij dooft zijn sigaret op de galerij. 'Ja, daar mag je het eigenlijk niet mee eens zijn, toch?' Hij kijkt me vanonder zijn wenkbrauwen aan. 'Maar stiekem doe ik het toch.' Stirling Moss legde hem ooit een vergelijking voor: stel, je spant een draad op vijf centimeter hoogte door je kamer, dan durf je er wel overheen te lopen, maar als je die draad op honderd meter hoogte spant, zonder vangnet, durf je het dan nog? 'Weet je, destijds dachten we er gewoon niet bij na of het misschien veiliger kon.'

Op zaterdagochtend dwaal ik weer langs het circuit. Ik ben hier om het weekend te proeven. Dingen te zien en te verwoorden waar de vaste reporters geen tijd voor hebben. Dus ga ik kijken in de kuil van Pouhon. Ik volg er de derde vrije training. Heerlijk. Ik begrijp wel waarom de fans hier massaal samendrommen. Je ziet de wagens omlaag komen en dan met een geweldige boog door die dubbele bocht zeilen, weids, royaal, voluit. Zo hoort Formule 1. Al is het niet echt Formule 1 wat je hoort. Het motorgeluid valt me vreselijk tegen. Het is te zacht. Echt. Juist hier, in zo'n arena, moet de Formule 1 dwars door je ingewanden gaan. Het geluid moet door de grond komen, door je botten, je merg, je zenuwbanen. Lawaai dat een beetje pijn doet aan je oren, in je hersenpan, dat de pezen aan je lijf op scherp zet, je bijna letterlijk verscheurt. Echt Formule 1-geluid is een overweldigende ervaring, een lichamelijke sensatie. Met de hybridemotoren is het dat niet meer. Men zegt dat het beter is voor het gehoor, maar aan dat soort politiek correcte teksten heeft de Formule 1 nooit enige boodschap gehad. Andere tijden? Wat veel erger is: omdat het geluid minder overdonderend is, lijkt de hele Formule 1 tammer, braver en daardoor lijkt het ook minder snel te gaan. Echt waar. Daarom klagen veel mensen dat het niet hard genoeg gaat. De Formule 1 moet echter niet harder, maar hárder. Niet meer snelheid, meer lawaai.

Zaterdagmiddag heb ik – 'dat lukt je nooit,' gromde Linda – Eddie Jordan weten te strikken voor een kort interview. Jordan was ooit de baas van het laatste rock-'n-rollteam in de Formule 1. Met pitpoezen die in nauwsluitende latexdingetjes wijdbeens plaatsnamen op de felgele auto's. We hebben aantrekkelijk wagens, vond Jordan, dan willen we daar ook de accessoires bij. Na een tijdje begon Jordan nog te winnen ook, met Damon Hill en Heinz-Harald Frentzen. Heel even. Daarna ging het snel bergafwaarts. Het team ging bijna failliet en werd doorverkocht aan een Oost-Europese schroothandelaar, daarna aan het roemruchte Spyker, daarna aan de Indiase luchtvaart-tycoon Vijay Mallya. Sindsdien heet het

Force India. Sinds 2016 wordt Mallya in India gezocht voor miljoenen aan belastingontduiking. Formule 1, fout geld en gebrek aan geld: ze zijn onlosmakelijk met elkaar verbonden. Jordan is nu analist bij de Britse televisie en in die hoedanigheid is hij immens populair. Na afloop van races wordt zijn naam massaal gescandeerd door de fans: 'Eddie! Eddie!' Hij gaat prat op zijn korte lijntjes in de paddock. Hij vertelt me dat Red Bull in 2016 met Mercedes-motoren gaat rijden. 'Als ze Max dan in die Red Bull zetten, is hij voor zijn negentiende wereldkampioen.'

Terwijl ik in de tekst van mijn mini-interview aan het schrappen en schuiven ben, wordt het ineens stil in het mediacentrum. Doodstil. Ik kijk op en zie op de monitoren de herhaling van een crash in de GP2-race. Twee wagens geven elkaar geen ruimte en maken contact op topsnelheid in Blanchimont. Bocht naar links. De buitenste wagen vliegt kneiterhard rechtdoor de bandenstapels in. Auw. Kreten van ontzetting rondom. Het is de Nederlander Daniël de Jong. Rode vlag. De crash doet denken aan die van Luciano Burti in 2001. Net als toen speelt meteen die oude angst weer op. Oh nee, dit wil ik niet... Niet nu ik er een keer bij ben. Journalisten zijn opgestaan, klitten samen bij de monitor. Veel komen er bij ons, de Nederlanders, staan. Nog geen nieuws. Tot een Vlaamse collega meldt dat hij hoort dat De Jong bij bewustzijn is. Pfff. Als een megasoufflé zakt de opluchting over iedereen heen. Het geroezemoes komt weer op gang. Wat een klapper. Wat een schrik. Later blijkt dat De Jong een ruggenwervel heeft gebroken. Omdat hij door een speciaal extractieteam op de juiste manier uit de wagen is gehaald en snel naar het ziekenhuis in Luik is overgebracht en geopereerd, herstelt hij snel. Drie maanden later zit hij alweer in de auto. Ook de GP2 is veilig.

Aan het eind van de dag, net voor we naar het vakantiehuisje in Trois-Ponts terugkeren, loop ik nog even door de pitstraat. Die is weer open, er is haast niemand meer. Sommige garages zijn nog open, hier en daar klinkt muziek. Het is *curfew*. Om de werkdruk te verlagen en kosten te besparen is het de Formule 1-teams verboden om tussen de kwalificatie op zaterdagmiddag en de race op zondag aan de auto's te werken. Alle wagens worden daarom ingepakt en verzegeld. Sommige onder een lullig zeiltje of een strakke hoes, andere onder een prachtige zwarte voile. De twee witte Williams-auto's slapen zo de slaap van Doornroosje. Een Italiaans GP2-team rijdt luid lachend met een stapel vleugels op hun karretje door de pitstraat. Op het rechte stuk sjokken grote autobussen voorbij, ze hebben zojuist alle marshalls langs de baan opgepikt. Boven de heuvels in de verte wordt het donker. De avond valt. Morgen is de race.

Zondagochtend spring ik voor we het circuit op rijden uit de auto. Tussen de Formule 1-fans wandel ik naar het circuit. Het is halfacht 's ochtends en het ruikt al lekker naar hamburgers en friet. Bij een kar langs de weg koop ik een pet van Ricciardo. Voor mijn dochter. Ze is fan van Ricciardo, al sinds hij voor HRT debuteerde. Wie weet, straks… Het is nog zomer, eind augustus. Overal vandaan stromen de mensen toe, in teamkleding, met vouwstoeltjes, koelboxen, vlaggen, klaar voor een dagje racen kijken. Uit de luidsprekers klinkt al de stem van de circuitomroeper, die vooruitblikt op de race. Grappig hoe hij regelmatig benadrukt dat Max Verstappen toch ook een beetje Belg is, een halve Belg dan, geboren en getogen in België, dus… nou ja, Belgisch-Nederlands. Ik snap het wel. Bij gebrek aan Belgische successen maken ze Max graag ook een beetje van hen. Vanaf de toegangsweg boven La Source overzie ik het hele complex, van de nieuwe pits tot aan de Raidillon – de ochtend dampt, vol zin, vol verwachting.

'S Middags tegen tweeën sta ik beneden in La Source en kijk naar de strakblauwe hemel boven het circuit. Wanneer het Belgisch volkslied wordt gespeeld, voel ik tranen in mijn ogen. De Brabançonne was het laatste wat we lieten spelen op de crematie van mijn vader. Echt een halve Belg, mijn ouwe. Tweeënveertig jaar geleden bezochten we dit circus voor het eerst. Ik denk vaak aan hem als ik langs de baan sta. Kon hij me maar even zien staan hier. Ach wat, dat doet hij toch ook? Zijn blik zit ergens in de mijne, hij is erbij. Ik denk niet voor niets aan hem.

Als de race een paar minuten later losbarst, valt opnieuw het gebrek aan overdonderende herrie op. Brompotjes zijn het, die omlaag snorren naar Eau Rouge. Zeker vergeleken met de helse machines van weleer. Ach, ik ben een oude purist. Misschien komt er wel een nieuwe generatie voor wie die totaalherrie niet meer hoeft. In de verte vliegen ze omhoog, over de Raidillon: Hamilton, Pérez, Ricciardo, Bottas, Rosberg, Vettel, Grosjean, Maldonado, Massa. Glimlachend denk ik aan de rijtjes van Schwab. Max rijdt ergens in de achterhoede, omdat zijn zoveelste motor is stukgegaan en moest worden gewisseld.

Van de race zelf mis ik de helft, want in de twintigste ronde valt Ricciardo uit en hem moet ik hebben voor de rubriek *Vragenvuur*! Ik ben donderdag bij zijn persmoment geweest, maar ik wil ook nog wel een paar exclusieve vragen stellen na de race. Snel ga ik naar het vierkantje, de peepshow, want daar moet hij in elk geval verschijnen. Hij blijft lang weg. Hij moet blijkbaar nog even praten met de leiding op de pitmuur, met de monteurs in de garage. De teleurstelling verwerken.

Vorig jaar won hij de race hier. Pas tegen het eind van de race duikt hij op. In het vierkantje mag ik echter niet komen. Mannen met zonnebrillen op en snoertjes uit hun oor schudden streng van nee. Zodra hij het vierkantje verlaat, is hij voor mij. Gaat hij naar het Energy Station? Is het goed als ik met hem meeloop? Geen probleem. Samen wandelen we de trappen af, door de stille paddock. Iedereen kijkt nog naar de race. We praten wat over de race, mijn exclusieve vragen komen vanzelf aan bod. Vorig jaar was het beter, toch? Ja, dat was mooi. Zijn ouders waren er toen ook bij, dus dat was een leuk cadeautje voor hen. Zijn ze vaak bij de races? Soms. Gelukkig zijn ze er vandaag niet bij, grijnst hij. Ze hebben altijd achter hem gestaan. Zijn vader heeft heel lang geleden iets aan racen gedaan. 'Als ik het van iemand heb, dan is het van hem. Maar hij heeft me nooit gestimuleerd om te gaan racen. Het is echt mijn ding.'

Als we bij het Energy Station aangekomen zijn, tover ik de pet tevoorschijn die ik vanmorgen op weg naar het circuit gekocht heb. Wil hij die signeren, voor mijn dochter, zijn grootste fan? Natuurlijk. Hij gaat zelfs even een stift van boven halen. Zo terug. Wat een aardige gast.

Even later is de race afgelopen en stroomt de paddock vol. Overal staan kluitjes journalisten rondom mensen die iets te vertellen hebben. Paul Hembery van Pirelli bijvoorbeeld moet opheldering geven over die klapband van Vettel een ronde voor het einde. Niks van gezien. Ik duw mijn voicerecorder tussen de anderen. Daarna beluister ik ook Toto Wolff en de boze Arrivabene van Ferrari. Heeft Ferrari een te groot risico genomen? Volgens Pirelli kon Vettel de race uitrijden. Ferrari heeft de data, die liegen niet! Ik spreek kort met Kvyat, die een ijsje eet, en met Pérez, die de race maar saai vond. Apetrots op al mijn vangsten plof ik naast de al driftig typende Linda neer. Zodra ik de gesprekjes begin uit te werken, zie ik de meeste quotes al op internet verschijnen. Tja, Formule 1 gaat snel.

Ik hoor dat ik ook de inhaalactie van het jaar heb gemist. Max is Nasr buitenom gepasseerd in Blanchimont, 300 per uur. De Toro Rosso wobbelt gevaarlijk over de kerbs aan de buitenkant. Max bekent later dat hij daar ook even aan Daniël de Jong gedacht heeft, maar Nasr liet genoeg ruimte. Als hij op die kerbs de controle verliest, vliegt hij net als De Jong de bandenstapel in. Zelfs Jos zegt later dat deze misschien wel wat ver ging. Zijn het dan toch de vele fans aan wie Max iets extra's wil laten zien? Voor wie hij over de rand gaat? Zijn dat die paar tienden van Mansell? Net als de robuuste vechtjas Mansell houdt Max de schuddende auto onder controle en scheert pal naast Nasr linksaf door Blanchimont, zodat hij bij de volgende bocht, naar rechts, de binnenkant heeft en zich langs de Sauber wurmt. Ongelofelijk. De actie wordt later inderdaad uitgeroepen tot inhaalactie van het jaar.

Nog tot laat zitten we aan onze laptops. Het is donker en het regent dat het giet als we het circuit verlaten. Het flitsende leven van een Formule 1-verslaggever. Gelukkig is er in Trois-Ponts een avondwinkel met grote zakken chips en dikke blikken bier.

De volgende ochtend rijd ik luid zingend naar huis. Dotan. '*We're coming home now, we're coming hoooome now!*' De hele weg ligt naast me, op de passagiersstoel, de gesigneerde pet.

10

Teamgenoten

In de loop van het seizoen word ik geregeld gebeld door stagiaires van de website *Nu.nl*. Een beetje zenuwachtig, mij keurig met 'u' aansprekend, willen ze mij als 'de kenner' een paar vragen stellen over de Grand Prix van aankomend weekend. Ze beginnen dan met wat vragen over het circuit, over Mercedes, over Lewis Hamilton. Na een tijdje komt dan de grote vraag, het enthousiasme aan de andere kant van de lijn zwelt aan, want hier doen ze het allemaal voor: 'Wat denkt u, gaat Max Verstappen dit weekend nog iets bijzonders laten zien?' De derde keer dat het zo gaat, heb ik eindelijk het juiste antwoord: 'Iets bijzonders? Alles wat Max dit jaar laat zien is bijzonder. Het is nog maar zijn eerste jaar in de Formule 1.'

We zijn er snel aan gewend. Max valt aan. Max haalt in. Als hij op de startgrid een aantal plaatsen naar achteren wordt gezet omdat de motor weer eens moet worden gewisseld, halen we op Twitter onze schouders op. 'Dat wordt weer lekker inhalen morgen.' In 2015 maakt Max de meeste geslaagde inhaalacties van alle Formule 1-coureurs: negenenveertig stuks in één jaar. Dat hoge aantal heeft ook te maken met mindere prestaties in de kwalificatie en de vele gridstraffen, maar je moet er toch nog elke keer langs. Bij Sauber en Lotus worden ze er gek van. En ook de intrinsiek veel snellere Force India's komen steeds vaker aan de beurt. In Brazilië steekt Max nog even koeltjes Sergio Pérez voorbij. Geholpen door de DRS zet hij zijn Toro Rosso aan het eind van het lange rechte stuk naast de Force India. Naast elkaar draaien ze omlaag de eerste bocht in. Max zit aan de buitenkant, wiel aan wiel, er is genoeg ruimte. Met net iets meer snelheid uit de buitenbocht gaat Max in de volgende bocht aan de binnenkant over de kerbs en dwingt Pérez naar buiten, zodat de Mexicaan van het gas moet, op de kerbs terechtkomt en Max vóór zich ziet wegrijden richting Curva del Sol. Martin Brundle concludeert droogjes op Sky Sports: 'En dit is de reden waarom Max Verstappen ooit wereldkampioen Formule 1 wordt. Deze wagenbeheersing, dit vertrouwen, deze overtuiging voor iemand van achttien...' Zulke krasse bewoordingen worden in Nederland nog geschuwd. We blijven kalm. We zijn al eens eerder over onze hoge verwachtingen gestruikeld. De slogan *overtaking is an art* wordt inmiddels wel weer van stal gehaald – een strijdkreet uit de tijd van Jos.

Inhalen is een kunst. In de Formule 1 is het echter minstens zo'n kunst om niet ingehaald te worden. En al helemaal niet door je teamgenoot. Je teamgenoot is in de Formule 1 je allereerste en belangrijkste tegenstander. Gerhard Berger was er, na zijn Formule 1-carrière, helder over: 'Om eerlijk te zijn, er is in onze sport niets belangrijker dan het verslaan van je teamgenoot. Als eerste moet je je eigen man breken. Al het gezwets over "het belangrijkste is dat het team wint" is onzin. Je zit voortdurend te hopen dat hij zijn motor compleet in de soep draait, of nog beter: dat hij eraf vliegt. Natuurlijk zonder zich te bezeren, dat is werkelijk de grens. Maar het is gewoon een feit dat jij onder je helm van oor tot oor zit te grijnzen zodra hij in de bandenstapels hangt. Want het overwinnen van je teamgenoot maakt voor jou de weg vrij, naar boven.'

Grote kampioenen hebben er op een of andere manier altijd voor gezorgd dat ze de juiste teamgenoot naast zich kregen. Niki Lauda was misschien de eerste die zich daarvan bewust was. Lauda begreep dat je niet alleen gas moest geven, maar dat je overal je hersens bij moest gebruiken om kampioen te worden in de Formule 1. Met zijn kille, analytische aanpak zette hij halverwege de jaren zeventig het aanmodderende Ferrari-team weer op de rails. Hij begreep echter ook dat Ferrari niet zonder emoties en romantiek kon, dus was Clay Regazzoni voor hem de ideale teamgenoot. Regazzoni was volgens Lauda 'het stereotiepe autocoureur: vrouwen, klein, robuust, snor. Een echte kampioen uit de film, van wie mensen vaak denken dat het echt zo hoort.' Regazzoni was inderdaad een gelouterde houwdegen, een levensgenieter en een rokkenjager. Terwijl hij de mensen vermaakte met nieuwe affaires en verhalen, kon Lauda ongestoord als een laborant de auto sneller maken. Maar Regazzoni kon wel racen. Een goede tweede coureur moet snel zijn en betrouwbaar. Zo haalt hij genoeg punten binnen voor het team. Maar een echt goede tweede coureur is niet even snel en gefocust als zijn collega. De hiërarchie in het team moet duidelijk zijn. Het belangrijkste daarbij is dat de tweede man een stevig ego heeft en een groot incasseringsvermogen om die hiërarchie ook te aanvaarden en geen heibel te schoppen. Clay Regazzoni had dat. Hij mopperde wel eens wat, maar schikte zich uiteindelijk in zijn rol. De crews van de Apollomaanlanders werden ook volgens die verdeling samengesteld: één meedogenloze, totaal gefocuste doordouwer, en één man die kon relativeren. De juiste mix om problemen te vermijden.

En paar jaar na Lauda had Ferrari met Didier Pironi en Gilles Villeneuve twee primadonna's in huis. Er was geen duidelijke hiërarchie. Het liep slecht af. Villeneuve voelde zich verraden toen Pironi hem onverwachts de zege afsnoepte op Imola. Twee weken later verongelukte hij op Zolder omdat hij, verbeten op jacht naar de snelste tijd van Pironi, weigerde zijn voet van het gas te halen.

'Zet nooit twee stieren in de wei,' zuchtte Frank Williams. Hij kon het weten. Want Nelson Piquet en Nigel Mansell stonden elkaar bij Williams zo'n beetje naar het leven. Omdat Mansell op de baan veel meer inzet en snelheid liet zien, deed Piquet er alles aan om Mansell uit zijn evenwicht te brengen. In interviews noemde hij Mansell een domme sukkel met een lelijke vrouw. Toen Mansell in Mexico buikloop kreeg, jatte Piquet vliegensvlug het wc-papier van alle toiletten. De vete tussen de twee kostte Williams in 1986 uiteindelijk de wereldtitel.

Nóg verder ging de rivaliteit tussen Prost en Senna. Berger hierover: 'Prost en Senna haatten elkaar, diep en echt. Afgezien van alles wat met afkomst, cultuur en karakter te maken had, volstond alleen al de absolute aanspraak op de nummer-één-status om tot alle excessen te leiden.' Het werd niet voor niets hoogoplopende ruzie, verraad, gekonkel, haat, crashes. Prost lokte Senna in de val, Senna ramde Prost van de baan. Foute boel. McLaren was in die jaren echter zo dominant, die wereldtitels wonnen ze uiteindelijk toch wel.

Toen Lauda halverwege de jaren negentig adviseur werd bij Ferrari, greep hij terug op het beproefde recept: de beste coureur van dat tijdvak als nummer één, en een leuke, snelle nummer twee als bliksemafleider. Playboy en praatjesmaker Eddie Irvine was de ideale kandidaat om te figureren naast Michael Schumacher. Het werkte prima, tot Irvine in 1999 even dacht dat hij zelf de eerste Ferrari-kampioen in twintig jaar kon worden toen Schumacher zijn been brak op Silverstone. Dat ging mooi niet door. Irvine werd daarop vervangen door Barrichello. De lieverd. Een betere nummer twee is er nooit geweest in de Formule 1. Niet voor niets heeft hij nog steeds de allermeeste Grands Prix van iedereen gereden, 322 stuks. 'Dit jaar ga ik Michael verslaan,' riep de sympathieke Rubinho elk jaar weer in februari. Om daarna keurig achter de baas in te voegen. Sindsdien hebben ze het bij Ferrari altijd zo aangepakt. Massa werd geknakt onder Alonso, en de laatste jaren mag Räikkönen het hulpje van Vettel zijn. Mark Webber schikte zich minder gemakkelijk in de rol als tweede rijder, achter Vettel. Met als gevolg dat ze elkaar van de baan reden in Turkije. In zijn boek *Aussie Grit* onthulde Webber later hoe na die botsing de hiërarchie binnen het Red Bull-team strak werd aangetrokken, ten nadele van hem. Bij Mercedes werd Hamilton in 2013 binnengehaald als de grote ster van de toekomst. Rosberg had het nakijken. Toch bleef Rosberg terug knokken, waardoor ook zij elkaar in de wielen reden. Maar net als McLaren destijds kon Mercedes het zich veroorloven.

Max' eerste teamgenoot in de Formule 1 is Carlos Sainz jr. Als Max eind 2014 zijn contract met Toro Rosso tekent, is Sainz verrast, om niet te zeggen chagrijnig. Het is duidelijk dat Helmut Marko die snotaap maar wat graag in het team wil hebben. Sainz weet dat hij het moeilijk gaat krijgen. In de pers zegt hij zich te verheugen op de strijd, en dat hij minstens even goed is als Max. Gaandeweg het seizoen blijkt daar steeds minder van. Max steelt de show met zijn inhaalacties. Max scoort tweemaal een vierde plaats en 49 punten, terwijl Sainz nooit verder komt dan plaats zeven en op 18 punten blijft steken. In de kwalificatie is Sainz vaker de snelste. En Sainz heeft in 2015 vijfenveertig inhaalacties op zijn naam staan, slechts vier minder dan Max. Statistieken zeggen echter niet alles. Want het is vooral de manier waarop die inhaalacties worden uitgevoerd die het verschil laat zien. Waar Max vliegensvlug en vol vertrouwen langs zijn opponenten glipt, is het voor Sainz vaak een worsteling om tegenstanders te verschalken. Sainz maakt een ijzersterk debuutseizoen door, maar Max imponeert.

De race in Singapore maakt alles duidelijk. Voor de race door de nacht heeft Max zich als achtste gekwalificeerd. Bij de start slaat echter de motor af. Als het hele veld door de eerste bocht verdwenen is, wordt hij teruggeduwd naar de pits. Daar slaat de auto even later wel aan. Met een ronde achterstand kan Max aan de race beginnen. In de 13e ronde heeft hij geluk. Als Massa de pits verlaat, wordt hij vol in de flank gereden door Hülkenberg. Er ligt veel troep op de baan in bocht 2 en 3, dus de safetycar komt de baan op. Op zo'n moment worden auto's die op een ronde gereden zijn maar door de interventie van de safetycar tussen de leiders verzeild raken, eruit gevist: zij mogen de safetycar passeren en kunnen, als de neutralisatie lang genoeg duurt, hun ronde achterstand goed maken. Max heeft die mazzel vandaag. Maar dan nog begint de strijd opnieuw aan de staart van het veld. De snelheid van de Toro Rosso is echter prima, Max rijdt even snel als de leiders in de race. De twee Manors heeft hij alweer snel te pakken. Daarna schuift hij door pech en pitstops van anderen langzaam naar voren. Ook zijn teamgenoot heeft een extra stop moeten maken, die is hij dus ook voorbij. Dan is er in de 37e ronde ineens een man op de baan. Als een soort slaapwandelaar loopt hij langs de vangrail op een recht stuk waar de auto's 280 per uur doen. Safetycar. De track-invader komt bij zijn positieven en verdwijnt snel weer door een mangat in het hek. Daar wordt hij overmeesterd. Hij blijkt dronken en mag later zes weken brommen. Veel coureurs hebben de safetycarfase aangegrepen om hun laatste pitstop te maken. De Toro Rosso's van Max en Sainz hebben allebei supersofts onder de auto gekregen en kunnen daarmee in de aanval gaan, Max voorop. De *usual suspects* worden ingerekend: Maldonado, Nasr, Grosjean. Bij het passeren van Grosjean wordt goed duidelijk wat het verschil is tussen de twee Toro Rosso-coureurs. Max kijkt een ronde en vliegt dan zonder omhaal langs de snelle Fransman, terwijl Sainz een ronde later meer moeite heeft. Hij moet een beetje dringen, ellebogenwerk, het komt zelfs tot een lichte touché. Dát is het verschil. De overtuiging, de vanzelfsprekendheid die Max tentoonspreidt, die heeft Sainz gewoon niet.

De volgende die voor hen rijdt, is Pérez. De Force India, met de Mercedes-motor achterin, blijkt echter niet te verschalken. Max komt dichtbij, maar erlangs is toch een ander verhaal. Inhalen in de straten van Singapore is lastig. Dat ze er al zoveel voorbij zijn, is al heel wat. Dan komt er ineens een boordradio. Max krijgt het verzoek – dat in de Formule 1 eigenlijk een bevel is – om zijn teamgenoot voorbij te laten. Op de pitmuur hopen ze dat Sainz Pérez wel in kan halen. Sainz rijdt op versere banden: hij heeft er drie ronden minder mee gereden. Ongetwijfeld heeft Sainz dit via de radio geopperd. Achteraf zegt Sainz dat hij, mocht het niet gelukt zijn, zijn plaats weer aan Max had teruggegeven. Maar zo ver komt het niet. Max vindt het onzin. Hij heeft zich helemaal van achteraan terug geknokt tot op plaats acht, hij rijdt vóór Sainz, dus wie is de snellere? Als het verzoek nog een keer komt, is zijn antwoord over de radio ondubbelzinnig: 'No!' Max finisht als achtste, Sainz als negende.

Na afloop is de consternatie rond Toro Rosso groot. Teamorders weigeren, dat durfden alleen de allergrootsten. Sainz is woedend. Het team heeft hem al zo vaak gevraagd om Max voorbij te laten, en dat heeft hij altijd keurig gedaan. 'Maar Max doet het gewoon niet!' Zou dat ook een verschil zijn? Volgens Max ligt het aan de situatie. Met zo'n race achter de rug gaat hij niemand meer voorbij laten en zeker niet zijn teamgenoot. Dit is werkelijk bijzonder: achttien jaar en dan in zo'n hectische race zo'n eigen wil aan de dag leggen tegenover je team. Ik moet denken aan de woorden van Josef Leberer in Spa. Ook Max weet wie hij is en wat hij wil. 'Als hij Carlos voorbij had gelaten, had ik hem onder zijn kloten geschopt,' gromt Jos Verstappen achter de pits van Toro Rosso. Juist. We weten weer waar we zijn. Dit is de niets en niemand ontziende weg naar de top. Als eerste moet je je teamgenoot breken. Al snel geeft Toro Rosso een verklaring uit waarin ze Max volkomen gelijk geven. Het is duidelijk hoe de verhoudingen liggen. Het team richt zich naar de wil van zijn megatalent. Toro Rosso zal altijd blijven beweren dat het onzin is dat Max wordt voorgetrokken en dat beide rijders hetzelfde materiaal krijgen. Dat zal vast zo zijn. Maar Sainz weet nu wel dat hij, zolang hij bij Max in één team zit, de nummer twee zal zijn. Max is de baas.

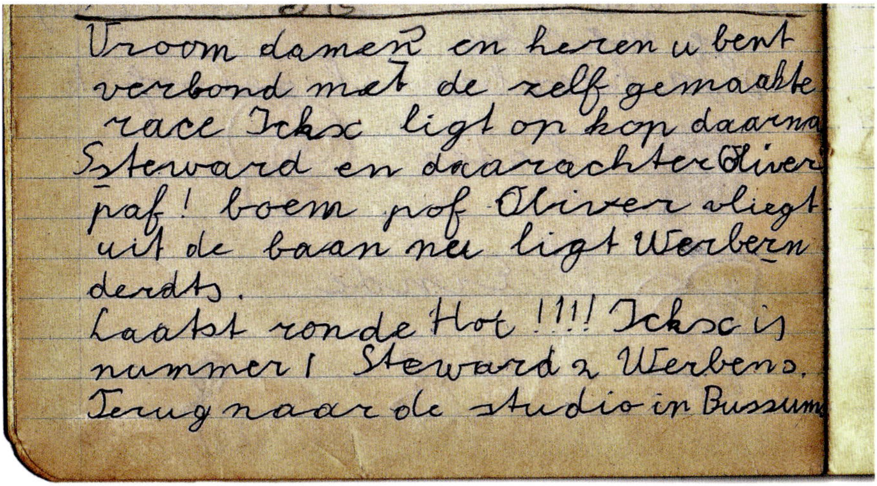

Vroom damen en heren u bent
verbond met de zelf gemaakte
race Ickx ligt op kop daarna
Steward en daarachter Oliver
paf! boem pof Oliver vliegt
uit de baan nu ligt Werbern
derdts.
Laatst ronde Hot !!!! Ickx is
nummer 1 Steward 2 Werben 3.
Terug naar de studio in Bussum

Schrijver voor ik het wist

Met mijn jeugdheld Jacky Ickx, Zandvoort 2005

Leerjaren. Max en Jos in 2010

Schumacher

Formule 1-debuut. Australië 2015

Een historische dag op Zandvoort, juni 2015
(Jan Lammers, Jos Verstappen, Arie Luyendijk, Max Verstappen)

Eau Rouge: de ereloge van de snelheid

Nederlandse racehistorie: Max wint in Spanje 2016

F1
FIA Formula 1
WORLD CHAMPIONSHIP
MAX

Tussen de kampioenen: links Vettel, rechts Hamilton.

Droomdansen in Brazilië 2016

De Max Verstappentribune, Oostenrijk 2017

Pech. Singapore 2017

Max pakt de leiding, Mexico 2017

Achter de halo. 2018

III

WINNEN – 2016

11

Het Red Bull-regime

Het seizoen 2016 begint met een hoop trammelant binnen het team van Toro Rosso. Al staan na de kwalificatie in Australië alle gezichten nog vrolijk. Natuurlijk, Mercedes en Ferrari zijn los van de rest, zij zijn onbereikbaar. Daarachter echter staat Max op de vijfde startpositie, P5, ofwel: *best of the rest*. Sneller dan de twee volwassen Red Bull-coureurs, Daniel Ricciardo en Daniil Kvyat, en sneller dan zijn eigen teamgenoot Carlos Sainz. Altijd een goed begin. Het is ook een verbetering van zijn beste kwalificatie van vorig jaar. Max overtreft met dit resultaat zijn vader, die ooit op Spa in 1994 een zesde startpositie wist te scoren. Vader en zoon zijn van dit soort statistieken goed op de hoogte. Jos vindt het allemaal prachtig. Zo moet het gaan. Nog altijd is hij de succesvolste Nederlandse Formule 1-coureur, met twee podiumplaatsen in datzelfde jaar 1994. Maar ook dat, voelt iedereen aan, zal niet lang meer duren.

De wintertests in Barcelona deden al het ergste vermoeden voor 2016. Het wordt opnieuw een Mercedes-jaar. Sinds de invoering van de hybridemotoren in 2014 is Mercedes alleenheerser in de Formule 1. Terwijl de andere teams tijdens de tests nog aan het tobben zijn met de betrouwbaarheid van de ingewikkelde *energy recovery systems*, draaien de Mercedessen ontspannen een rits Grand Prix-afstanden. Ze rijden tweeduizend testkilometers meer dan Ferrari. Lekker arrogant gebruiken ze niet eens de snelste banden, zodat de Ferrari's op de ultrasofts uiteindelijk wel de snelste tijd neerzetten. De Italiaanse pers kan eventjes juichen: Ferrari is sneller dan de Duitse concurrent. Het is bijna een traditie: Ferrari als winterkampioen. Bij het team van Toro Rosso is de hele winter in ploegendienst doorgewerkt om de auto op tijd klaar te hebben. Toro Rosso is gewisseld van motorpartner. In plaats van die koffiemolen van Renault zit er voor 2016 een Ferrari-motor achterin met meer power. Het is wel de motor van 2015, die dit jaar ook niet verder ontwikkeld zal worden. De beste resultaten zullen dus vroeg in het seizoen geboekt moeten worden.

When the flag drops, the bullshit stops. Het is een oud gezegde, uit de tijd dat een Grand Prix nog met het vallen van een nationale vlag werd gestart. Inmiddels starten races al jaren met lichten. Een voor een gaan de vijf rode lampen aan en dan, zodra ze doven, schiet het hele Formule 1-veld ervandoor. Een nationale vlag of een paar stoplichten, in wezen blijft het hetzelfde: zodra we gaan racen, is het gedaan met alle gespeculeer, getheoretiseer en koffiedik kijken. Dan gaat het er echt om. De start in Australië is altijd de lekkerste: daar gaan we weer, voor een heel seizoen. Bij de eerste start van 2016 komen de Mercedes-coureurs niet goed weg. De twee Ferrari's glippen voorbij. Een sensationeel begin! Hamilton valt terug en zit zelfs ronden lang vast achter Max, op plaats vijf. Gefrustreerd roept de wereldkampioen over de boordradio dat hij die knul niet voorbij kan: '*I can't pass this guy*!' Het team moet maar iets verzinnen met de strategie. Een safetycarfase gooit de boel vervolgens in de war. Fernando Alonso is bij het aanremmen voor de beruchte bocht 3 achter op Esteban Gutiérrez gereden. De Honda van Alonso vliegt over de kop door de lucht, en stuitert in de grindbak nog een paar keer gewelddadig om en om. Ondersteboven blijft de auto aan de rand van de uitloopstrook liggen, rokend. Het is zo'n crash die meer weg heeft van een vliegtuigongeluk. Gelukkig komt Alonso snel onder het wrak vandaan gekropen. Hij dacht aan zijn moeder, vertelt hij later. Omdat zij altijd voor de televisie zit, wilde hij haar zo snel mogelijk laten zien dat hij oké was. Ja, de Formule 1 is veilig. Gelukkig maar.

Na de safetycarfase heeft Max nog altijd zicht op een vierde of vijfde plaats. Dan gaat het mis. Wanneer het team zich klaarmaakt voor een derde pitstop, hebben beide Toro Rosso-coureurs al een paar keer via de boordradio geklaagd over de toestand van hun banden. Er is een ongeschreven wet in de Formule 1 dat de voorste coureur als eerste zijn banden mag wisselen. Hij heeft immers de beste uitgangspositie in de race. Dit keer gaat het anders. Sainz, die vlak achter Max rijdt, heeft blijkbaar overtuigender geklaagd, want hij wordt als eerste de pits binnengehaald. Een ronde later duikt ook Max naar binnen, om te merken dat het team nog niet klaar is voor zijn pitstop. Kostbare seconden gaan verloren, waardoor Max achter Sainz weer terugkeert op de baan. Woedend. Over de radio roept hij dat hij al zo vaak had gezegd dat zijn banden eraan waren en dat hij de eerste pitstop wilde maken. Het wordt nog erger wanneer het Toro Rosso-duo vast komt te zitten achter de Renault van Jolyon Palmer. De Renaults zijn al niet zo snel, maar in handen van Palmer is het helemaal een mobiele chicane. Een lastige ook nog. Het lukt Sainz tien ronden lang niet om Palmer in te halen. Achter hem begint Max via de radio te klagen dat het veel te lang duurt, dat ze het hém moeten laten proberen, dat iedereen vóór hen wegrijdt, dat dit een *fucking joke* is. Maar het team doet niks. Sainz voelt blijkbaar de druk, want eindelijk lukt het hem om Palmer te passeren. Max volgt een paar bochten later.

Weer dat verschil in doortastendheid wanneer het aankomt op de essentie van autoracen: inhalen. Als Max in de slotfase ook nog eens aandringt bij Sainz, raakt hij de wagen van zijn teamgenoot. Het is echter Max zelf die in de rondte gaat. Hij kan verder en finisht uiteindelijk als tiende. Goed voor één WK-punt.

Na afloop heerst er een heel andere sfeer bij Toro Rosso dan voorafgaand aan de race. Jos is druk in discussie met teambaas Tost. Max zelf zegt teleurgesteld te zijn. Dat ene punt maakt hem 'geen zak' uit. Vanuit Sainz' optiek is het niet meer dan logisch dat hij Max niet langs laat. Hij is Singapore nog niet vergeten. En ook hij wil wereldkampioen worden en is er nog altijd van overtuigd dat hij minstens even goed is als zijn teamgenoot. Hij vecht voor zijn plek in het team, voor zijn toekomst, en wil zich niet simpelweg laten degraderen tot tweede rijder. Tegen de Spaanse pers zegt hij dat Max een veel te grote mond heeft en hem aan het eind nog bijna van de baan ramde. 's Avonds laat pas komt Toro Rosso met een verklaring waarin slechts staat dat het team nog niet klaar was voor de stop van Max omdat ze hem nog niet binnen hadden geroepen. Het was dus zijn eigen schuld. Over zo'n verklaring wordt echt wel even nagedacht. Men is dus niet zo blij met Max' ongenoegen. Er is duidelijk frictie in het team. Professionele frictie, maar frictie. Zoiets gist. Sainz wil zich bij de start van het nieuwe seizoen blijkbaar meteen laten gelden. Heeft Max vorig jaar nog niet genoeg laten zien om Toro Rosso ervan te overtuigen dat hij de eerste coureur moet zijn binnen het team? Is het dan nog wel het juiste team voor hem?

Je weet nooit hoe het smeult ondergronds in de Formule 1. In de paddock zoemt het voortdurend van de geruchten. Iedereen praat met iedereen. Journalisten zien Jos in gesprek met

Toto Wolff, teambaas van Mercedes. Wordt er al onderhandeld? Wolff benadrukt dat hij en Jos goede vrienden zijn, ze praten gewoon over koetjes en kalfjes. Jaja, Jos over koetjes en kalfjes... Voortdurend wordt er gepeild, geproefd, geroddeld, gevoeld en misschien tussen de koetjes en de kalfjes een beetje gedreigd of wat druk uitgeoefend. Het fingerspitzengefühl naast de baan is net zo belangrijk als op de baan. De topteams zien ook wel dat Max een van de sterren van de toekomst is, misschien wel dé ster, dus vroeger of later moeten ze hem in hun auto zien te krijgen. Dat weet dr. Helmut Marko, de talentenjager van Red Bull, ook. En hij is niet van plan zijn ontdekking, zijn protegé met wie hij het toch maar heeft aangedurfd in de Formule 1, zomaar te laten vertrekken naar de concurrentie.

Dat betekent slecht nieuws voor Danny Kvyat. Arme Kvyat, de ietwat dromerige, Russische slungel, die op zijn twaalfde van Ufa in Basjkirostan naar Italië verhuisde voor zijn grote droom: racen. Hij had talent. Als Red Bull-protegé en GP3-kampioen stootte hij snel door naar de Formule 1. In 2014 debuteerde hij bij het juniorteam, Toro Rosso. Een jaar later schoof hij, door het plotse vertrek van Sebastian Vettel, al door naar Red Bull, het topteam. Kon hij wel aan. Of ging het toch te snel? Het lukte Kvyat niet om het air van een winnaar te krijgen. Toen de auto van 2015 niet liep zoals gehoopt, vloeiden alle frustraties en kritiek zijn kant op, ook al scoorde Kvyat uiteindelijk meer punten dan zijn teamgenoot Ricciardo. Kvyat heeft gewoon pech: hij wordt vermalen tussen twee megatalenten, Vettel en Max. Door de bliksemcarrière van Max is de druk op Kvyat immens. Aan het eind van het seizoen 2015 begon hij al fouten te maken. Domme fouten.

In Japan let hij heel eventjes niet op als hij op hoge snelheid onder de brug vandaan komt. Hij raakt met twee wielen links het gras en meteen is de wagen weg. Onbestuurbaar schuift hij de baan af en knalt eerst met de achterkant en dan zijdelings tegen de afzetting, om daarna in de grindbak met een soort halve schroef over de kop te slaan. De rechterkant van de wagen is verdwenen. 'Wat gebeurde daar, Danny?' vraagt zijn engineer over de radio. 'Ik raakte het gras,' klinkt het nogal sullig. Domme fout. Vooruit, het kan een keer gebeuren. Veel erger is wat er twee races later in Amerika gebeurt. Op de halfnatte baan kunnen de twee Red Bulls het tempo van de Mercedessen eindelijk een keer volgen. Sterker nog: in de openingsfase ligt Kvyat op plaats twee en doet hij herhaalde pogingen om Hamilton te passeren voor de leiding in de race. Het blijft echter bij herhaalde, halfhartige pogingen. Het lukt hem niet. Is het angst? Ontzag? Gebrek aan vertrouwen? Dáár wordt beslist over het lot van de Formule 1-coureur Daniil Kvyat. Dáár had hij moeten toeslaan, moeten inhalen. Hij had gedecideerd moeten afrekenen met die wereldkampioen in zijn superieure auto. Hij was de eerste Rus aan de leiding van een Formule 1-Grand Prix geweest! Bij een laatste vertwijfelde poging glijdt hij naast de baan. Even later aarzelt Ricciardo geen seconde en maakt in een paar bochten gehakt van Hamilton en leidt de race. Kvyat mist de meedogenloosheid van een winnaar.

Zou het iets in de volksaard zijn? Kvyat boekte een mooie tweede plaats in Hongarije. Daar was hij heus blij mee, maar het ging hem toch meer om de weg ernaartoe. 'Het gaat niet alleen om het moment dat je over de finish komt. Dat is het makkelijkste stukje,' zegt hij in een interview met *Formule 1*. Helaas, daar gaat het in de Formule 1 dus juist wél om. Het gaat alleen om winnen. Winnen, winnen, de rest doet er niet toe. Ja, als je een keer of wat kampioen bent geweest, dan mag je gaan filosoferen en relativeren. Kvyat bekent dat hij soms te veel nadenkt. Hij leest boeken, bij voorkeur van de grote Russische schrijvers, Tolstoj en Dostojevski. Fascinerend. Toch, ik kan weinig verzinnen wat haakser op de Formule 1 staat dan het breedvoerige proza van de Russische klassieken.

Het seizoen 2016 begint ook niet al te florissant voor Kvyat. In Australië komt zijn Red Bull niet van zijn plaats als de race begint. 'De auto had er vandaag geen zin in,' monkelt hij. In China staat hij weer op het podium met een mooie derde plaats. Een prima resultaat, dat echter totaal verpest wordt door Vettel. In de eerste, lang naar rechts draaiende bocht drukt Kvyat zijn auto stevig door tot op plaats drie, aan de binnenkant van de baan. Vettel kan de deur niet meer dichtgooien en botst daardoor tegen Räikkönen op. De Ferrari's rijden daarna een inhaalrace. Vettel is een meester in inhaalraces en finisht uiteindelijk alsnog als tweede. In *the green room*, het zweethokje achter het podium, spreekt Vettel Kvyat aan op de situatie in bocht 1. Hun discussie is live te volgen op televisie. Wat was dat nou voor een wilde actie in de eerste bocht? Kvyat lacht en verdedigt zich volkomen terecht: dat is toch racen? Helaas voor hem heeft hij meteen al verloren. Je ziet zijn onzekerheid, die het aflegt tegen de verbale arrogantie van de viervoudig wereldkampioen. 'Je kwam als een torpedo binnendoor!' Pats – het etiket zit erop: 'Torpedo.' Kvyat komt er nooit meer vanaf. Door de praatjes van Vettel verandert een sterk staaltje racen in de actie van een idioot. De media smullen ervan. Zeker wanneer Kvyat twee weken later, in Rusland, kort na de start Vettel tot tweemaal toe van achteren vol torpedeert. Nee, niet handig. De eerste keer is het in het gedrang voor bocht 2: te veel auto's op te weinig asfalt, de een remt wat vroeg, de ander wat later, touché, kan gebeuren. Er lijkt ook niet veel aan de hand. Maar als Vettel in de volgende lange doordraaier naar links niet vol op het gas gaat omdat hij toch voor een probleem vreest, krijgt hij opnieuw een zet van Kvyat. Een ferme beuk dit keer. Het lijkt wel of de Rus het expres doet: wat nou torpedo? Of staat hij werkelijk te veel onder druk? Vettel slaat in de tech-pro-barrier – race over. Via de boordradio begint hij aan de eerste van zijn legendarische radiotoespraken, die door de FIA-censuur veelvuldig worden onderbroken met discrete biepjes. Hij is woest. Later gaat hij zelfs verhaal halen bij Red Bull-teambaas Christian Horner. Kvyat krijgt een tijdstraf voor de aanrijding. Na afloop biedt hij zijn excuses aan, hij kon geen kant op, zegt hij. Het helpt hem niet meer. Over zijn lot is reeds beslist.

Volgens Helmut Marko waren ze het allang van plan, de race in Rusland heeft er niks mee te maken. Maar alle ophef komt wel heel goed uit. Kvyat presteert te weinig, weet Marko, omdat de druk te hoog is. Hij mag daarom verder rijpen bij het juniorteam van Toro Rosso. Max Verstappen schuift door naar Red Bull, omdat de spanningen binnen Toro Rosso te hoog opliepen, en omdat Max er klaar voor is om voor een topteam te rijden. Heeft het kamp Verstappen dit afgedwongen? Lagen Mercedes en Ferrari al op de loer? Ware talenten kunnen niet lang wachten, die moeten snel door naar de top. Daarom is het Red Bull-regime keihard. Als je echt goed bent, dan dender je door. Zodra je even hapert, val je af. In 2007 werd de Amerikaan Scott Speed (een snelle naam alleen is niet genoeg) aan de straat gezet om plaats te maken voor Vettel. In 2009 werd Sébastien Bourdais ontslagen voor het talent Jaime Alguersuari. Wie kent hem nog? Eind 2011 werd Alguersuari alweer afgeserveerd, evenals Sébastien Buemi, met de mededeling dat ze na twee jaar toch niet bleken te voldoen. Jean-Éric Vergne wachtte drie jaar later hetzelfde lot. Vettel en Ricciardo daarentegen hebben laten zien dat ze winnaars zijn. Het is nu aan Max om hetzelfde te doen. Het is uitzonderlijk dat Kvyat het nogmaals bij Toro Rosso mag proberen, maar zijn degradatie is natuurlijk het begin van het einde. De Formule 1 is meedogenloos. Dostojevski had er een mooie, schrijnende roman over kunnen schrijven.

12
De grote drie

Nu Max voor een topteam gaat rijden, kan hij de strijd aan gaan met de groten in de Formule 1, de Grand Prix-winnaars, de kampioenen. Sinds er aan de alleenheerschappij van Michael Schumacher een einde kwam, zijn er drie coureurs geweest die in aanmerking kwamen om zijn opvolger te worden. Alle drie werden ze meerdere malen wereldkampioen. Tussen 2005 en 2017 bleken Fernando Alonso, Sebastian Vettel en Lewis Hamilton samen goed voor tien wereldtitels. Ertussendoor zwierven drie speciale gevallen, uitzonderingen, die door een deal, een truc en een ingedutte tegenstander eenmaal de titel wisten binnen te halen.

Opvallend is de drastische verjongingskuur in de eenentwintigste eeuw. De drie kampioenen waren bij hun eerste titel meteen ook de jongste ooit. Alonso werd in 2005 de jongste wereldkampioen, met 24 jaar en 59 dagen. Dat record was maar liefst drieëndertig jaar in handen geweest van Emerson Fittipaldi (25 jaar en 303 dagen). Schumacher had dat record op elf dagen na gemist: hij was domweg te vroeg in het jaar jarig. In 2008 werd Hamilton de jongste wereldkampioen, met 23 jaar en 300 dagen. Twee jaar later dook Vettel daar weer onder. Hij was 23 jaar en 134 dagen oud toen hij in Abu Dhabi de titel pakte. Max heeft tot 11 februari 2021 de tijd.

Fernando Alonso

Ik hoor voor het eerst van Fernando Alonso in augustus 2000, wanneer hij in Spa zijn Formule 3000-concurrenten op een hoop rijdt. Daar komt een grote aan. Alonso was als karter al opgevallen. Hij was doorgaans een stuk jonger dan de rest, bloedfanatiek en snel. Verliezen bestond niet. Ooggetuigen vertellen dat hij na een crash in een belangrijke kartrace weigerde om uit zijn kart te stappen, zodat men hem ten slotte maar met kart en al over de vangrail tilde om de race verder te laten gaan. Als zeventienjarige testte hij een Formule 1-auto en was meteen anderhalve seconde sneller dan de rest.

In 2001 maakt Alonso zijn Grand Prix-debuut, voor Minardi. Regelmatig kwalificeert hij het barrel voor de neus van tegenstanders in snellere auto's. Andere teams zien zijn snelheid, zijn volharding en wapperen met contracten. Manager Flavio Briatore houdt Alonso voor zichzelf. Alonso moet een jaar geduld hebben, als testcoureur voor Renault. In 2003 is hij meteen de eerste coureur in het team. Briatore pakt het precies zo aan als met Schumacher destijds: met een veel kleiner budget dan de topteams, Ferrari en McLaren, organiseert hij het Renault-team helemaal om Alonso heen. In Hongarije boekt de Spanjaard zijn eerste zege. De macht van Schumacher, Ferrari en Bridgestone is echter veel te groot. Wanneer meer en meer teams ontevreden raken over de exclusieve samenwerking tussen Ferrari en Bridgestone en overstappen naar Michelin, weet de Franse bandenleverancier met een slimme politieke lobby het bandenreglement in zijn voordeel te wijzigen. In 2005 worden de bandenwissels afgeschaft, Ferrari is nergens meer en met Michelin en Renault koerst Alonso recht op zijn eerste titel af.

Tijdens zijn opmars begint een bepaald trekje al snel op te

vallen: de dingen moeten wel gaan zoals Alonso het wenst. Zodra hij tijdens de race een achterblijver voor zich ziet, begint hij meteen over de radio te roepen om blauwe vlaggen, ook al duurt het nog een halve ronde voor hij vlak achter het slachtoffer rijdt. Ook wat zijn loopbaan betreft, kijkt Alonso ver vooruit. Eind 2005 sluit hij al een deal met McLaren – voor 2007. Na het behalen van de titel in Brazilië spreekt hij achter het podium, nog nat van de champagne, tegenover Ron Dennis bewonderend over de manier waarop McLaren zijn auto's gedurende het seizoen ontwikkelt. Waarop Dennis grapt dat hij daar ook deel van kan uitmaken. Waarop Alonso antwoordt dat hij dat wel wil. Meent hij dat echt? Zeker. Een maand later is de deal rond. Had hij het maar nooit gedaan...

In 2006 wordt Alonso opnieuw kampioen met Renault. Ondanks het feit dat het team halverwege het seizoen een veringsysteem uit de auto moet halen omdat het illegaal zou zijn. Iedereen spreekt weer over de FIA als Ferrari International Assistance. Het kost Renault natuurlijk snelheid, Schumacher zet de achtervolging in, maar weet Alonso niet meer in te halen. Uitgeblust hangt de Duitser zijn helm aan de wilgen. Is Alonso Schumachers opvolger? Zelf denkt hij van niet. In een interview met *Formule 1* vertelt hij dat hij niet van plan is om heel lang in de Formule 1 te blijven...

McLaren is nog altijd een topteam. Met de supersnelle Kimi Räikkönen hebben ze tweemaal net naast de titel gegrepen. Met de ervaring en de betrouwbaarheid van Alonso hebben ze een nog betere titelkandidaat. En omgekeerd weet Alonso dat hij met McLaren zijn derde titel voor het grijpen heeft. Dat is ook zo. Echter niemand, ook Ron Dennis niet, heeft op Lewis Hamilton gerekend. Hamiltons debuutjaar zou een leerjaar worden, onder de vleugels van de grootmeester. Het loopt echter anders. Hamilton is de sensatie van het seizoen 2007 en ontpopt zich al snel als een heuse titelkandidaat. En hoe meer Hamilton blijft scoren, hoe meer Alonso vermoedt dat het team stiekem toch de voorkeur geeft aan hun zelf opgeleide, Britse groeibriljant. En dat is precies wat hij niet kan hebben. Alonso is gewend aan de status van eerste coureur en wenst niet te moeten strijden met een teamgenoot. Hij is gehaald als kampioen, om nog eens kampioen te worden. Er voltrekt zich een waar koningsdrama. Op een bepaald moment deelt Alonso zelfs heimelijk geld uit aan zijn monteurs om zeker te zijn van hun loyaliteit. In Hongarije barst de bom. Als Hamilton zich niet aan teamafspraken houdt, blokkeert Alonso Hamilton in de McLaren-pits, zodat Hamilton aan het eind van de kwalificatie geen snelle ronde meer kan rijden. Iemand blokkeren mag niet, dus de FIA zet Alonso voor straf vijf plaatsen terug op de grid. Heibel in de tent. Alonso heeft er schoon genoeg van. Op zondag bezoekt hij Ron Dennis en dreigt belastende informatie inzake een sluimerende spionagezaak door te spelen aan de FIA.

Die spionagezaak ligt als een nog veel grotere bom onder het team van McLaren, onder het hele raceseizoen zelfs. In het voorjaar is een medewerker van McLaren betrapt met 780 pagina's geheime technische informatie van Ferrari. Dennis heeft steeds bezworen dat het een eenmansactie betrof en dat McLaren de informatie niet heeft gebruikt. Na de race in Hongarije ontvangt de FIA e-mails van Alonso en testcoureur Pedro de la Rosa, waaruit blijkt dat de Ferrari-informatie wel degelijk door McLaren is gebruikt tijdens tests. Het hele Formule 1-wereldje staat op zijn kop. McLaren moet zwaar gestraft worden! Er wordt zelfs gesproken over een schorsing voor een of twee jaar. Maar de Formule 1 kan geen team missen, dus valt de straf uiteindelijk mee. McLaren moet zijn punten voor het constructeurskampioenschap 2007 inleveren en een boete van honderd miljoen dollar betalen. Honderd miljoen, het lijkt een draconisch bedrag, maar een groot bedrijf als McLaren kan dat wel ophoesten. Omdat het een vergrijp van het team betreft, gaan de coureurs vrijuit, zij mogen blijven strijden om het wereldkampioenschap.

Hoewel... Ik zal het nooit kunnen bewijzen, maar ik denk nog altijd dat er achter gesloten deuren in Parijs is geëist dat McLaren in 2007 ook geen coureur als wereldkampioen zal leveren. Een met spionage besmette wereldtitel is natuurlijk slecht voor de sport. In de laatste races van het seizoen faalt Hamilton wel heel opzichtig (waarover zo dadelijk meer) en ook Alonso komt net te kort om de plotseling sterk opkomende Räikkönen tegen te houden. De indolente Fin pakt in de slotrace de titel, met één punt voorsprong op zowel Alonso als Hamilton.

Alonso's relatie met McLaren is volkomen verzuurd. Het contract wordt ontbonden. De Spanjaard vlucht snel terug naar het warme nest van Briatore en Renault. Renault is echter geen topteam meer. Sinds het vertrek van Michelin uit de Formule 1 verdelen Ferrari en McLaren als vanouds de zeges. Tot Renault heel verrassend de Grand Prix van Singapore wint. Alonso triomfeert in de allereerste nachtrace in de Formule 1. Een jaar later blijkt echter dat deze zege door vals spel is behaald. Nadat Alonso al in een vroege fase zijn pitstop voor banden en benzine heeft gemaakt, crasht zijn teamgenoot Nelson Piquet jr, zoals vooraf afgesproken, opzettelijk zijn Renault tegen de muur. In de safetycarfase die volgt, maakt bijna iedereen een pitstop, waardoor Alonso de leiding kan nemen en uiteindelijk de race wint. Een jaar later klapt Piquet, ontslagen door Briatore, uit de school: het is allemaal afgesproken werk geweest. Alonso houdt vol dat hij nergens van wist. Briatore wordt verbannen uit de Formule 1. En Alonso vertrekt naar Ferrari.

Eindelijk weer in het spoor van Schumacher. Alonso laat het iedereen weten: hij gaat, net als Schumacher destijds, van Ferrari weer een winnend team maken. Räikkönen en Massa konden de Scuderia niet meer inspireren, laat staan leiden. Alonso wel. Hij heeft het benodigde charisma. Hij wint ook onmiddellijk de eerste Grand Prix in Bahrein. In de zomer blijkt hoezeer hij het team naar zijn hand heeft gezet wanneer Massa in Hockenheim het nauwelijks verhulde bevel krijgt om Alonso voorbij te laten: '*Felipe, Fernando is much faster than you are. Do you understand the message*?' Het betekent het einde van Massa als topcoureur. Na zeges in Monza, Singapore en Zuid-Korea heeft Alonso zicht op de titel, alleen Mark Webber staat nog vóór hem in de stand.

Voor de finale in Abu Dhabi zijn er nog vier titelkandidaten over. Hamilton heeft slechts een rekenkundige kans, maar Webber, Alonso en Vettel staan dicht bij elkaar. Tijdens de race maakt Ferrari echter een kapitale vergissing. Gefocust op Webber volgt Ferrari diens pitstopstrategie, wat desastreus uitpakt. Terwijl Vettel van kop af, met de juiste strategie, op de zege af koerst, komen Webber en Alonso klem te zitten in het verkeer. Veertig ronden lang slaagt Alonso er niet in om de Renault van Vitaly Petrov te passeren. Hij moet hem voorbij om zicht te houden op de titel. Verwacht Alonso dat zijn oude team de Rus wel een seintje zal geven? Hij doet een paar halfslachtige pogingen om in te halen, maar hij komt er niet langs. Echt grote kampioenen, zoals Senna en Schumacher, zouden er voorbij zijn gegaan, hoe dan ook, goedschiks, kwaadschiks, desnoods er dwars doorheen. Het zal eeuwig een raadsel blijven waarom Alonso dat niet doet. Daar, in Abu Dhabi, gaat zijn derde wereldtitel, zijn Ferrari-titel, in rook op en wordt hij dus niet de opvolger van Michael Schumacher.

De jaren daarna kan Ferrari simpelweg niet meer tegen Red Bull op. De combinatie Vettel-Newey-Renault deelt de lakens uit. In 2012 doet Alonso tot de laatste race mee om de titel, maar hij verliest opnieuw. Stilaan worden de druiven zuur. Na een jaar vol wederzijds ongenoegen wordt Alonso eind 2014 de deur uit gewerkt. Ferrari heeft een andere kampioen op het oog. Alonso heeft weinig opties over en vertrekt opnieuw naar McLaren. De lucht is allang weer gezuiverd. Het is een gok, want McLaren gaat dat jaar weer in zee met Honda. Een oude liefde: met een Honda achterin pakte McLaren ooit vier wereldtitels op rij. Maar de hernieuwde relatie wordt een regelrechte afgang. De Honda-motor komt bakken vermogen te kort en gaat om de haverklap kapot. De Japanse fabriek kan het ontwikkelingstempo in de Formule 1 niet bijbenen, stelt McLaren. Alonso vecht regelmatig als een ware samoerai, maar scoort voornamelijk met cynische boordradio's. In Japan, in de oren van de aanwezige Honda-directie, tettert hij dat het een schande is, deze motor is van een GP2-niveau! De derde wereldtitel lijkt verder weg dan ooit. Maar pas dan, verklaart Alonso, is hij klaar met de Formule 1.

Inmiddels heeft Alonso zijn zinnen gezet op de Triple Crown of Motorsport. Sinds enige tijd circuleren er twee definities van deze Triple in de media. Dit is de enige juiste: voor de Triple Crown of Motorsport word je wereldkampioen Formule 1, win je de Indy 500 en word je overall-winnaar in de 24 uren van Le Mans. Tot nu toe is dat alleen de legendarische Graham Hill gelukt. Hij werd wereldkampioen in 1962 en 1968, won de Indy 500 in 1966 en Le Mans in 1972. Jim Clark, Jackie Stewart, Mario Andretti en Jacques Villeneuve strandden in Le Mans. Nigel Mansell en Emerson Fittipaldi hebben Le Mans nooit geprobeerd. Jochen Rindt won nooit in Indianapolis, Phil Hill vond oval-racing helemaal niks. We hebben het hier dus over de echt groten uit de sport. De zucht naar leuke statistieken en plat ongeduld hebben de definitie van de Triple echter verdund: in plaats van een wereldkampioenschap Formule 1 is het winnen in de Grand Prix van Monaco nu ook genoeg. Op zich staat het wel mooi, zo'n rijtje klassiekers, maar dan hoeft Juan Pablo Montoya alleen Le Mans nog maar te winnen en dan zouden zelfs een beetje gelukkige, eenmalige winnaars in Monaco, zoals Olivier Panis en Jarno Trulli, ook kans hebben gemaakt op deze speciale bekroning – dat lijkt me onterecht.

In mei 2017 laat Alonso de Grand Prix van Monaco schieten om mee te doen aan de 500 mijl van Indianapolis. Zijn Amerikaanse avontuur is een enorme hype. Even hangt er zelfs een sensatie in de lucht. Alonso draait langdurig mee in de kopgroep, tot zijn motor het begeeft. Een Honda.

Sebastian Vettel

De eerste keer dat ik Sebastian Vettel zie, is in 2004 op Zandvoort tijdens het DTM-weekend. Keurig staat hij te wachten naast zijn Formule BMW-auto, om zo dadelijk naar de pits te gaan voor de race op zaterdagmiddag. Zijn naam gonst al door het wereldje: daar komt een grote aan. Ook hij zat als kleuter al in een kart. En maar winnen. Er bestaan mooie foto's van de kleine Vettel die een hand krijgt van zijn grote idool, Michael Schumacher, op de kartbaan in Kerpen. Die race op Zandvoort won hij ook. Hij won dat jaar achttien van de twintig races in de Formule BMW en werd kampioen. Daarna boekte hij niet zo heel veel opvallende resultaten meer, maar als BMW- en Red Bull-junior stoomde hij razendsnel door naar de Formule 1.

In 2006 rijdt hij een vrijdagtraining voor BMW-Sauber in Turkije, en klokt meteen de snelste tijd. Vettel breekt niet alleen met zijn jonge leeftijd allerlei records: als hij de eerste keer de pits uit rijdt, scoort hij ook de snelste boete ooit, wegens te hard rijden in de pitstraat. Het tekent Vettel. Hij is gretig, om niet te zeggen: ongeduldig. Een jaar later maakt hij zijn Formule 1-debuut voor BMW-Sauber in Indianapolis als vervanger van de zwaar gecrashte Robert Kubica. Vettel kwalificeert zich als zevende en finisht als achtste, meteen in de punten. In de zomer laat BMW hem gaan en stapt hij meteen over naar Toro Rosso. De Toro Rosso is een matige auto. Toch, in Japan rijdt Vettel in de regen op plaats drie, tot hij achter de safetycar tegen Mark Webber oprijdt. Te gretig. 'Ach, het zijn kinderen,' verzucht Webber. 'Ze hebben nog geen spatje ervaring.' Hij weet nog niet half wat hem te wachten staat. In 2008 kan Vettel opnieuw weinig uitrichten, tot hij op Monza zomaar de Grand Prix van Italië wint. In de stromende regen, als het motorvermogen minder telt, rijdt hij alles en iedereen in een foutloos weekend naar huis. Het Koninklijke Park in Italië ontploft. Veel teamleden in het Toro Rosso-team hebben de barre tijden van Minardi nog meegemaakt. Zijn sensationele overwinning maakt Vettel in één klap beroemd. Baby-Schumi, wordt hij in de Duitse pers meteen genoemd. En natuurlijk maakt hij het volgende seizoen promotie naar het grote Red Bull-team.

Het seizoen 2009 wordt aanvankelijk gedomineerd door Brawn GP. Ross Brawn heeft eind 2008 het team van Honda overgenomen. Met een Mercedes-motor achterin weet Brawn in de winter al dat hij in 2009 over een hele snelle auto gaat beschikken. Als lid van de Technical Work Group zag

Brawn een hiaat in de regelgeving met betrekking tot de achtervleugel en de diffusor – de aerodynamisch zeer belangrijke achterkant van de onderkant van de auto. De TWG vond het echter allemaal wel best en had geen zin meer om ook dat nog allemaal te gaan specificeren. Dus Brawn ging naar huis met een grote glimlach op zijn gezicht. Meteen vanaf de wintertests staat er geen maat op de Brawn GP001. Brawns dubbele diffusor werkt en Jenson Button wint zes van de eerste zeven Grands Prix. Halverwege het seizoen is het voordeel door andere teams achterhaald, waarna Button slechts met hangen en wurgen genoeg punten bijeen weet te sprokkelen om de titel in Brazilië over de meet te trekken. Hij kan het zelf nauwelijks geloven en rent als een dolle door de pits overal 'World Champion! World Champion!' roepend. Button is zo'n mooie, typische one-off-kampioen. Dankzij een slimmigheidje.

De laatste races van het jaar worden gewonnen door Red Bull. Ontwerper Adrian Newey heeft het geheim van de Brawn ontraadseld en verbeterd. Vanaf dat moment maakt Red Bull de dienst uit in de Formule 1. De twee Red Bull-coureurs Webber en Vettel hebben elkaar tot dan toe netjes gerespecteerd, nu de titel in zicht komt, wordt alles natuurlijk anders. Begin 2010 gaat de strijd gelijk op. Red Bull benadrukt keer op keer dat de twee coureurs vrij zijn om tegen elkaar te racen. Het gaat Red Bull immers om het vermaak en de sport. Na een paar races merkt Webber echter wie bij Red Bull de voorkeur krijgt. Als er nieuwe onderdelen arriveren, worden die het eerst op de auto van Vettel gezet. In Turkije gaat het mis. Webber, aan de leiding voor Vettel, krijgt te horen dat hij wat rustiger aan moet doen om brandstof te sparen. Even later zet Vettel de aanval in. Voor bocht 9 zet hij zijn wagen naast die van Webber aan de binnenkant. Webber besluit zijn teamgenoot geen centimeter ruimte te geven: Vettel moet niet zo agressief doen en inbinden. Vettel duwt echter door, waarop de twee Red Bull-auto's elkaar raken en van de baan tollen. Webber kan voort en finisht uiteindelijk als derde. Voor Vettel is de race over. Terwijl hij wegloopt van zijn wagen, maakt Vettel gebaren alsof zijn teamgenoot niet goed snik is. Webber merkt dat het team na afloop van de race, onder invloed van Helmut Marko, de schuld op hem schuift: hij heeft geen ruimte gelaten voor zijn teamgenoot. In zijn boek *Aussie Grit* schrijft Webber dat ze alleen vrij waren om te racen wanneer hij aan de leiding reed, zodra Vettel aan kop lag, kwam het team met de opdracht elkaar niet meer aan te vallen. Wanneer hij het management voorstelt om hen te vertrouwen bij het racen, krijgt hij als antwoord dat ze hém wel vertrouwen, maar de andere coureur niet. En dát is het verschil tussen een meedogenloze kampioen en een sympathieke Australische Formule 1-coureur. Vettel volgt letterlijk de gebruiksaanwijzingen van Michael Schumacher, aldus Webber in zijn boek. Christian Horner kan roepen wat hij wil over gelijke behandeling, maar hij heeft, als het erop aankomt, binnen het team niks te vertellen. Volgens Webber is het Helmut Marko, als onmisbare schakel tussen het team en de grote baas Dietrich Mateschitz, die aan de touwtjes trekt. Het jonge aanstormende talent uit de eigen opleiding als kampioen is voor de afdeling marketing van Red Bull nu eenmaal interessanter dan een oude, verbleekte Australische hond, schrijft Webber. In de beslissende thriller in Abu Dhabi doet Vettel precies wat hij moet doen: winnen, terwijl Webber en Alonso met een verkeerde strategie vast komen te zitten in het verkeer. Vettel staat in 2010 maar één keer aan de leiding in de stand om de titel, precies die ene keer dat het er echt toe doet.

Na zijn eerste titel is Vettel niet meer te houden. In 2011 wint hij elf van de negentien races. De Red Bull is in zijn handen superieur. De slimme Newey laat de hete uitlaatgassen over de diffusor stromen, wat nog meer neerwaartse druk oplevert. Maar zodra je veel wint, komt er vanzelf ook kritiek. Vettel zou bijvoorbeeld niet goed zijn in duels op de baan, alleen wanneer hij vanaf het begin aan kop rijdt, is hij niet te houden – een beetje zoals Jim Clark destijds. Toch, in 2012 stelt hij zijn titel veilig met twee fenomenale inhaalraces, in Abu Dhabi en in Brazilië.

Ik vond Vettel bij Red Bull een leuke kampioen. Hij mat zich geen arrogantie aan, zoals Schumacher, en ook geen air van vanzelfsprekendheid, zoals Alonso. Het was verfrissend hoe hij de journalisten te woord stond. Hij beperkte zich niet tot een paar zinnen vol clichés. Hij hield graag een heel verhaal, *to the point* en nog netjes afgerond ook. Soms nam hij het journaille zelfs in de maling. Hij hield iets jongensachtigs, hij had humor. Een Duitser die van *Monty Python* houdt, kom daar maar eens om. Maar ja, als je wint is het makkelijk om grappig en sprankelend te zijn.

In 2013 is Vettel nóg dominanter. In dertien van de negentien races gaat hij als eerste over de streep, waaronder alle negen races na de zomerstop. Tijd voor verandering. Die komt er ook. Om de Formule 1 relevant te houden voor autofabrikanten en vanwege de veranderende visie op auto's en energieverbruik voert de FIA hybridemotoren in. Ingewikkelde, dure apparaten. De Formule 1-teams hebben het er moeilijk mee. Tijdens de wintertests gaan bijna alle motoren stuk. Sommige teams komen nauwelijks aan rijden toe. Alleen Mercedes heeft de boel goed voor elkaar. Renault hinkt hopeloos achterop en Red Bull kan niet meer meedoen om de titel. Vettel verliest daardoor duidelijk interesse en wordt volledig overklast door zijn nieuwe teamgenoot, Daniel Ricciardo, die ondanks alles nog drie races weet te winnen. Tijd voor nog meer verandering. Dankzij een prestatieclausule (heeft hij expres zo weinig gescoord?) kan Vettel Red Bull inruilen voor Ferrari. In het spoor van Schumacher. Vettel gaat doen wat Alonso niet lukte: Ferrari kampioen maken.

Maar ook Ferrari tobt met de hybridemotor. Vettel wint in 2015 verrassend zijn tweede race voor Ferrari, in Maleisië. Hij wint ook op de relatief langzame circuits, in Hongarije en Singapore. Over het hele seizoen blijven de Mercedessen echter buiten bereik. Langzaam loopt Ferrari de achterstand in, maar niet snel genoeg. De druk bij de Scuderia is enorm. Het team zoekt daarom de grenzen op om nog meer snelheid uit de auto te halen. Net als Vettel. Zijn gretigheid verandert bij Ferrari weer in ongeduld. Te vaak is hij betrokken bij crashes, met name in de eerste ronde, en te vaak laat hij zich kennen via de boordradio.

De druk lijkt té hoog. Ferrari en Vettel moeten kampioen worden. De rest telt niet. Mocht het ooit nog lukken, dan moet dat wel gebeuren in een titanengevecht met Lewis Hamilton. Zonder gevecht geen glorie. Het is opvallend hoe weinig de twee zwaargewichten elkaar de afgelopen tien jaar wiel aan wiel getroffen hebben. Steeds wanneer de een domineert, heeft de ander problemen. Meer dan de coureur lijkt een dominante auto te leiden tot succes, zeker wat Vettel betreft. Wanneer hij er niet in slaagt om kampioen te worden met Ferrari, zullen zijn vier wereldtitels toch een beetje verbleken, en meer Red Bull-titels dan Vettel-titels blijken.

Lewis Hamilton

In de zomer van 2005 sta ik in het mediacentrum op Zandvoort naast Lewis Hamilton. Hij heeft een grote beker onder zijn arm, legt zijn helm op de balie en druipt nog na van de champagne. Hij heeft zojuist de Marlboro Masters of Formula 3 gewonnen. Hij is op koers om een hele grote te worden in de Formule 1. 'Ik moet hem nú hebben,' fluistert Rick Winkelman, 'over twee jaar krijg je hem nooit meer te pakken.' Lewis Hamilton keek als kind met open mond naar de verrichtingen van Ayrton Senna. Dát wilde hij ook. Zijn vader gaf hem een radiografisch bestuurbaar autootje cadeau. Veel meer zat er financieel niet in. De kleine Lewis won al snel van alles met het wagentje. Er bestaat beeld van het zevenjarig kereltje, bezig met een radiografische race. Hij wordt geïnterviewd voor het kinderprogramma *Blue Peter*. Als volleerd prof geeft hij korte antwoorden, zonder zijn ogen ook maar één keer van de auto af te laten. Cool. Als hij kampioenschappen wint, koopt zijn vader een kart. Met als voorwaarde dat hij zijn best blijft doen op school. Als hij ook op de kart begint te winnen, zet vader Hamilton alles opzij voor een autosportcarrière van zijn zoon.

Als tienjarig ventje stapt Lewis tijdens een prijsuitreiking op de aanwezige Ron Dennis af: 'Hallo, ik ben Lewis Hamilton, en op een dag wil ik voor uw team rijden.' Dennis glimlacht. Hij moet over een jaar of tien nog maar eens terugkomen. Drie jaar later belt Dennis zelf en wordt Hamilton opgenomen in het McLaren Young Driver Program. In de karts rijgt hij de zeges aaneen. Zijn teamgenoot in die dagen is ene Nico Rosberg, zoon van een vermaard Formule 1-kampioen. Geleid door McLaren volgt Hamilton het gebruikelijke pad door de juniorcategorieën: Formule Renault 2.0 (Brits kampioen in 2003), gevolgd door de Formule 3. In 2005 wordt hij Europees Formule 3-kampioen, door vijftien van de twintig races te winnen. Een jaar later wordt hij meteen kampioen in de GP2-klasse. Er is nog maar één stap mogelijk.

In 2007 debuteert Hamilton voor het team van McLaren in de Formule 1. Het zal een leerjaar worden, naast de tweevoudig wereldkampioen Alonso. Hamilton verrast echter iedereen, inclusief het McLaren-management. Bij zijn debuut staat hij op het podium, op plaats drie. De volgende vier races eindigt hij als tweede en de volgende twee wint hij. Zijn eerste negen Formule 1-races op het podium. Hij leidt in de stand om het kampioenschap. Hij is een sensatie. Zelf blijft hij er kalm onder. Hij is alleen maar blij dat hij in de Formule 1 mag rijden, zegt hij. Hij leeft zijn droom. De pers, met name in Engeland, komt echter superlatieven te kort. Hier is de nieuwe Schumacher! Lewis Hamilton gaat alle records van de Duitser breken. Hij wordt misschien wel tien keer wereldkampioen. Eerst maar eens één keer kampioen zien te worden. Want er komen spanningen in het team. In Monaco rijden de McLarens één en twee, Alonso vóór Hamilton. Om geen risico's meer te nemen wil Alonso consolideren, maar dan begint Hamilton hem aan te vallen. Hij kan veel sneller, vindt hij. Al snel klinken er boze boordradio's.

Alonso: 'Waar is hij mee bezig?'

Hamilton: 'Ik ben sneller! Laat me erlangs, ik kan deze race winnen!'

Alonso: 'Heeft hij de boodschap niet doorgekregen?'

Hamilton: 'Ik kom hier om te racen, niet om braaf tweede te worden!'

Uiteindelijk grijpt de grote baas in: 'Lewis, Ron hier. Je laat je terugvallen, zodat we de één-twee thuis brengen. Hoor je me?'

De boordradio's worden in die tijd niet uitgezonden, maar na de race spreekt de jonge debutant zijn mond voorbij tegenover de Engelse pers. Of is het opzet, om Alonso op stang te jagen? Even dreigen er sancties van de FIA omdat teamorders verboden zijn, maar McLaren weet alle brandjes te blussen. Toch, hoe meer Hamilton zicht krijgt op de wereldtitel in zijn debuutjaar, hoe meer Alonso voelt dat McLaren de eigen leerling begint voor te trekken. In Hongarije komt het opnieuw tot een aanvaring. Hamilton houdt zich niet aan een teamafspraak door in de kwalificatie als eerste de baan op te gaan. Alonso is woedend en blokkeert later Hamilton. De ruzie leidt uiteindelijk tot de onthullingen in de spionagezaak. Voor de buitenwacht is Alonso de boosdoener. Iedereen heeft kunnen zien hoe hij Hamilton blokkeerde en hij heeft blijkbaar de e-mails verstuurd. Hamilton speelt intussen de vermoorde onschuld. Hij leeft op een wolk, hij prijst het team, waar hij alles aan te danken heeft. Hij wil zijn leven lang voor McLaren rijden, zegt hij. Het klinkt allemaal zo mooi dat zelfs zijn monteurs aan de oprechtheid van zijn woorden beginnen te twijfelen: is hij nog wel die gewone jongen die zijn droom leeft, of speelt hij een spelletje? Hoe dan ook, nadat Alonso de spionagezaak aan het rollen heeft gebracht, is hij uit de gratie en heeft Hamilton de titel voor het grijpen. Echter, na een bijna foutloos seizoen maakt Hamilton in de laatste races twee onbegrijpelijke blunders. In China rijdt hij te lang door op totaal versleten banden, het canvas komt al door het rubber heen! Als hij dan eindelijk de pits in rijdt, glijdt hij van de baan om in een grindbak zo groot als een kattenbak te stranden. Race over. In Brazilië drukt hij naar verluidt in de openingsfase op een verkeerd knopje op het stuur, waardoor de elektronica ontregeld raakt en hij hopeloos achterop raakt. Door deze rare fouten mist hij de titel op één punt. Zenuwen? Ik geloof er niks van. De Formule 1 wenste geen spionagekampioen. Maar zoals ik al heb gezegd: ik kan het nooit bewijzen.

In 2008, verlost van Alonso, strijdt Hamilton tegen Ferrari.

Hij heeft nu een jaar Formule 1-ervaring en met Heikki Kovalainen heeft hij de ideale teamgenoot. Lang lijkt Räikkönen zijn voornaamste concurrent. In België leveren zij een hilarisch duel op slicks in de regen. De twee echte racers willen niet voor elkaar onderdoen, rijden soms meer naast dan op de baan, tot Kimi er echt af glijdt en de afzetting raakt. Race over. Hamilton wint. Na afloop krijgt hij echter een tijdstraf van 25 seconden, omdat hij Räikkönen onterecht zou hebben gepasseerd nadat hij naast de baan was geweest in de Busstop-chicane. De straf roept heftige discussies op. Hamilton blijft kalm, hij heeft geleerd van 2007. De zege gaat naar Felipe Massa, die ineens Ferrari's voornaamste titelkandidaat wordt. Massa, die toch geacht werd tweede viool te spelen achter Räikkönen, krijgt in 2008 zijn grote kans. De beslissing valt in de laatste race in Brazilië. In verraderlijk wisselende omstandigheden doet Massa wat hij doen moet: hij wint de race, soeverein. Om kampioen te worden moet Hamilton als vijfde of hoger finishen. Lange tijd gaat dat goed, Hamilton rijdt comfortabel op plaats vier. Tot het tegen het eind van de race weer begint te regenen. De leiders nemen geen risico en wisselen hun banden, alleen Toyota-coureur Timo Glock gokt en rijdt door op slicks. Hamilton ligt nu vijfde, nog steeds genoeg. Achter hem is Vettel in de regen echter veel sneller en glipt langs de McLaren. Hamilton ligt nu zesde en dat is niet genoeg! Hij probeert wat hij kan, de auto is echter onbestuurbaar in de regen. Massa komt over de finish. In de Ferrari-pits barst het feest los. Hamilton ligt immers zesde. Hij moet alleen zijn ronde nog afmaken. Omdat het harder is gaan regenen, heeft Glock op zijn slicks de grootste moeite om zijn wagen op het wegdek te houden, en in de allerlaatste bocht van de race, van het hele seizoen, steekt Hamilton hem voorbij en pakt de vijfde plek en de wereldtitel.

De enorme ontgoocheling bij Ferrari gaat de hele wereld over. Achtendertig seconden lang leek Massa wereldkampioen. Die paar regendruppels meer waren beslissend. Zelden was de ontknoping van een Formule 1-seizoen zo dramatisch. Hamilton is waar hij wilde zijn: wereldkampioen. Hij valt zijn vader in de armen: hier hebben ze het allemaal voor gedaan.

Veel van de glans gaat verloren wanneer de kersverse wereldkampioen begin 2009 opnieuw betrokken raakt bij een schandaal. In de chaotische situatie aan het eind van de race in Australië heeft Toyota-coureur Jarno Trulli Hamilton ingehaald tijdens de safetycarfase. Dat mag niet. Trulli wordt gediskwalificeerd. Maar volgens Trulli liet Hamilton hem expres voorbij. Hamilton ontkent: het was geen opzet, vertelt hij de stewards. Maar even daarvoor heeft hij iets anders gezegd tegenover de pers, waarop de FIA de zaak verder onderzoekt. Gesprekken via de boordradio onthullen dat er wel sprake was van opzet. Als ze opnieuw worden gehoord, blijven Hamilton en McLaren-teammanager Dave Ryan keihard ontkennen, zelfs wanneer de radioboodschappen in hun bijzijn worden afgespeeld. Het is een afgang. Hamilton wordt gediskwalificeerd. Om Hamilton uit de wind te houden, schuift McLaren alle schuld op Ryan. Na dertig jaar trouwe dienst wordt hij de laan uit gestuurd. In een aparte persconferentie gaat Hamilton diep door het stof. Hij biedt iedereen zijn excuses aan. Hij deed enkel wat het team hem opdroeg. Hij is geen leugenaar, zegt hij, hij is een teamplayer.

De affaire is het begin van de neergang. Van McLaren. En van Hamilton. Samen winnen is makkelijk, samen verliezen is veel moeilijker. In 2009 gaat Brawn er met de prijzen vandoor en daarna neemt Red Bull de macht over. En hoe langer het duurt, hoe meer Hamilton zich een slecht verliezer toont. In interviews begint hij naar McLaren te wijzen: hij wil een auto waarmee hij voor wereldkampioenschappen kan gaan. Het is de schaal waarop Hamilton inmiddels denkt. Het lijkt erop dat zijn droomstart bij een topteam nu tegen hem werkt. De moeizame jaren die volgen, kan hij maar moeilijk verteren en dat neemt een hoop van de hem zo snel toegedichte grootsheid weg. Hamilton geeft iedereen de schuld van het uitblijven van zijn nieuwe wereldtitels, behalve zichzelf. Eerst is het het team dat geen goede auto levert, dan zijn het de stewards die het altijd op hem gemunt hebben, misschien wel omdat hij zwart is. Vervolgens is het de *bubble* die niet klopt. Zijn omgeving, zijn privéleven, het zit allemaal niet lekker. Hamilton verkeert graag tussen de sterren en de glamourdecors en deelt dat ook allemaal via de sociale media. Zo is iedereen getuige van zijn knipperlichtrelatie met Nicole Scherzinger, zangeres van The Pussycat Dolls. Onder zijn monteurs gaat de grap dat ze meer tijdwinst kunnen boeken door te zorgen dat het stel bij elkaar blijft. In die moeilijke fase breekt Hamilton ook met zijn vader als manager. Niets en niemand deugt meer.

Gelukkig laat hij af en toe op de baan zien dat hij nog altijd kan racen. In een paar rechtstreekse duels verslaat hij zijn nieuwe teamgenoot Jenson Button. Echter, Vettel in zijn Red Bull blijft hem meestal voor. Tijd voor verandering. Zijn leven lang zou hij voor McLaren rijden, heeft hij steeds gezegd, maar het team dat hem heeft opgepikt, beschermd, gepamperd en hem naar al zijn successen heeft geleid, is niet langer de juiste omgeving. Hamilton moet mama McLaren verlaten: volwassen worden en op eigen benen leren staan bij een ander team. Het is Niki Lauda die hem weet te overtuigen dat hij moet overstappen naar Mercedes. Een drievoudig wereldkampioen, daar wil Hamilton nog wel naar luisteren. Ik heb de indruk dat Lauda hem meteen nog een dringend advies gegeven heeft: concentreer je op het racen. Vanaf 2013 rijdt Hamilton voor Mercedes en lijkt hij minder met zijn glamourleven in de weer. Natuurlijk is hij nog vaak genoeg te zien op de sociale media, de Formule 1 komt echter weer op plaats één. En zodra in 2014 het nieuwe motorreglement wordt ingevoerd, heeft Hamilton weer de snelste auto van het veld en begint hij te winnen en te heersen, zoals het van meet af aan de bedoeling was.

Hamilton is voor heel veel geld naar Mercedes gehaald als opvolger van Schumacher. Hamilton is een moderne, eenentwintigste-eeuwse wereldster die een jonge generatie kan verleiden om ook Mercedes te gaan rijden. Hij is, kortom, de ster, de eerste coureur in het team. Er is maar één iemand die daar anders over denkt: zijn teamgenoot, Nico Rosberg. Opnieuw wordt Rosberg geconfronteerd met zijn Nemesis. Al in de karts hebben ze samen gereden. Ze waren destijds vrienden geworden en hadden ervan gedroomd om samen te strijden om het kampioenschap in de Formule 1. Nu het eindelijk zover is, is het niet leuk meer. Hamilton is altijd de snellere van de twee geweest, maar Rosberg weigert zich daar nu bij neer te leggen.

Omdat Mercedes als enige een behoorlijke hybridemotor heeft afgeleverd, kunnen ze zich wel een tweestrijd veroorloven. Zolang de coureurs elkaar maar niet van de baan rijden. Het levert een paar zinderende duels op, met name in Bahrein. Letterlijk wiel aan wiel draaien de twee Mercedessen door de bochten, elkaar nauwelijks genoeg ruimte gevend. En zoals altijd heeft Hamilton net iets meer snelheid, lef, bluf. Het is moeilijk precies aan te wijzen, maar steeds weer komt hij als winnaar uit de strijd. En die strijd wordt daarom inniger en vinniger. In Spa gebeurt ten slotte het onvermijdelijke: de twee opponenten, die steeds minder vrienden zijn, rijden tegen elkaar op in de eerste ronde. Rosberg geeft achteraf toe dat hij geen ruimte liet, om een statement te maken. Mercedes dreigt met maatregelen. Na België wint Hamilton vijf races op rij. Rosberg maakt fouten. Hij mist, aan de leiding rijdend, een chicane op Monza en verremt zich bij een wanhoopspoging om de kop te pakken in Sochi. Omdat er in Abu Dhabi voor één keer dubbele punten te verdienen zijn, duurt het tot de laatste race voordat Hamilton zijn titel veilig stelt.

In 2015 komt Rosberg er niet meer aan te pas. In Japan boekt Hamilton zijn eenenveertigste Grand Prix-zege, waarmee hij op gelijke hoogte komt met zijn idool Senna. En in Amerika wordt hij kampioen. Rosberg leidt daar de race, tot hij naar eigen zeggen van de baan geduwd wordt, door een windvlaag… Gefrustreerd gooit hij in het hokje achter het podium met zijn petje.

Drie wereldtitels, daar heeft Hamilton altijd van gedroomd. Drie titels, net als Senna. De rest, zegt hij, is statistiek, en dat interesseert hem niet. Hij doelt op de records van Schumacher. Is zijn interesse werkelijk weggeëbd? In 2016 lijkt Hamilton heel lang niet gefocust, terwijl zijn teamgenoot zich, met behulp van een psycholoog, meer dan ooit heeft voorbereid om zijn plaaggeest te verslaan. Het verslaan van Hamilton is voor Rosberg inmiddels een doel op zich geworden, om niet te zeggen: een obsessie. En het lukt hem. Zij het met de hakken over de sloot. Dankzij een net even wat minder gemotiveerde Hamilton en een seizoen waarin hij diverse malen boven zichzelf uitstijgt wint Rosberg de titel. Tot verbazing van veel Formule 1-volgers stopt Rosberg kort daarop met racen. Het heeft hem ontzettend veel gekost, zegt hij en hij weet dat het hem niet nog een keer zal lukken. Een echte one-off-kampioen.

In 2017 heeft Hamilton het makkelijker. Valtteri Bottas,

de vervanger van Rosberg, is de ideale tweede man. En als Vettel bezwijkt onder de druk bij Ferrari, haalt Hamilton vrij eenvoudig zijn vierde titel binnen. In Monza breekt hij het recordaantal polepositions van Schumacher. Meer en meer komt hij in de buurt van de andere records. Is hij de echte erfgenaam? Vooralsnog is hij de grootste van de grote drie. Tegen het eind van het seizoen zegt Hamilton dat hij snel moet zijn, omdat hij inmiddels de hete adem van Max Verstappen in zijn nek voelt. Het tijdperk van Verstappen komt eraan. Hamilton hoopt dat hij er deel van uit zal maken. Rustig aan... rustig aan... Laten we teruggaan naar mei 2016. Max schuift door naar het Red Bull-team. Op dat moment heeft hij nog niet één Grand Prix gewonnen.

13
Winnen

Het is 15 mei 2016. Raceday. Wanneer ik op een ochtend van een Grand Prix opsta, is er onmiddellijk dat richtpunt, het kantelpunt van de dag: twee uur 's middags, start van de race. Spanje vandaag, Barcelona. Alsof een lawine aan adrenaline vanbinnen al wacht om los te gaan. Koffie, croissantje, boterhammetje met kaas. Ik ben er niet echt bewust mee bezig, maar ergens in mijn lijf loopt een heel bekend spoor. Routine. Ritueel. Eigenlijk is het een enorm diepe vorm van ontspanning en concentratie, die ik al mijn hele leven zo eens in de twee weken beoefen. Als er geen Grand Prix is, gaat zo'n zondag langzamer, doellozer, zondagser. Dit is racedag.

In Spanje is Max tussen acht en halfnegen opgestaan. Een uurtje later vertrekt hij naar het circuit. Het is druk. Hij heeft nog wat sponsorverplichtingen, een *meet and greet*. Daarna is de bespreking met het team. Belangrijk. Gebaseerd op allerlei parameters als vleugelafstelling, benzineverbruik, asfalttemperatuur en bandenslijtage en vast nog een hele rits variabelen waarvan wij het bestaan niet eens vermoeden, hebben simulatieprogramma's de optimale racestrategie berekend, compleet met mitsen en maren – denk alleen al aan een safetycarfase. Het wordt een twee- of een driestopper vandaag. Onderweg wordt dat beslist.

Het is Max' eerste race voor Red Bull. Alles is nieuw. Nieuwe mensen, nieuwe denkprocessen, andere knopjes aan het stuur. Hij is grondig voorbereid. Tweeënhalve dag heeft hij in de simulator gezeten. Om de auto te leren kennen: het karakter, het vermogen, de mogelijkheden, de nukken. Zoeken naar afstellingen die passen bij zijn manier van rijden. Het circuit is ook uitvoerig besproken en doorlopen. Videobeelden van andere races heeft hij bekeken, samen met zijn engineers, op zoek naar trucs, manoeuvres, waar op de baan kun je wat doen? Zoals inhalen in de opeenvolgende bochten meteen na de start, wanneer je onverhoopt in de lange run naar de eerste bocht bent gepasseerd. Zoveel informatie om optimaal voorbereid te zijn. Formule 1 is voor een heel groot deel een mindgame.

Mind, mind... het moet straks wel gebeuren op het echte, harde asfalt, in de herrie, de wirwar en de chaos, tussen die eenentwintig andere *draufgängers*, nietsontziende winnaars die ook op weg zijn naar het allerhoogste doel in hun leven, en ze zijn er nu zó dichtbij, dichterbij dan ooit. Dus is het handig als je een beetje vooraan begint. En dat is Max gelukt. De vrije trainingen en de kwalificatie zijn goed gegaan. Heel goed. Helmut Marko heeft hem vooraf op het hart gedrukt om vooral rustig aan te doen, te wennen aan de auto. Er wordt niks speciaals van hem verwacht. Zijn tijden zaten steeds in de buurt van zijn nieuwe teamgenoot. Eenmaal was hij zelfs sneller. In de kwalificatie was Ricciardo weer sneller: hij kent de laatste geheimen van de auto beter. Max zal starten vanaf plek vier. Vóór de twee Red Bulls staan alleen nog de twee onaantastbaar geachte zilverpijlen. Polesitter Hamilton is dik een seconde sneller dan Max, dat is veel. De Ferrari's staan deze keer echter achter de Red Bulls.

In de loop van de ochtend begin ik websites te checken. Twitter. Zoals altijd verwacht Ferrari op zondag de betere racepace te hebben. Het zal wel. Ze zullen er toch eerst voorbij moeten. Max verwacht niet te veel. Kilometers maken, het is allemaal nog wennen. Een podium zou al geweldig zijn.

Nog een halfuur voor de start. De wagens rijden de garages uit, de baan op. Alsof de schrijnen in de tempel opengaan en zo dadelijk de hymnen gezongen gaan worden. Brommende motoren op weg naar de grid. Allerlei laatste checks worden gedaan. Achter in de pits zitten mensen onafgebroken naar monitoren te staren. Alle systemen, de oliedruk, de temperatuur van de banden, van de remmen: alles wordt nauwlettend in de gaten gehouden. De grote teams hebben ver weg op de fabriek nog eens een hele batterij computers staan, waar alles extra wordt gemonitord, gecheckt en nagerekend. Het lijkt nog het meest op het vluchtleidingscentrum in Houston ten tijde van de Apollovluchten naar de maan. Ja, een ruimtevlucht is misschien het enige dat nog boven een Formule 1-Grand Prix uitstijgt.

Op de televisie zijn de voorbeschouwingen begonnen. In de Ziggo-studio grapt Tom Coronel dat de twee Mercedessen elkaar van de baan zullen rijden. Het is meer hoop dan verwachting. Niemand, echt niemand heeft het idee dat er deze middag Nederlandse Formule 1-geschiedenis geschreven gaat worden.

Als ze op de grid aangekomen zijn, stappen de coureurs weer uit. Nog even praten met de engineer of aan de kant van de baan in de schaduw gaan zitten om zich te concentreren. Pitreporters struinen nu tussen alle beroemde en belangrijke mensen door, op zoek naar een laatste quote van een stuk of wat helden. Zelden gaat het over iets nieuws of zinnigs. Clichés als: 'We gaan zien wat er in de eerste bocht gebeurt.' Of: 'Het is een lange race.' Waarschijnlijk zitten ze al met hun hoofd in de mêlee voor die eerste bocht, of bij dat linkeroordopje dat alweer niet lekker past. En toch willen we graag nog iets horen voordat de hel losbarst. Sommige coureurs lopen snel even terug naar de pits om een plasje te doen. Oh, shit, dat heb ik ook altijd. Snel! Nog even. Het volkslied speelt al.

Zodra alle voetgangers de grid verlaten hebben, begint de opwarmronde. Circuit de Catalunya. Coureurs, auto's en engineers kennen dit circuit van haver tot gort. In de winter is hier veelvuldig getest. Langzame bochten, snelle bochten, lekkere lange rechte stukken, omhoog en omlaag. Als je hier goed bent, ben je de rest van het jaar overal goed. Het hele veld, Max op plaats vier, rolt langzaam over het circuit. In de huiskamer dein ik mee. Ik begin meestal op de bank, maar nog voor de start zit ik al op de grond. Dan zit ik dichter bij de buis en kan ik in geval van paniek alle kanten op. Hoeveel Grand Prix-starts heb ik al niet gezien in mijn leven? Honderden. Elke keer weer is het een heerlijk spannende belevenis.

Als ze het rechte stuk op draaien en langzaam één voor één hun startposities innemen op de grid, gaat ook mijn hartslag omhoog. Als de laatste achteraan stilstaat, loopt een man of vrouw met een groene vlag achter het veld langs en gaan de lichten aan. Geleidelijk, een voor een. Alle vijf zijn ze heel even aan en dan: uit. Wham! Tweeëntwintig dik achthonderd pk-machines willen zich met al hun kracht van het wegdek afzetten, vooruit. Rosberg! Rosberg heeft de beste start. Ze jagen over het rechte stuk, dat lichtjes omlaag loopt. Rosberg gooit zijn Mercedes als eerste de bocht in, voor Hamilton. Max zit achter Ricciardo en moet toezien hoe Vettel zich tussen hen in wurmt. Rosberg, Hamilton, Ricciardo, Vettel, Max, zo scheren ze door bocht 1 en 2. Räikkönen heeft van de voorste mannen zijn start verknald en volgt pas achter Sainz en Bottas. Omhoog gaat het, naar bocht 3, een lange doordraaier naar rechts. Daar houdt Max meer snelheid in de auto en rijdt aan de buitenkant om Vettel heen! Dát hebben hij en zijn engineers vooraf gezien op de videobeelden. En dat heeft Max dus nog paraat, misschien niet eens bewust. Het is het aanvalsinstinct dat deze move onthouden heeft. Daar, zegt hij later, veel later, heeft hij de race gewonnen. Een mindgame. Achter Ricciardo gaat hij nu op bocht 4 af. De twee Mercedessen zijn al los.

Hamilton merkt dat Rosberg niet lekker op snelheid komt. Hij beseft onmiddellijk: dit is mijn kans. Hij dringt zijn wagen rechts aan de binnenkant naast die van zijn teamgenoot. Rosberg echter geeft niet af en stuurt zijn wagen opzij, zodat Hamilton moet uitwijken en op het gras komt. Daar is het hobbelig, de Mercedes wordt onbestuurbaar, glijdt, draait en tikt de andere Mercedes aan. Prompt schuiven ze allebei rechtdoor, van de baan af, de grindbak in. De twee zilverpijlen liggen eruit!

Achteraf zal Rosberg verklaren dat er een switch van zijn motormanagement niet goed stond en dat hij daardoor niet genoeg op snelheid kwam. Wat een blunder. Zo word je natuurlijk nooit wereldkampioen. Wie kampioen wil worden, heeft al zijn knoppen en schuifjes goed staan. De twee Red Bulls rijden vooraan! Ricciardo vóór Max. Tweede. Zo ver vooraan heeft Max nog nooit gereden in de Formule 1. Dat podium wordt haalbaar. Niemand, ik denk echt nog niemand, denkt aan winnen.

Als alles en iedereen is bekomen van de schrik, rijdt ook Sainz voor Vettel. Red Bull nu één, twee en drie. Nog voor de pitstops haalt Vettel Sainz weer in. Het circuit van Barcelona stond er lang om bekend dat je er nauwelijks in kon halen. De race was berucht om zijn saaie processies. Met DRS is de eerste bocht nu een prima plaats om in te halen.

In ronde tien beginnen de pitstops. Ricciardo rijdt vooraan

en mag dus als eerste van de Red Bulls naar binnen. Het is honderden keren geoefend, toch is elke pitstop weer spannend. Het kan zomaar misgaan: een wheelgun die het ineens niet doet, een moer die niet los wil, de coureur die te ver door rijdt. Ricciardo wisselt zijn zachte banden in voor de wat hardere mediums. De pitstop verloopt zonder problemen. Max leidt de race. Leuk voor de statistieken: jongste raceleader ooit. Dan maakt hij zijn pitstop, dezelfde ruil – mediums voor soft, zonder problemen. Een paar ronden later volgt Vettel, even vlekkeloos. Als iedereen geweest is, is de rangorde hersteld: Ricciardo, Max, Vettel, Räikkönen, Bottas en Sainz. De race valt langzaam in zijn plooi. Er gebeurt niet heel veel meer. Iedereen jakkert voort en let daarbij op het benzineverbruik en de slijtage van de banden. In de pits en in Houston blijven de simulatieprogramma's aan het rekenen. En bidden natuurlijk dat er niks stuk gaat.

Aan het eind van de zevenentwintigste ronde komt Ricciardo opnieuw naar binnen voor nieuwe banden. De volgende ronde pitstops is begonnen. Vettel volgt een ronde later. Ferrari countert de strategie van de voorste Red Bull: beide coureurs gaan op softbanden de pits weer uit.

Weten ze bij Red Bull wat ze doen? Wij nog niet. Het zit gewoon nog niet in onze koppen, een Nederlandse coureur op weg naar een Grand Prix-overwinning. Pas zes ronden later komt Max de pits binnen en bij hem wordt een volgend setje mediumbanden gemonteerd. We zijn op de helft van de race. Kun je op een set mediums de race uit rijden? Räikkönen volgt de strategie van Max. Nog valt het kwartje niet. In trance volgt heel Nederland het spelletje bandenpoker. Het is uitzonderlijk stil op Twitter. Ik krijg een eerste vermoeden wanneer Vettel twee ronden na Max alweer aan de pits staat, voor een nieuw setje mediums. Heeft Ferrari een verkeerde inschatting gemaakt? Hebben ze net als in Abu Dhabi 2010 de verkeerde Red Bull in de gaten gehouden? Als ook Ricciardo even later stopt voor een setje mediums, zie ik het: Max kan deze race gaan winnen! Sterker nog ik tweet het: Max gaat winnen! Hoe is het mogelijk, zijn allereerste race voor Red Bull!

Hij is er nog niet. Nog lang niet. Drieëntwintig ronden zijn er nog te gaan, en achter hem loert Räikkönen. De Fin komt zelfs dichterbij. Beide coureurs zullen proberen om de race uit te rijden op hun set mediumbanden. Ongetwijfeld wordt het kritiek aan het einde. Zodra je banden te zeer versleten zijn, heb je totaal geen grip meer en verlies je ontzettend veel tijd. Räikkönen, de *Iceman*, wereldkampioen 2007 en twintig keer Grand Prix-winnaar, zit Max nu op de hielen. De oudste tegen de jongste coureur van het veld. Kalm blijven. De Ferrari-motor is sterker. Op het eind van het rechte stuk, met DRS, zal Räikkönen het ongetwijfeld gaan proberen. Max weet dat. Terwijl wij thuis, in de studio's en op de sociale media stijf van de zenuwen naar de beelden staren, houdt Max nog wat hersenruimte over om te bedenken dat hij een goede exit uit de laatste chicane nodig heeft om zo met veel snelheid door de laatste bocht het rechte stuk op te draaien, zodat de Fin met alle power in zijn Ferrari-motor én DRS aan het eind net wat te kort komt. Ook dit is vooraf langsgekomen. Zo heeft Pastor Maldonado in 2012 deze race verrassend gewonnen. En zo gaat het, ronde na ronde. Je weet echter dat Kimi een koele kikker is. Hij was ooit de eerste die aan Schumachers heerschappij morrelde, door hem in Australië doodleuk het gras op te duwen toen de grootmeester een aanval inzette. Nu is het andersom. Steeds wanneer Räikkönen aan het eind van het rechte stuk aanvalt en zijn Ferrari aan de binnenkant bijna naast de Red Bull drukt, gooit Max de deur resoluut dicht. Hij geeft geen krimp, ondanks het feit dat de banden inmiddels zo goed als op zijn. Het is, zal hij later vertellen, alsof hij op ijs rijdt. Wij zien er gelukkig niets van. We zien zelfs dat Räikkönen iets terugvalt. Ook hij heeft zijn banden bij zijn aanvalspogingen opgebruikt. Het lukt niet meer. Max gaat winnen. Nog even is er grote schrik als er een Red Bull met een lekke band in beeld verschijnt. Het is Ricciardo. Het blijft kritiek, tot de allerlaatste meters. Die laatste ronden. Gewoon blijven rijden. Het is niet gewoon meer. En toch: één foutje en Räikkönen is er voorbij. Max maakt geen foutje. Hij rijdt door, alsof hij nooit anders gedaan heeft. Pas wanneer hij voor de laatste keer start-finish op rijdt, geloof je het ongelofelijke. Op de buis schreeuwt Olav Mol het uit: 'Johee, johoo, jo-fucking ho, wat bizar...' Dat is het. Ik zit op de grond. Totaal verbijsterd. Een Nederlandse coureur wint een Formule 1-Grand Prix. Hoe is het mogelijk. We hebben het zojuist gezien. Het is pure racehistorie. Careltje, Gijs, Jan en alles wat erna kwam, tolt mee in deze uitrijronde. Jos. Ongelofelijk. Wat moet er door Jos heen gaan? Surrealistisch is het. Met 18 jaar en 228 dagen is Max de jongste Grand Prix-winnaar ooit. Voor de eeuwigheid. Blablabla. Max scheurt dwars door alle statistieken, verwachtingspatronen en draaiboeken heen naar zijn allereerste Grand Prix-overwinning. Wat goed is, komt snel. De rest gaat als een film voorbij. Het Wilhelmus. Het Wilhelmus in de Formule 1. De omhelzing, niet veel later, van vader en zoon. Ze kunnen het zelf nog nauwelijks geloven. Wie wel?

Nog dagen loop ik met een licht hoofd rond. Een Nederlander wint een Formule 1-Grand Prix – het duurt lang voordat deze woorden bij elkaar willen horen.

14

MaxMania

Het dak gaat eraf. De Grand Prix-zege van Max slaat in Nederland in als een bom. En niet alleen in Nederland. De hele Formule 1-pers, de hele wereldpers staat ondersteboven en versteld. De jongste Grand Prix-winnaar ooit: achttien jaar en 228 dagen. Nota bene voor het eerst in die Red Bull. Twee jaar geleden reed Max nog in de Formule 3, het jaar daarvoor nog maar in de karts. Wat gebeurt hier? Ook iedereen die Max van zeer nabij gevolgd heeft, is verrast. Ze wisten wel waartoe Max in staat was, hij heeft al zoveel gewonnen, maar meteen in zijn eerste race bij een topteam in de Formule 1... De media zijn euforisch en puilen uit van het ongelofelijke nieuws – websites, kranten, televisie: wat is dit? Hoe kan dit? Wat betekent dit? Het betekent dat Max vanaf nu bij de top van de Formule 1 hoort. Definitief. Alain Prost – vier keer wereldkampioen en eenenvijftig Grand Prix overwinningen – verwoordde het ooit zo: 'Je eerste Grand Prix-overwinning is de allerbelangrijkste. Vanaf nu weet je dat je het kunt, voortaan doe je alleen nog maar mee om te winnen.' Zo is het. Het grappige is, ik heb me dat nooit zo gerealiseerd omdat ik het nog nooit heb meegemaakt, dat die uitspraak van Prost in zekere zin ook opgaat voor de fans. Voortaan kijken we alleen nog maar om Max te zien winnen...

Natuurlijk vlogen die twee Mercedessen in de openingsronde van de baan, maar Max pakte Vettel buitenom in de derde bocht, en in de slotfase hield hij Kimi Räikkönen achter zich. Hij bleef kalm, *collected*, zoals de Engelsen zeggen. En daar gaat het om: dat ding over de meet rijden, geen rare gedachten krijgen, niet zenuwachtig worden, je zinnen bijeenhouden, geconcentreerd blijven. Het tijdschrift *Formule 1* zou eigenlijk pas twee weken later, na de Grand Prix van Monaco, verschijnen, maar voor deze gelegenheid wordt er razendsnel een extra editie gemaakt. Zo hoort het. Fans kunnen het nummer zelfs op maat bestellen: met hun eigen naam op de voorkant in de kop: 'Dennis is trots op Max!' of: 'Gemma is trots op Max!' Het is passend in de Maxmania die losbreekt. Iedereen wil er nu bij horen, het zich een beetje eigen maken. Max is van ons. De extra editie bereikt een recordoplage van bijna 10 000 exemplaren.

Winnen is belangrijk in Nederland. Wint er een Nederlander of een Nederlands team, dan worden zelfs lastige, relatief onbekende sporten in één klap populair. Neem het vrouwenvoetbalelftal, de Olympische volleyballers, de handbalsters, het waterpolo. Helaas zijn de meeste sporthelden, op een paar uitzonderingen na, meestal weer snel opgebrand. Ik moet altijd denken aan Richard Krajicek, hoezeer hij de hemel in geprezen werd toen hij Wimbledon won, maar ook hoezeer hij werd verguisd – voor die tijd, alsook erna – toen het weer een tijdje minder ging. Max is voorlopig echter een blijvertje. De zege in Spanje is de eerste van vele. Het volgende doel is nog meer races winnen en dan de wereldtitel. Zelf zegt hij dat niet met zoveel woorden, maar het spreekt uit alles, uit de rust en het vertrouwen, er zit nog zoveel meer in. Wij racefans wisten het al, het grote publiek voelt het nu ook: dit wordt een hele grote. Op straat en in winkels spreken allerlei mensen, soms mensen die ik nauwelijks ken, me lachend aan: 'Nou, jij hebt zeker de tijd van je leven! Hij is goed, hè?'

Max kan het zelf ook nog maar nauwelijks beseffen. De

week na de zege zat al helemaal volgepland, met een filmdag voor een sponsor, twee dagen testen en even naar huis in Monaco. Wanneer hij tegen het eind van de week terug is in Nederland voor een sponsormeeting, ziet hij de beelden weer terug, met het commentaar van Olav Mol. Daar, tussen zijn fans, in de omgeving en in de taal waar hij vandaan komt, begint het besef een beetje te komen: hij heeft werkelijk Nederlandse autosportgeschiedenis geschreven. Tussen alle afspraken in Nederland door is Max te gast in de talkshow van Jeroen Pauw. Sterker nog: hij is de enige gast, het hele programma wordt gevuld met een vantevoren opgenomen interview met Max. Het is een leuk en goed interview geworden. Pauw neemt de rol aan van de absolute leek en stelt simpele vragen over de sport, over Max en over zijn overwinning. Max geeft heldere antwoorden, heel ontspannen en gevat op z'n tijd. Nederland krijgt Formule 1-les. Het interview is echt een waterscheiding. Een omslag. Vanaf nu mág Formule 1 in Nederland. Later in het jaar zal Pauw ook nog Nico Hülkenberg ontvangen. Hülkenberg, afkomstig uit het Duitse Emmerich, spreekt heel goed Nederlands. Nico Hülkenberg aan tafel bij Jeroen Pauw – als je dat nog geen jaar eerder aan een Formule 1-fan had gezegd, zou hij je heel hard hebben uitgelachen. De Formule 1 is niet langer een ding voor die paar duizend verslingerde *afficionados*, die er dan ook werkelijk alles van weten, in hun lawaaierige zondagmiddagniche. Formule 1 is interessant, een spannende sport waar iedereen wel eens naar kijkt, zelfs beschaafde mensen. Formule 1 is salonfähig geworden. Het duurt dan ook niet lang voordat de BN'ers uit de kast komen. De een na de ander wordt erbij gehaald om te vertellen dat hij al lang de Formule 1 volgt. En dat hij een absolute fan is van Max. Het hoort erbij. *Celebrity endorsement.* Als bekende Nederlanders het zeggen, dan is het in orde. Dan wordt het een beetje van ons allemaal. Dat is gezelliger, vertrouwd.

De Formule 1-explosie in Nederland wordt pas echt goed zichtbaar wanneer drie weken na Barcelona op Zandvoort de Jumbo Familie Racedagen – 'driven by Max Verstappen' plaatsvinden. Max zal er met een Formule 1-auto enkele demo's geven. Kwamen er vorig jaar nog dertigduizend mensen naar Max kijken, nu zijn het er honderdduizend. Het is stampvol. En iedereen is even enthousiast, jong en oud, man en vrouw, diehard fan en leek. Voor velen is het misschien de eerste keer dat ze een Formule 1-wagen in het echt zien rijden. Max geniet. Hij deelt aan de lopende band handtekeningen uit, geeft interviews, op het circuit, maar ook aan radio en televisie. Max en de media: het klikt. Hij weet de dingen goed te verwoorden, vervalt niet snel in clichés. Hij is direct, cool en blijft *down to earth*, daar houden we in Nederland ook wel van. Eigenlijk, zegt hij, komt hij alleen in de auto een beetje tot rust. Het deert hem niet. De adrenaline houdt hem gaande. Uitrusten doet hij wel weer onderweg naar de volgende race.

We hebben een winnaar. Een winnaar in een echte grotemensensport, een sport die wereldwijd aanzien heeft en draait om schandalig veel geld. Een sport die voor Nederland zo lang onbereikbaar leek. Waarin we nooit een rol konden spelen, door slecht materiaal, gekonkel en geldgebrek. Een sport die eigenlijk niet deugde. Geen sport was. Die bovendien in Nederland nog altijd rook naar vuur en dood en waaghalzerij. Dat alles is in één klap verdwenen. De Formule 1 is een serieuze sport, met helden die keihard moeten werken om aan de top te komen. Formule 1 is gaaf, spannend en leuk. Formule 1 is een fascinerend circus, voor iedereen. Nou ja, zo is het natuurlijk ook.

15

De Verstappen-regel

Twee weken na zijn zege in Barcelona duikt de verzamelde wereldpers in Monaco boven op Max – de jongste Grand Prix-winnaar ooit, zijn eerste zege, de eerste Nederlander, de nieuwe ster, wat eet hij het liefst en hoe is het eigenlijk met zijn liefdesleven? Max houdt beide benen op de grond. Hij is een racer, hij weet dat elke zege opnieuw op de baan bevochten moet worden. In Monaco is het belangrijk dat je in een goed ritme komt, vertrouwen opdoet, zeker in een nieuwe wagen, dus nog belangrijker is het dat je uit de vangrails blijft. Dat lukt niet helemaal. In de derde vrije training raakt hij in Massenet, de bocht naar links voor het Casino, de afzetting. De schade valt mee. Voor de kwalificatie is de auto weer opgelapt. In de kwalificatie gaat het opnieuw mis. Wie sneller wil gaan in Monaco, moet steeds ietsje dichter langs de vangrails gaan. Soms scheelt het helemaal niets. Ik zie nog Mika Häkkinen meterslang tegen de vangrail schuren in Mirabeau. Niet één keer, maar meerdere keren achter elkaar. De vangrails een beetje bijbuigen hoort erbij in Monaco, vond ook Nigel Mansell. In de tweede zwembadchicane wil Max dichter en dichter langs de rail, tot hij hem met het rechtervoorwiel niet aait maar aantikt. De ophanging breekt meteen en de auto schiet onbestuurbaar rechtdoor tegen de vangrail onder de pits. Fikse schade dit keer, en vooral: op zondagmiddag helemaal achteraan beginnen.

Zondag is het nat. In tricky omstandigheden begint Max

aan een inhaalrace. Eerst moeten de vrienden van vorig jaar eraan geloven: Nasr, Magnussen, Wehrlein, Bottas – wie zei er dat inhalen in Monaco niet kon? Daarna zijn de vorig jaar nog zo kritische oudgedienden aan de beurt: Button en Massa. Max is alweer op koers voor een paar WK-punten als hij zich voor de derde keer vergaloppeert. Weer in Massenet. Heel even komt hij op een nat weggedeelte terecht en glijdt weg. Op zo'n moment is Monaco genadeloos. Het eerbiedwaardige circuit laat zijn gezag gelden: die snotaap moet niet denken dat hij hier de dingen zomaar even naar zijn hand kan zetten. De Red Bull kleunt tegen de vangrail. Race over. *Reality check.*

Nog dieper ontgoocheld is Max' teamgenoot. Ricciardo baalde er al van dat hij in Spanje op de mindere strategie werd gezet, in Monaco had hij de race zeker gewonnen als het team bij zijn laatste pitstop niet met de verkeerde banden had klaargestaan. Voor het eerst is de grote glimlach van het gezicht van de Australiër verdwenen. Als Max hem later in het jaar een paar maal vliegensvlug voorbij steekt in de openingsfase van de race, weet Ricciardo dat hij de lat hoger moet gaan leggen. Dat doet hij ook. In de kwalificatie is hij meestal sneller en in de races is hij meer consistent. Dat is de ervaring. Ricciardo scoort uiteindelijk ook de meeste punten. Op het podium steelt hij de show met zijn *shoey.* Onder luid gejuich drinkt hij de champagne uit zijn schoen. De andere coureurs op het podium en de interviewer mogen ook proeven. Met zijn lach en zijn grappen op sociale media is Ricciardo bijzonder populair.

In Maleisië komt het voor het eerst tot een rechtstreeks duel tussen de teamgenoten, dat Ricciardo in zijn voordeel beslist. Keurig en sportief hebben ze elkaar genoeg ruimte gelaten. Wacht maar tot het om de wereldtitel gaat. De komst van

Max heeft de sfeer in het Red Bull-team aanzienlijk verbeterd, stelt Ricciardo vast. Alles gaat sneller, intenser. Het zou hem aan het denken moeten zetten: snelheid, spectaculaire races en klinkende resultaten inspireren een Formule 1-team dus meer dan een gulle lach.

Met zijn teamgenoot blijft het vooralsnog een vrolijke boel, met de concurrentie krijgt Max in de loop van het jaar veel meer te stellen. Bijvoorbeeld in Engeland. Nadat de race wegens hevige regenval achter de safetycar van start is gegaan, rijdt Max in het kielzog van de beide Mercedessen. Zodra de safetycar naar binnen is, gaat Hamilton ervandoor. Rosberg slaagt er echter niet in om Max van zich af te schudden. Sterker nog: op de halfnatte baan passeert Max Rosberg doodleuk buitenom in de snelle, slingerende combinatie Maggots en Becketts. Later, als de baan weer is opgedroogd, kan de Mercedes zijn superieure vermogen beter op het wegdek kwijt en is Rosberg sneller dan Max. De beste plek om in te halen is de Hangar Straight, tempo 300 op weg naar Stowe Corner. Daar zet Rosberg, geholpen door de DRS, ronde na ronde aan. Even zo hard knalt Max elke keer de deur dicht. Als een ware kampioen begint hij zelfs over de boordradio te klagen over achterblijvers die niet snel genoeg plaatsmaken, ook al is de blauwe vlag herhaaldelijk gezwaaid. Anderzijds klaagt Rosberg dat Max bij het naderen van Stowe meerdere malen van lijn wisselt, wat niet is toegestaan. De wedstrijdleiding ziet het niet zo en grijpt niet in. Zo'n twintig ronden weet Max de aandringende Mercedes achter zich te houden, dan moet hij zich gewonnen geven.

Toch erft hij na afloop de tweede plaats, omdat Rosberg een tijdstraf krijgt, wegens het overtreden van de radioregels. Al anderhalf seizoen probeert de FIA het radioverkeer tussen de coureurs en hun engineers aan banden te leggen. De engineers voorzien de coureurs tijdens de race van veel te veel informatie. Over de ideale motorsettings, over het brandstofverbruik, banden, rondetijden van tegenstanders, op welk stuk van de baan er nog tijdwinst geboekt kan worden en soms zelfs hoe ze dat moeten doen. Het leidt tot steeds meer kritiek: op deze manier zouden de coureurs slechts poppen zijn die de knopjes in de auto bedienen op bevel van de engineers. Er wordt zelfs een lijst van verboden mededelingen en onderwerpen opgesteld. Natuurlijk zijn die makkelijk te omzeilen. In Engeland is het echter vrij evident: het team helpt Rosberg onderweg met een versnellingsbakprobleem. Er wordt een complete resetprocedure doorlopen: helpdesk bij driehonderd per uur. Mag niet. Rosberg krijgt een tijdstraf van tien seconden. Mercedes neemt het op de koop toe. Als ze hem niet hadden geholpen, was Rosberg waarschijnlijk niet eens gefinisht. Later in het jaar wordt het radioverkeer weer helemaal vrijgegeven, met het argument dat de boordradiogesprekken juist een deel van de show vormen, leuk voor de fans. De Formule 1 beweegt zich altijd op de grens; het reguleren van de sport en het vinden van een juiste strafmaat zijn doorlopend een probleem. Dat blijkt helemaal uit de verhitte confrontaties tussen Max en de grootste vijand in 2016: Ferrari.

Red Bull maakt in 2016 stappen vooruit. Met Max in het team heeft ook ontwerper Adrian Newey weer zin in de Formule 1 gekregen en over de Renault-motor hoor je niemand meer klagen. De zilverpijlen zijn meestal nog buiten bereik, maar achter hen raakt Max keer op keer slaags met de Ferrari's. Dat begon al in Spanje, waar hij Räikkönen achter zich wist te houden. In Hongarije gebeurt hetzelfde. Tegen het eind van de race rijdt Räikkönen opnieuw vlak achter Max.

Deze keer gaat het niet om de zege, maar om plaats vijf. Inhalen in Hongarije is lastig. Het kan eigenlijk alleen in bocht 1, met DRS. En als je het de man voor je erg lastig hebt gemaakt, heb je nog een herkansing in bocht 2. Zo pakt Räikkönen het aan. Hij valt aan in de eerste bocht en probeert daarna voor bocht 2 de binnenkant te pakken. Op hetzelfde moment echter vindt hij daar de weg geblokkeerd door Max. Touché. De voorvleugel van de Ferrari raakt beschadigd. Max heeft geluk dat de vleugel zijn band niet lek snijdt. Räikkönen is boos. Foeterend meldt hij zich op de radio. Boordradio's zijn in 2016 inderdaad een onmisbaar onderdeel van de show. De Fin vindt, net als Rosberg op Silverstone, dat Max te vaak van lijn wisselt. Eén keer is slechts toegestaan. Het is echter lastig te beoordelen. Zelfs Martin Brundle is na diverse herhalingen niet zeker: 'Het gaat zo snel...' Max wacht bijzonder lang en reageert bliksemsnel zodra zijn achtervolger een kant kiest om aan te vallen. Op die manier, zegt Brundle later, vraagt hij wel om moeilijkheden. Deze wijze van verdedigen hoort eigenlijk in de juniorklassen thuis, vindt hij, niet in de Formule 1. Meer en meer komt Max' rijstijl onder vuur te liggen. Volgens Max is er niks aan de hand. En de wedstrijdleiding is het vooralsnog met hem eens.

De bom barst in België, op Spa-Francorchamps. Opnieuw belandt Räikkönen in het kielzog van Max, maar dan is er al het een en ander aan voorafgegaan. Voor zijn thuispubliek rijdt Max zijn beste kwalificatie tot dan toe: hij realiseert de tweede tijd en start voor het eerst vanaf de eerste rij. Die start verloopt echter niet optimaal. In de korte sprint naar La Source wordt hij voorbij gestoken door de twee Ferrari's. Max kiest daarop de binnenkant van de uiterst scherpe bocht. Vettel heeft de ruimere buitenkant gekozen en snijdt de bocht vervolgens zeer scherp aan. Tussen Vettel en Max rijdt echter ook nog Räikkönen. Drie auto's op een stukje asfalt waar nauwelijks plek is voor twee. Max kan geen kant op en raakt Räikkönen, die op zijn beurt Vettel aantikt. De Ferrari van Vettel gaat onmiddellijk achterstevoren. Wonder boven wonder wordt hij door niemand meer geraakt. Vettel kan verder. Max en Räikkönen moeten met schade naar de pits.

Gaf Vettel te weinig ruimte? Voor de zoveelste keer is hij betrokken bij een incident in de openingsronde. Hij geeft na afloop toe dat hij misschien wat meer ruimte had kunnen laten, maar hij kon in zijn spiegels niet zien dat er twee auto's aan de binnenkant zaten. Ging Max misschien voor een gat dat er niet was? Nam hij te veel risico omdat hij erop gebrand was de duizenden fans iets moois te laten zien? De wedstrijdleiding wijst niemand als schuldige aan. Het wordt beschouwd als een *racing incident*. Dat was het ook.

Achter het hele veld zetten Max en Räikkönen meteen de achtervolging in. Al weet Max dat het niet veel meer zal worden vandaag: bij het incident is ook de bodem van zijn wagen beschadigd, wat het weggedrag van de Red Bull beïnvloedt. Het duurt dan ook niet lang voor Räikkönen weer onder de achtervleugel van de Red Bull zit. De Ferrari is sneller. Boven op de Kemmel, het rechte stuk op weg naar Les Combes, de rechts-linkschicane, zal hij het proberen. Vlak achter elkaar stuiven ze na Eau Rouge de Raidillon op, dan komt het knikje naar rechts dat uitkomt op de Kemmel. Daar plant Räikkönen zijn Ferrari met behulp van DRS vrij gemakkelijk aan de buitenkant naast de Red Bull. Räikkönen remt laat. Max remt nog veel later en komt weer helemaal langszij als ze insturen. De Red Bull heeft met die snelheid ruimte nodig, zodat het asfalt voor Räikkönen aan de buitenkant opraakt en hij na een lichte touché over de kerbs naast de baan moet rijden en achter Max weer moet aansluiten. Een stevig robbertje knokken, dat willen we zien! Räikkönen is minder blij. Over de boordradio roept hij dat Max er alleen maar op uit is om hem van de baan te duwen.

Een ronde later dreigt Räikkönen opnieuw. Ditmaal kiest hij de binnenkant. Meteen gooit ook Max zijn wagen naar rechts, pal voor de neus van de Ferrari. Thuis voor de buis stokt mijn adem. Wat doet Max nou? Ik ben intussen echt wel wat gewend, maar van deze actie schrok ik toch echt. Bloedlink. Driehonderd per uur en dan zo kneiterhard blokken – als Kimi niet snel genoeg reageert en op het achterwiel van de Red Bull rijdt, kunnen ze hem in Malmédy van de kerktoren gaan krabben.

Räikkönen is woest. 'Kom op, dit is belachelijk!' schreeuwt hij over de radio, tussen de biepjes door. 'Hij stuurt op me in als ik er op volle snelheid rechts langs wil!' De manoeuvres van Max zetten het Formule 1-wereldje op z'n kop. Na afloop uit Räikkönen voor zijn doen uiterst scherpe kritiek. Wat Max deed, vindt hij niet correct en zelfs stompzinnig. 'Ik moest remmen om hem niet te raken, op volle snelheid. Zoiets mag niet gebeuren. Als hij zijn gedrag niet verandert, heeft hij binnenkort een groot ongeluk, dat wel eens slecht zou kunnen aflopen. Dat wil toch niemand?' Max is echter net zo uitgesproken. Alle gezeur van de Ferrari-coureurs vindt hij prima: 'Kijk, zij verzieken mijn race al in bocht 1, dus dan ga ik ze daarna echt niet gewoon voorbij laten. Dan rijd ik ze nog liever van de baan af.' Heftige, emotionele uitspraken. Voor Alain Prost dreigde ooit een schorsing na zo'n uitspraak. Max vindt dat hij in zijn recht staat. In zijn optiek heeft hij niets verkeerd gedaan. Opnieuw die onverzettelijkheid, koppigheid. Maar de wedstrijdleiding is het met hem eens, dus was het in orde. Als Niki Lauda hoort dat Max vindt dat hij niks verkeerd heeft gedaan, reageert hij al even impulsief: 'Max moet nodig naar de psychiater.'

Hoe dan ook, het meedogenloze rijden van Max schudt de hele Formule 1 stevig op. In Duitsland en Italië vinden ze dat hij nodig geschorst moet worden. Jacques Villeneuve weet zeker dat er doden gaan vallen. In Nederland stelt Jan Lammers dat Max er flink wat salaris bij moet krijgen, omdat hij de Formule 1 wereldwijd weer in beeld brengt. Kortom, het gaat zoals het altijd al is gegaan: het jonge aanstormende talent wil zich laten gelden en zoekt daarbij de grenzen op, waarop het establishment, dat zich bedreigd voelt, tegensputtert en zich hardop afvraagt of het allemaal niet veel te ver gaat. Precies zo verging het Senna en Schumacher in hun eerste jaren. Binnen de kortste keren wisten zij zich tot bad guys gebombardeerd. Tot ze regelmatig begonnen te winnen, kampioen werden en vervolgens zelf de jeugd tot de orde riepen.

In Monza wordt Max toch even apart genomen door de vaste wedstrijdleider Charlie Whiting. Ze hebben dan wel geen straf uitgedeeld in Spa, maar misschien was het toch niet helemaal correct. In de toekomst zouden zulke acties wel eens consequenties kunnen hebben. Max knikt beleefd. Tegen de pers zegt hij dat hij niet van plan is om zijn rijstijl te veranderen.

Het is een fundamentele kwestie voor de huidige Formule 1. Sinds de Formule 1 – met name de auto's – veel veiliger is geworden, is het weggedrag van de coureurs veranderd. In de tijd dat een Formule 1-auto bij een crash volledig scheurde of verkreukelde of bij het minste of geringste in brand vloog, dacht je wel twee keer na voor je een riskante aanval inzette of verdedigend een flinke botsing riskeerde. Wanneer je tegenstander duidelijk sneller was dan jij, ging je sportief opzij.

Sinds de koolstofvezel-monocoque riskeren coureurs in het heetst van de strijd liever een crash dan dat ze opzijgaan. De grootste kampioenen gaven hierin het slechtste voorbeeld. Senna ramde Prost willens en wetens van de baan. Schumacher net zo met Hill en Villeneuve. Vettel en Webber kleunden ijskoud tegen elkaar op, en recentelijker wilden Hamilton en Rosberg geen duimbreed toegeven, met alle gevolgen van dien. Wat wil de Formule 1? Spijkerharde gevechten, waarbij tegenstanders elkaar desnoods van de baan rossen? Of puur, *clean racing*, zonder gemene, gevaarlijk manoeuvres, wheelbanging en andere touchés? De waarheid ligt ergens in het midden. Met als gevolg dat de FIA moet blijven aanmodderen met stewards, met regels en interpretaties, met inconsequenties en wisselende of inadequate straffen. Aanmodderen, ja dat is het. En in 2016 lijkt de FIA echt even de weg kwijt te zijn.

In Maleisië bijvoorbeeld leveren Rosberg en Räikkönen een lekker gevecht, tot Rosberg zich langs de Ferrari wurmt, waarbij en passant zijn rechterachterwiel stevig tegen de zijkant van de Ferrari beukt. Niks aan de hand. Toch: de stewards geven Rosberg een tijdstraf voor het veroorzaken van een botsing. Nog een tijdstraf voor Rosberg, na een prima inhaalactie op Hockenheim. Daar passeert hij Max in de haarspeldbocht, waarbij hij de Red Bull helemaal naar de buitenkant dwingt. Max geeft niet af, gaat over de kerbs en naast de baan. Tien seconden straf voor Rosberg omdat hij een tegenstander van de baan duwt. Als Max bijna exact hetzelfde doet met Räikkönen op Spa, volgt er geen sanctie.

Terwijl iedereen het erover eens is dat de FIA meer gevechten moet toestaan en de regels dus moet versoepelen of afschaffen, doet de FIA er in 2016 nog maar een regel bij. Na Spa laten meer coureurs zich negatief uit over de acties van Max. Overigens wijzen sommigen ook op andere jonge coureurs, zoals Magnussen en Palmer. Zij veranderen soms nog van lijn in de remzone voor een bocht, terwijl er onder Formule 1-coureurs een stilzwijgende afspraak bestaat dat je dat niet doet. Te gevaarlijk. De FIA maakt er een regel van: een coureur mag voortaan niet meer van lijn veranderen in de remzone. De pers doopt de regel meteen de Verstappen-regel. Het rare is: over dat blokken boven op de Kemmel hoor je niemand meer, terwijl dat volgens mij de enige keer was dat Max echt te ver ging.

En dan strijkt het circus neer in Mexico. Het Autódromo Hermanos Rodríguez is een make-over van het beruchte Magdalena Mixhuca-circuit uit de jaren zestig. Destijds wilde het enthousiaste racepubliek voor de aanvang van de race nog wel eens plaatsnemen op de rand van het circuit, om er te gaan feesten en picknicken. Kinderen en huisdieren liepen los over de baan. De politie vond het allemaal prima. Op aandringen van de coureurs werden de mensen – en het vele afval – van het asfalt gehaald, waarna de auto's met 250 en meer pal langs de zwaaiende Mexicanen stoven. Andere tijden. Het nieuwe circuit kent een indrukwekkend stadiongedeelte, waar de auto's tussen tribunes met maar liefst 25 000 toeschouwers door slingeren. Wanneer ze het stadion uitkomen, begint meteen een even indrukwekkend lang recht stuk. Ruim een kilometer lang. Lekker. Heftig. Snelheden dik boven de 370 per uur. Hallucinant. Het rechte stuk is tevens start en finish, dus als de vijf startlichten op zondagmiddag doven, gaat de autosportelite los in een enorme sprint naar de eerste bocht. Tweeëntwintig coureurs, slechts belust om zo veel mogelijk tegenstanders in te halen of achter zich te houden – het maakt niet uit hoe. De spanning staat er vol op, want in Mexico kan Rosberg de titel pakken. Hamilton heeft echter de beste start. Ook Max heeft vanaf plaats drie een prima start. Voor de eerste bocht, naar rechts, ligt Max al op gelijke hoogte met Rosberg, aan de binnenkant. Met volgetankte auto's, relatief koude banden en koude remmen is die bocht echter heel anders dan in de trainingen. Dat merkt ook Hamilton. Hij verremt zich, zijn wielen blokkeren en hij schiet rechtuit, over een strook asfalt en gras. Het is allemaal vlak, dus voorbij de tweede bocht, die naar links gaat, komt hij de baan weer op, meteen met een paar wagenlengtes voorsprong. Achter hem blokkeert ook Max zijn wielen, hij schuift naar de buitenkant van de bocht, maar daar rijdt Rosberg al. De twee auto's botsen met de wielen tegen elkaar. Rosberg moet een stukje over het gras in bocht 2, maar komt voor Max de baan weer op. De gebruikelijke mêlee, met wat missers, duwtjes, botsinkjes – achteraan rijden andere coureurs nog veel harder tegen elkaar op. De stewards vinden het allemaal wel goed zo. En terecht.

De zilverpijlen domineren de race. Achter hen heeft vooral Vettel vandaag de snelheid. En een goede strategie. Na alle pitstops ligt hij vierde, achter Max. Op versere banden komt hij echter snel dichterbij. Het lijkt een kwestie van tijd voordat Max wordt ingehaald, hoewel, met Max weet je het nooit. Als er nog vijf ronden te gaan zijn, zet Vettel de aanval in, op het lange rechte stuk. In een poging de Ferrari voor te blijven, schiet Max rechtdoor over het gras. Voor Vettel komt hij de baan weer op. Natuurlijk meldt Vettel zich meteen op de radio: 'Hij moet me erlangs laten, hij ging van de baan af.' Er komt echter geen actie van de stewards, dus Max blijft voor Vettel rijden. In het verleden kreeg je voor zo'n uitstapje tijdens een duel een waarschuwing en bij herhaling een straf. Alleen wanneer je iemand door het afsteken van een bocht inhaalde, moest je de plek teruggeven. Max kan niks teruggeven, hij reed vóór Vettel. Vanzelfsprekend is Vettel een andere mening toegedaan: 'Opzij! Opzij! Hij is een – *beep* – en dat is hij.' Vettel windt zich ook op, omdat hij in zijn spiegels Ricciardo ziet naderen, op nog versere banden. Op de monitoren is inmiddels een bericht verschenen dat Max' uitstapje naast de baan na de race zal worden onderzocht. Daar heeft Vettel nu niks aan. Opnieuw meldt hij zich op de radio: 'Ziet niemand dan wat ik zie? Hij houdt me op voor Ricciardo!' Ricciardo sluit aan en aarzelt geen moment. Voor bocht 4 zet hij zijn Red Bull naast de Ferrari. Boos stuurt Vettel naar rechts, in de remzone. Een overtreding... van de Verstappen-regel! De auto's raken elkaar lichtjes, Vettel blijft voor Ricciardo, maar nog altijd achter Max.

Als de wagens een voor een over de finish rijden, probeert het Ferrari-team Vettel te kalmeren met een mededeling van de wedstrijdleiding, maar Vettel valt hen furieus in de rede: 'Ja hoor! Hier is een boodschap voor Charlie: – *beep* – off, echt – *beep* – off!' Na de finishlijn stuurt hij zijn Ferrari tot naast de Red Bull van Max en begint met een belerend vingertje te zwaaien. Max antwoordt met de duim tussen twee vingers.

Max is als derde gefinisht en mag stoppen in het stadion om naar het podium te gaan. Als hij in het zweethokje is gearriveerd en Hamilton met zijn zege feliciteert, verschijnt het oordeel van de stewards op de monitoren. Max krijgt een tijdstraf van vijf seconden wegens het verlaten van de baan, waarmee hij een voordeel behaalde. Als Max het leest, weet hij meteen hoe laat het is. Iemand van de FIA komt hem vertellen dat hij het hokje dient te verlaten. Op de televisie is inmiddels te zien hoe Vettel, omringd door teamleden, zich een weg baant naar het podium. Het ziet er militant uit. Vettel is nog altijd boos. Een paar uur later, als de champagne is opgedroogd en de fans naar huis zijn, verliest ook Vettel zijn derde plaats. Aan Ricciardo. Wegens het overtreden van de

Verstappen-regel. Max en Ricciardo vieren het Red Bull-podium alsnog, vol leedvermaak.

De race in Mexico toont aan hoe moeilijk het is om de regels consequent te handhaven. De vele regels, die verschillend toepasbaar zijn in verschillende situaties, hebben de race veranderd in een klucht. Waar Hamilton niet werd bestraft voor zijn rit door het gras, werd Max dat wel. Het getetter van een viervoudig wereldkampioen in een Ferrari maakt blijkbaar indruk. En als Max Rosberg van de baan duwt, mag dat deze keer weer wel. Achteraf heeft iedereen zijn eigen voorkeuren en belangen. In Nederland worden alle acties van Max luid bejubeld. Niki Lauda, adviseur van Mercedes, kijkt er weer heel anders tegen aan. Hij ziet alleen maar hoe stevig Max titelkandidaat Rosberg aanviel in bocht 1. Max rijdt de klassementsleider van de baan! Waar haalt hij de arrogantie vandaan? Max is volgens Lauda een groot talent, maar met zulke acties doet hij alles teniet. 'Die jongen is zo eigenwijs. Hij gelooft dat hij alles goed doet. Als hij wat minder agressief zou rijden, zou hij zich veel sneller ontwikkelen en nog beter worden.' Het is duidelijk dat Lauda Max nog steeds niet helemaal kent.

Max is vooral teleurgesteld vanwege het misgelopen podium. Over het gedrag van Vettel haalt hij zijn schouders op: 'Kinderachtig. Al dat vuilbekken, misschien moet hij eens terug naar school.' Hoe dan ook, Max schudt de boel flink op. Volgens Bernie Ecclestone heeft de Formule 1 veel meer Maxxen nodig. De Mercedessen mogen hun zoveelste dominante één-tweezege behaald hebben, met Max tussen de topcoureurs gebeurt er altijd wel wat. En Mexico is slechts een storm in een glas water vergeleken met de volgende race...

16
Droomdansen

Was er nog iemand die twijfelde? Waren er nog mensen die wat te mekkeren hadden over weggedrag, over juniorklassen, over – *beep* – of psychiaters? De Grand Prix van Brazilië trekt iedereen over de streep. Een meeslepende regendans op vier wielen waarin wordt gespot met alle natuurwetten, die wereldwijd miljoenen Formule 1-fans uit hun dak doet gaan. Dit is waarom je jaar in jaar uit blijft kijken naar dat stapelgekke circus dat Formule 1 heet. Een race als deze zie je eens in de tien jaar. Senna deed het in Portugal in 1985, Schumacher in Spanje in 1996, Vettel op Monza in 2008. Met mindere auto's, in de stromende regen, wonnen zij races die bij alle fans voorgoed in het geheugen gegrift staan.

Max wint niet eens in Brazilië. De regen is weliswaar de grote equalizer, de zilverpijlen blijven buiten bereik. Of toch niet? Voorafgaand aan de race lekt ergens uit dat Mercedes-teambaas Toto Wolff voor het weekend heeft gebeld met Jos Verstappen. Over koetjes en kalfjes natuurlijk, zoals altijd. Raceliefhebbers onder elkaar. Al wil Wolff wel toegeven dat hij heeft gezegd dat een incident tussen Max en een van de titelkandidaten schadelijk zou kunnen zijn voor zijn reputatie... Bij Mercedes zijn ze als de dood dat lastpak Max weer tussendoor komt schuiven. In Japan heeft hij Hamilton al 'geblokt' in de chicane. Er was zelfs even sprake van een protest tegen Max' brutale manoeuvre, maar Mercedes trok dit al snel weer in, mede op aandringen van Hamilton zelf:

'Zo willen wij niet winnen.' Ook de kleun die Max in Mexico uitdeelde aan Rosberg zijn ze nog niet vergeten. Hoe diep het zit, blijkt twee weken na Brazilië in Abu Dhabi, als Rosberg op weg naar de wereldtitel Max op zijn weg vindt. Over de radio vraagt hij bezorgd of Max nog een pitstop moet maken. Vanaf de pitmuur komt het onheilspellende antwoord: 'We zijn bang van niet, dus je zult erlangs moeten.' Met het zweet in zijn handen en de bibbers in zijn billen weet Rosberg zich met DRS langs Max te wurmen. Ik heb het hele seizoen volop kritiek gehad op Rosberg, maar deze actie met de dood voor ogen in Abu Dhabi en zijn geweldige weekend in Singapore maken Rosberg tot een waardig kampioen.

Terug naar Brazilië, waar het regent. Het komt met bakken uit de hemel en de verwachting is dat het de hele zondag blijft regenen. Het wordt dus glijden en glibberen op Interlagos, dat met zijn diverse off-camber-bochten weinig vergeeflijk is. Op weg naar de startgrid gaat het al mis. Romain Grosjean glijdt van de baan, achterwaarts in de muur: race over. Voor de zekerheid wordt er gestart achter de safetycar. Zeven ronden duurt het. Zodra de safetycar naar binnen gaat, is Max bij de les en steekt onmiddellijk Räikkönen voorbij in de Senna-S. Vettel gaat er naast de baan, door het gras en de modder. Hij heeft geluk en kan verder. Even later kleunt Ericsson hard in de muur. Safetycar. Het giet. Overal staan plassen. Na zes ronden gaan we weer racen. De safetycar staat echter nog niet stil in de pits of Räikkönen voelt zijn Ferrari onder zich weg-glijden. Aquaplaning. Niks aan te doen. Voor de tribunes tolt de auto dwars over de baan, pal voor de neus van Ricciardo en Hülkenberg langs. Het scheelt centimeters. Puur geluk. Meteen gaat de rode vlag uit. De race wordt gestaakt, de auto's rijden de pitstraat binnen om daar te wachten op wat er verder gebeuren gaat. Er zijn twintig ronden verreden. Voortdurend wordt er op de Braziliaanse buienradar getuurd. Het blijft nat, maar hoe nat is lastig te voorspellen. Even later wordt de race, achter de safetycar, weer hervat, maar al snel weer afgebroken. Vanaf de tribunes klinkt nu boegeroep. De mensen willen een race zien! In de pits en op sociale media begint direct de eeuwige discussie bij dit weer: rijden of niet? Ik denk altijd aan de woorden van Shadow-coureur Tom Pryce: 'Wij als Formule 1-coureurs zijn professionals, we moeten toch wel door een paar plassen kunnen rijden?' Er is kritiek op de *full-wet* regenband van Pirelli. Deze zou te weinig water afvoeren, wat de kans op aquaplaning te groot maakt. Voor Rosberg, die aan zijn kampioenschap denkt, hoeft het allemaal niet zo nodig meer. Coureurs die voelen dat er vandaag iets te winnen valt, zoals Hamilton en Max, vinden dat er wel weer gereden kan worden. Oplettende kijkers hebben Max tijdens de safetycarfases al heel andere lijnen zien rijden. Om uit de spray van zijn voorgangers te blijven, of zou er nog een andere reden zijn? Het antwoord komt spoedig, want de race wordt, in eerste instantie achter de safetycar, hervat. Als het veld na een paar rondjes opnieuw wordt losgelaten, aarzelt Max geen moment. Terwijl Rosberg na de Senna-S door de lang naar links draaiende Curva del Sol aan de binnenkant wanhopig op zoek is naar grip, zwaait Max op het gas buitenom langs de Mercedes. Een weergaloze actie. Zijn engineer moedigt aan over de radio: '*Get in there, Maxxie*!'

Het blijft echter tricky. Dat blijkt een paar ronden later als Max op zoek naar Hamilton, gas gevend op weg naar het rechte stuk, zijn Red Bull verliest. Onmiddellijk glijdt de auto dwars over de baan. Net zo snel staat Max op de rem en geeft vol tegenstuur. De auto glijdt en glijdt, steeds dichter op de vangrail aan de binnenkant van de baan af. Maar juist als de voorvleugel en het linkervoorwiel op de gele en groene streepjes langs de rail komen, laat hij de rem los en weet hij de wagen nog net naar rechts langs de rail te sturen, zodat hij weer verder kan. Meteen weer op het gas langs de ingang van de pitstraat het rechte stuk op. Drie, vier tellen heeft het geduurd. Alle commentatoren zitten te gillen in hun hokjes. Ongelofelijk. Het kan dus wél, je auto in zo'n situatie uit de vangrails houden! Vijftig procent geluk, geeft Max later toe. Dat zal vast, maar het gaat natuurlijk om die andere vijftig procent. Dat is namelijk precies wat Gerhard Berger bedoelde met het *traumtänzerisches Instinkt* dat geniale coureurs onderscheidt van al die andere heel goede coureurs. Mannen als Senna, Schumacher en Gilles Villeneuve hadden volgens Berger de gave om een al verloren gewaande auto alsnog op te vangen. De *save* van Max laat het letterlijk zien. Droomdansen, dat is het. En het wordt nóg beter.

Ondanks de glijpartij is Max Rosberg net voor gebleven. De kampioenskandidaat kwam weliswaar op gelijke hoogte, hij durfde geen aanval in te zetten in de Senna-S. Max ligt nog tweede. Hij wil echter winnen en stopt daarom in de drieënveertigste ronde voor intermediate-banden. Het is een gok. Als de regen iets minder wordt en er een halfdroge lijn op het circuit ontstaat, geven intermediates meer grip. Ze kunnen ook langer mee. Door de pitstop valt hij terug naar plaats vijf. De regen wordt echter erger. Op dezelfde plek als waar Max zijn wagen wist te redden, glijdt Massa van de baan, tegen de vangrail. Safetycar.

Massa keert te voet terug in de pits, toegejuicht door de duizenden Brazilianen die hun held bedanken voor de vele mooie races die hij hun gegeven heeft. Massa stopt ermee. Iedereen herinnert zich de tragische race hier in 2008, toen hij zich achtendertig seconden lang wereldkampioen waande.

In de pits krijgt hij applaus, ook van de andere teams, omhelzingen van zijn vrouw, zijn zoontje, zijn vader, zijn team, de Braziliaanse vlag om zijn schouders, tranen. Al is Senna al tweeëntwintig jaar dood, de Formule 1 leeft in Brazilië nog altijd. In 2017 zit Massa trouwens gewoon weer in een Williams.

Intussen vindt er bij Red Bull overleg plaats. Max acht het verstandiger om weer terug te gaan naar de full-wet regenbanden. Vooral in de laatste sector is het niet meer te doen op de intermediates: 'Het is vragen om ongelukken.' Pitstop. Max valt terug tot de veertiende plaats. Gegokt en verloren. De safetycar gaat weer naar binnen. Nog zestien ronden te gaan. En dan zet Max het mes tussen de tanden. Hij geeft zijn Red Bull de sporen en vliegt de een na de ander voorbij. Gutiérrez en Wehrlein. Bottas buitenom in de Curva del Sol. Ricciardo ziet hem voorbijkomen in bocht 11. Even probeert de Australiër terug te komen, maar Max blijft hem voor. Kvyat wordt ingehaald in bocht 4, Ocon buitenom in bocht 10, de langzame Bico di Pato. Max is ontketend. Commentatoren worden steeds enthousiaster. Van veertien naar acht in zes ronden. Wat gebeurt hier? Hoe is dit mogelijk? Later, na afloop, licht Max een tip van de regensluier op: samen met zijn vader heeft hij eindeloos geoefend in de regen. Reed Max zijn rondjes op de kart en stond Jos op de baan te wijzen waar hij moest gaan rijden omdat dáár nog grip was. Daar was hij ook naar op zoek achter de safetycar. Kijken en vooral voelen op de baan, waar de grip lag. Vaak ligt die juist buiten de racelijn, omdat die vol rubber ligt en rubber wordt als het nat is juist spekglad. Daarom zien we Max keer op keer buitenom passeren. Nasr gaat hij voorbij in bocht 4, binnendoor. 'De volgende is Hülkenberg,' gromt de pitmuur. Hülkenberg passeert hij ook binnendoor in bocht 4. Vol door de plassen. Een racelijn bestaat voor Max niet meer. Buiten dat veilige strookje van anderhalve meter breed, waar de meeste coureurs al een uur om hun moeder, hun engineer of Charlie zitten te roepen, vliegt Max zijn tegenstanders voorbij. In het onbegaanbaar gewaande vindt hij de grip. De toeschouwers veren overeind en juichen als Max Vettel aanvalt voor bocht 4. De viervoudig wereldkampioen weert zich, drukt Max zelfs flink opzij naar de buitenkant. Zijn engineer heeft het gezien. '*Get him boy. Go on!*' In de spekgladde laatste sector dan maar. Max dreigt aan de buitenkant in bocht 11, Vettel verdedigt, waarop Max resoluut de binnenkant kiest. Naast elkaar gaan ze zo door bocht 12, de krappe Junçao, naar links. Max duwt nu Vettel helemaal naar de buitenkant, over de kerbs, en raast vóór de Ferrari omhoog het rechte stuk op. Achter hem sputtert Vettel nog wat na op de radio: 'Hij duwde me van de baan...' Het klinkt nauwelijks nog overtuigend. Het is alsof hij zojuist een vreemd natuurverschijnsel voorbij heeft zien gaan. Na afloop noemt Max de inhaalactie op Vettel de mooiste. Aan het gezever over de radio heeft hij geen boodschap. 'Dan moet hij maar meer gas geven.' *No love lost.*

Zijn oude teamgenoot Sainz weet al hoe laat het is en geeft Max alle ruimte. Nog één te gaan, Pérez, en dan rijdt Max alweer naar het podium. Snel rijdt hij het gat dicht. Er zijn ronden geweest waarin hij twee seconden sneller reed dan de rest. Het is niet te bevatten. Met nog drie ronden te gaan gaat hij opnieuw met meer snelheid buitenom bij zijn tegenstander, in de Bico di Pato. Pérez geeft zich echter niet zomaar gewonnen. Hij dwingt Max op de kerbs. De Red Bull heeft een lichte wobbel, die Max behendig opvangt. Naast elkaar gaan ze door bocht 11, en dan heeft Max de binnenkant in de Junçao en steekt hij Pérez voorbij. Het is ongelofelijk. In twaalf ronden van plaats veertien naar drie. In de regen.

Na afloop vraagt een verslaggeefster aan Max hoe het komt dat hij zoveel beter rijdt dan de rest in de regen. 'Omdat ik uit Nederland kom,' grijnst hij. Vandaag heeft hij zelfs zijn vader verbaasd. Niki Lauda feliciteert Jos en neemt zijn rode pet af. Toto Wolff is opgelucht dat zijn beide coureurs zonder kleerscheuren hun volgende één-tweezege hebben behaald. 'Lewis reed misschien wel zijn beste race van het seizoen, maar vandaag was het de grote Verstappen-show.' Het heeft even geduurd, maar het publiek heeft een race gekregen, met alles erop en eraan. De Brazilianen zingen voor hun held Massa. Ze juichen voor Hamilton. Ze weten en waarderen het dat Hamilton zijn grote idool Senna altijd in ere houdt. Maar de coureur die hun vandaag de legende weer voor ogen toverde, was Max. Senna deed zulke buitengaatse dingen met een raceauto. Hamilton is ongetwijfeld de snelste coureur van zijn generatie en in rechtstreekse duels nagenoeg onverslaanbaar, maar heeft hij ooit zulke *magic* races gereden? Het wordt nog wat wanneer die twee tegen elkaar komen te strijden op de baan. Daarom kijkt iedereen, binnen en buiten Nederland, reikhalzend uit naar 2017.

IV

ET EMERGO – 2017

17

This young dude

Voor het nieuwe Formule 1-seizoen waren de verwachtingen hooggespannen. Overal ter wereld, maar vooral in Nederland. Eind 2016 had Red Bull het momentum overduidelijk naar zich toe getrokken. Ricciardo won de race in Maleisië en Max mengde zich meer dan eens tussen de twee vechtende Mercedessen. Vettel kon er slechts vloekend en tierend achteraan rijden. Bovendien waren er enkele interessante reglementswijzigingen aangekondigd. De aanhoudende kritiek van coureurs en volgers dat de Formule 1 te tam zou zijn geworden, noopte de regelgevers tot een paar fikse ingrepen, die de auto's weer sneller en 'wreder' gingen maken. Het opvallendst was dat de auto's weer werden uitgerust met brede banden. Echt breed. Stoer, als in die goeie ouwe tijd van Villeneuve, Peterson en Lauda. Daarnaast werd er op aerodynamisch vlak weer meer toegestaan, zodat de auto's meer downforce konden ontwikkelen, waardoor veel hogere bochtensnelheden mogelijk werden. Deze wijzigingen waren natuurlijk ook bedoeld om het belang van het motorvermogen en de dominantie van Mercedes te reduceren.

De regelwijziging was in elk geval koren op de molen van Red Bulls aerodynamisch genie, Adrian Newey. Newey had zich al min of meer van de Formule 1 afgekeerd, omdat het met de hybridemotoren te zeer een motorkwestie was geworden. Hij ging liever snelle boten ontwerpen en een supercar voor Aston Martin. Echter, met de komst van Max en de veranderingen in het reglement kreeg Newey er weer zin in. Begin jaren negentig had Newey voor Wiliams een onverslaanbare auto getekend (constructeurskampioen in 1992, 1993, 1994, 1996 en 1997) en daarna een winnaar voor McLaren (constructeurskampioen in 1998). De titelstrijd ging in die jaren eigenlijk tussen Newey en Schuey. In 2006 stapte hij over naar Red Bull, om daar de basis te leggen voor de dominante jaren van Vettel. Zou Newey ook zo'n winnaar voor Max uit de hoge hoed kunnen toveren? Helmut Marko zag het wel zitten. De regelwijzigingen waren volgens hem in het voordeel van Red Bull. Die vijftien pk die ze nog te kort kwamen, konden ze met Newey en hun twee fantastische coureurs wel compenseren. Red Bull ging meedoen in de strijd om de titel. In Nederland werd er verheugd in de handen gewreven. Helemaal toen de FIA voor de eerste race in Australië ook nog eens bekendmaakte dat de Verstappenregel werd afgeschaft. Of beter: de regel werd opnieuw, maar nu veel ruimer gedefinieerd. Een verdedigende beweging in de remzone was op zich niet meer verboden. Voortaan zouden de stewards per geval bekijken of een manoeuvre op de baan gevaarlijk was of niet. Vonden zij van wel, dan volgde er een sanctie. De bedoeling van de verruiming was dat de coureurs weer vrij waren om een robbertje te knokken op het circuit: gedurfde acties, wheelbanging, touchés, dat is nu eenmaal wat de fans graag zien. Max kon in de aanval.

Maar je kunt je verheugen, je kunt speculeren, testen en simuleren zoveel je wilt, pas op de baan in Australië blijkt hoe de kaarten voor 2017 geschud zijn. Na de eerste kwalificatie van het seizoen staan de gezichten bij Red Bull niet vrolijk. Al tijdens de wintertests in Barcelona leek het erop dat de nieuwe Red Bull RB13 snelheid te kort kwam ten opzichte van Mercedes en Ferrari. Het is een oude, vervelende wet uit de

Formule 1: de anderen zitten ook niet stil... In Australië komt Max een dikke seconde te kort op polesitter Hamilton. Een eeuwigheid. Mercedes en Ferrari zijn los, daarachter staat Red Bull, de rest volgt op nog grotere achterstand.

Een mooi moment om de rest een keer langs te lopen. Het Formule 1-veld achter de topteams wordt in 2017 aangevoerd door Force India. Het team, dat ooit Spyker heette, doet het al jaren fantastisch met een relatief laag budget. Elk seizoen weer hoop ik op die ene chaotische race waaruit zij als verrassende winnaar tevoorschijn komen. Het is ze gegund. De stap naar de echte top lijkt nog altijd te groot. Bovendien, als klant van Mercedes is het natuurlijk niet de bedoeling dat zij de zilverpijlen in de wielen gaan rijden. Met Pérez en Ocon heeft Force India een pittig duo in huis. Ocon was in 2014 de grote opponent van Max in de Formule 3. Ocon werd dat jaar zelfs de kampioen. In de loop van 2017 blijkt de Fransman sneller dan Pérez, wat leidt tot bittere boordradio's, verhitte gevechten en botsingen. Het komt zelfs zo ver dat het team de twee teamgenoten verbiedt om met elkaar in gevecht te gaan. Force India heeft de punten voor het constructeurskampioenschap veel te hard nodig; die leveren namelijk geld op.

Andersom is Williams de grote *underperformer*. Met de Mercedes-motor achterin leek Williams vanaf 2014 weer op weg naar de top. Ze zijn ergens blijven steken. Als Mercedes een steek liet vallen, had Williams moeten winnen, maar dat deden ze niet. Voor 2017 heeft het team nu ook zijn beste coureur moeten laten vertrekken. Bottas wordt de opvolger van Rosberg bij Mercedes. Een gevoelige aderlating, want van debutant Lance Stroll mag nog niet te veel verwacht worden. Zijn vader heeft, naar verluidt voor 39 miljoen, voor zoonlief een zitje gekocht bij het eerbiedwaardige Williams. Er wordt wel vaker flink betaald voor een plek in de Formule 1, maar zoveel, bij zo'n gerenommeerd team, is uitzonderlijk. Achttien jaar is de jongen. Het Max-idee. Om Stroll te ondersteunen wordt Massa teruggehaald, als mentor. Het wordt een afgang. De uitgebluste Massa is voortdurend veel sneller dan zijn teamgenoot. Stroll kan heus hard rijden, maar de Formule 1 blijkt simpelweg te hoog gegrepen. Ja, in de chaos van Bakoe blijft hij keurig buiten alle ellende en eindigt hij als derde en op Monza staat hij na een gridstraffenorgie zowaar op de eerste startrij, maar dat zijn incidenten. Voor de rest van het seizoen rijdt hij kansloos achteraan, als hij geen brokken maakt. Opvallend genoeg laat het Williams-team geen moment voorbijgaan om Stroll de hemel in te prijzen. Gênant gewoon. Ze hebben het geld blijkbaar hard nodig. Echter, de miljoenen van papa Stroll verdwijnen even zo snel weer met de punten voor het constructeurskampioenschap die ze mislopen. En zo kom je nooit meer vooruit. Williams heeft zijn ziel verkocht, niet aan de duivel, maar aan een windbuil met een grote zak geld.

Achter de twee Mercedes-klanten komt Renault eraan. De fabriek gaat er serieus geld in pompen, maar heeft nog een lange weg te gaan. Nadat het team door het schandaal van Singapore 2008 instortte, heeft het bijna tien jaar onder allerlei namen stilgestaan, aldus Renault-managers, dat maak je niet zomaar even goed. Renault is echter ook al jaren aan het tobben met de hybridemotor. In 2017 is er wel vooruitgang te zien, maar nog te vaak gaat hij kapot. Met Nico Hülkenberg hoopt Renault een topper voor de lange termijn te hebben gehaald. De sympathieke Duitser, die zo leuk Nederlands praat, valt mij echter tegen. Hij breekt maar niet door en is te vaak betrokken bij ongelukken in het begin van de race. Zijn teamgenoot, Jolyon Palmer, kan er helemaal niks van.

Hij hobbelt in 2017 maar wat mee, dankzij de financiën en de invloed van zijn vader, ex-Formule 1-coureur.

Achter Renault tobt Toro Rosso ook met zijn coureurs. Sainz vindt dat hij allang bij een topteam had moeten rijden. Hij heeft de pech gehad dat hij de eerste teamgenoot was die door Max werd verpletterd. In de winter werd zijn naam heel even genoemd als mogelijke opvolger van Rosberg bij Mercedes. Dat zou wat zijn geweest. Hij had het hele seizoen voor Max uit gereden met een dikke middelvinger uit de cockpit omhoog. Aan het eind van het seizoen 2017 wordt hij uitgeleend aan Renault als vervanger van Palmer. Daar maakt hij het de ingedutte Hülkenberg meteen lastig. Voorts rommelt Toro Rosso te veel met Kvyat, die halverwege het seizoen dan weer wel en dan weer niet wordt vervangen door Pierre Gasly. De talentenvijver van Red Bull lijkt op te drogen, en ook de doorstroom is beperkt.

Het Amerikaanse team van Haas consolideert. En dat is goed. Een Formule 1-team is een zaak van zeer lange adem. Eerst moet er een solide basis zijn, van daaruit kun je stappen voorwaarts maken. Het team van Manor bijvoorbeeld lukte dat nooit echt. Zes jaar lang hing het team, onder namen als Virgin Racing, Marussia F1 en Manor Racing, met touwtjes en spuug aan elkaar, tot het begin 2017 definitief op de fles ging. In 2017 staan er nog maar twintig auto's aan de start. Te weinig. De coureurs van Haas zijn snel, maar te vaak maken ze er een rommeltje van. Met Grosjean is er altijd wat loos, wat leidt tot eindeloos gejammer via de boordradio, en Magnussen, ooit het megatalent bij McLaren, bouwt hard aan een reputatie als gefrustreerde lastpost met zijn onvoorspelbare en gevaarlijke acties op de baan.

Helemaal achteraan duurt het ongelukkige huwelijk tussen McLaren en Honda voort. Alonso speelt met verve de rol van tragische held, die alles geeft en niks terugkrijgt, en naast hem slaagt Stoffel Vandoorne er niet in om een paar keer iets bijzonders te laten zien. Dat is ook knap lastig met een Honda-motor achterin. *Wrong man in the wrong place.* Ook de twee Saubers zijn in 2017 niet vooruit te branden. Ericsson mag nog meerijden dankzij zijn sponsors. Mercedes-junior Wehrlein heeft andere zorgen. Hij was het grote talent van Mercedes, tot hij keihard werd afgewezen door Force India. Hij zou volgens geruchten een lastige jongen zijn. In de ondermaatse Sauber lijkt zijn Formule 1-loopbaan te stranden. Zo belangrijk is het dat je in de Formule 1 de gang naar voren blijft maken – één of twee mindere seizoenen en je ligt eruit. Of je papa moet Stroll heten.

Het lijkt nu misschien alsof de rest van het Formule 1-veld niks voorstelt, maar dat is natuurlijk niet zo. Het zijn stuk voor stuk topcoureurs die zich in de lagere klassen hebben laten zien. Zelfs Stroll werd in 2016 Formule 3-kampioen (nadat papa het toonaangevende Prema-team had opgekocht). En ook de constructeurs, de managers en de monteurs zijn echt geen dummy's. In de ultracompetitieve Formule 1 blijft alleen het beste van het beste overeind. Het verschil tussen de drie topteams en de rest is groot. Dat is echter altijd al zo geweest. In 1973 maakten ook slechts drie teams de dienst uit: Tyrrell, Lotus en McLaren. Twintig jaar later waren dat Williams, McLaren en Ferrari. Weer tien jaar later was het Ferrari alleen. De top is smal, het aantal stoeltjes waarin je races kunt winnen, is beperkt. Het is nooit anders geweest.

De race in Australië wordt gewonnen door Vettel. Ferrari daagt Mercedes uit in de strijd om de titel. Max finisht als vijfde, precies de plek van waar hij gestart is. Een groot deel van de eerste seizoenshelft rijdt Red Bull in een soort niemandsland tussen de top twee en de rest. Max krijgt weinig gelegenheid om een keer iets extra's te laten zien. Of het moet een keer misgaan in de kwalificatie, zodat hij tussen de McLarens, de Haasjes en de Toro Rosso's belandt. En als het dan ook nog eens regent…

In China, daar regent het. Zoveel dat de tweede vrije training op vrijdag is afgelast. Op zondagochtend heeft het opnieuw flink geregend. Tegen tweeën is het droog. De baan droogt op, al liggen er overal nog natte plekken. Lastige omstandigheden. Welke band kies je? Iedereen start op intermediates. Behalve Sainz. Hij neemt een risico en start op slicks. Als hij de auto op de baan houdt en het asfalt droogt snel op, dan hoeft hij straks niet meer naar de pits. Cool, ik houd er wel van als coureurs zo'n gok aandurven. Max moet vertrekken vanaf plaats zestien, omdat er tijdens de kwalificatie een probleem is geweest met de motor.

Als de lichten doven, speert iedereen ervandoor. Behalve Sainz. De profielloze banden krijgen nauwelijks vat op het natte wegdek. Hij wordt aan alle kanten ingehaald, ook door Max. In de eerste bocht glijdt Sainz naast de baan. Gegokt en verloren. Nog vóór die bocht heeft Max de volgende twee concurrenten al te pakken. Magnussen is ook niet goed weggekomen, Ericsson is rechts langs hem geglipt. Terwijl de twee Scandinaviërs in de spray voorzichtig naar het eerste rempunt koersen, stoomt Max aan de buitenkant voorbij. Hij ligt dertiende. In bocht 1 is het als altijd dringen geblazen. Max steekt naar de binnenkant, waar de ruimte ligt. Het gaat op instinct, en hij heeft het. De knijpende bocht draait lang naar rechts en meteen daarna naar links, zodat Max daar de buitenkant heeft, snelheid houdt en op die manier eerst Vandoorne en daarna Pérez voorbij kan rijden. Hij ligt nu op de elfde plaats. Gas erop. Via een licht knikje gaat het naar bocht 6, waar hij door wat later te remmen Stroll en Alonso voorbij suist. Max weet precies wat zijn wagen nog wel en wat hij net niet meer kan. Alonso, aan de binnenkant, komt echter terug. Tiende. Dan volgen de snelle slingers, eerst naar links, dan naar rechts. In de tweede rijdt Max om Alonso heen. In de volgende bocht kijkt hij zelfs even aan de binnenkant bij Massa, maar het gaatje is te klein. Twee bochten verder duwt hij zijn Red Bull echter wel naast de Williams, aan de binnenkant over de kerbs en begint voor Massa aan de lange, lange doordraaier naar rechts. Achtste inmiddels. Op de on-boardbeelden zie je hoe lastig het is met zoveel power op het gladde wegdek. Het gas gaat erop en voortdurend zie je Max kleine en grotere correcties maken. Op het lange rechte stuk komt hij met de Renault-motor niet echt dichter bij de mannen voor hem, maar door laat te remmen vindt hij bij de hairpin de aansluiting. Als ze start-finish op draaien, is Hülkenberg de pits in gereden, zodat Max in één ronde van plaats zestien naar zeven is gegaan. Een wonderronde, als een muziekstuk. Ik heb hem al tientallen keren bekeken op YouTube en krijg er geen genoeg van. Zo soepel, zo vanzelfsprekend, zonder enige aarzeling, zonder ellebogen, zonder rare risico's. Ongelofelijk. We gaan het nog gewoon vinden. Het doet denken aan die legendarische eerste ronde van Ayrton Senna op Donington in 1993, al haalde Senna daar zijn ware tegenstanders in: Schumacher, Hill en Prost. Max' ware tegenstanders volgen later. Net voor een safetycarfase haalt hij Kvyat in. Räikkönen is meteen na de safetycar de klos. Een paar ronden later passeert hij Ricciardo binnendoor in bocht 6. Omdat Bottas achter de safetycar is gespind en Vettel een extra stop heeft gemaakt, ligt Max na elf ronden gewoon tweede.

Vettel knokt zich terug. De Ferrari is sneller. Als Vettel

hem onder druk zet, blijkt ook Max menselijk. Hij verremt zich voor de hairpin en schiet rechtdoor, zodat Vettel eenvoudig binnendoor kan steken. Tegen het slot komt ook Ricciardo weer gevaarlijk dichtbij, maar Max finisht als derde. Van plaats zestien naar het podium. Ja, we gaan het gewoon vinden.

Tijdens de interviews op het podium veronderstelt interviewer Brundle dat die eerste ronde voor Max een soort videogame geweest moest zijn. Ja, zo voelde het wel, min of meer. Ook Hamilton is verbaasd Max op het podium te zien. Het was een lastige race, vertelt hij, met al die natte plekken nog op de baan. Het is dus ook een prima prestatie van Vettel en dan wendt hij zich tot Max: '*And this young dude, who is always like...*' Hij lijkt even geen woorden te hebben en begint er zelfs bij te grommen. Dude. Eerder noemde hij Max *this guy*. Nu is het dude, dat lijkt toch een treetje hoger op de ladder van respect. Wat gaat er nog volgen? *Mate*? *Bro*? Het lijkt erop dat Hamilton Max heimelijk bewondert. Hij herkent ongetwijfeld zichzelf. Het aanstormende talent dat zich van meet af aan laat gelden, zich een ware racer toont, aanvalt en nergens voor terugdeinst. Het wordt nog wat als zij tegen elkaar komen te racen. Dat moment komt steeds dichterbij.

18

Gewoon pech

In Bahrein, de derde race van het seizoen, begint alles prima. Max heeft een geweldige start, kiest de buitenkant en weet daar in één klap zowel Ricciardo als Räikkönen te verschalken. Op videobeelden die hij vooraf bekeken heeft, heeft hij gezien dat het zo kan. Al snel blijkt dat Bottas, die aan de leiding rijdt, niet genoeg snelheid heeft, dus er zit zowaar weer een podium in voor Max. De eerste pitstop gaat goed. Kort daarna echter schuift de Red Bull nummer 33 in een van de bochten rechtdoor en komt pas tot stilstand als hij met zijn neus in een bandenstapel prikt. Max stapt meteen uit. De remmen deden het niet meer door oververhitting. Natuurlijk baalt hij. Gewoon botte pech. Het hoort erbij in de Formule 1, het blijft een mechanische sport.

Voort. In Rusland maken Mercedes en Ferrari geen fouten en rijdt Max een eenzame race op plek vijf, meer zit er niet in. Onderweg heeft hij zelfs tijd om op de schermen te zien hoe Bottas wint. Een verrassing. Zou de Fin dan toch in staat zijn om Hamilton het vuur aan de schenen te leggen, net als Rosberg dat deed? Bottas is een snelle coureur, maar bij Williams bleek regelmatig dat hij niet over de killersmentaliteit beschikt die een kampioen moet hebben. Te gemakkelijk liet hij zich wegzetten in directe confrontaties. Bottas is vooral degelijk en betrouwbaar. Hij scoort veel punten voor het team, en het allerbelangrijkst: hij klaagt nooit. Hij is gewoon de ideale tweede man. Daarom heeft Mercedes hem gehaald.

Na alle tumult tussen Rosberg en Hamilton even een jaar rust in de tent.

Als de Grand Prix van Spanje nadert, denkt iedereen terug aan die sensationele zege van vorig jaar. Wat een dag was dat. Nederlandse autosportgeschiedenis. Zou het nog eens kunnen? Max zelf blijft realistisch. Aan terugblikken doet hij niet. Het is dit jaar heel lastig, eigenlijk moeten er nu vier auto's vóór hem uitvallen, weet hij. Het weerhoudt een heleboel racefans uit Nederland er niet van om het vliegtuig te pakken naar Barcelona. Vorig jaar ging het ook goed, dus je weet maar nooit.

De start van de race is een lange, heftige sprint naar de eerste bocht. De zes hoofdrolspelers uit de drie topteams komen allemaal goed weg, waarop een wirwar van loeren en positie kiezen volgt. Vettel weet vanaf de tweede plek de neus van zijn Ferrari vooraan te krijgen en kiest de binnenkant. Hamilton rijdt naast hem. Bottas, achter Vettel, prikt zijn Mercedes nog net voor Räikkönen. Ook de Red Bulls kiezen de binnenkant. Maar zodra Max het treintje voor zich ziet, schuift hij diagonaal over de baan naar de buitenkant, waar de meeste ruimte ligt. Vettel ligt nu duidelijk voor Hamilton. Achter deze twee rijden Bottas, Räikkönen en Max inmiddels naast elkaar en zo vliegen ze ook de bocht in. Het kan nét, het kan nét niet. Bottas moet aan de binnenkant net iets te veel over de kerbs en verliest even de controle. Daardoor tikt hij het achterwiel van Räikkönen aan, die op zijn beurt Max aantikt. De Red Bull en de Ferrari schuiven rechtdoor van de baan, beide met een beschadigde wielophanging. 'Hoe onhandig...' oordeelt Brundle vanachter de microfoon. Heeft Max te veel gewild? Het gaatje was er, volgens hem, anders had hij daar niet gezeten. Even later tonen de camera's op de tribune een vreselijk huilend jongetje met een grote Ferrari-pet op. In Nederland vertoont Twitter eigenlijk hetzelfde beeld: een golf van teleurstelling vult alle tijdlijnen, veel boze reacties ook. Boos op Räikkönen, die er niks aan kon doen, en na de herhaling boos op Bottas, die er ook niet veel aan kon doen. Het is een typisch racing incident. Te veel auto's op te weinig asfalt. Pech.

Ricciardo finisht in Spanje als derde. En als de Australiër in Monaco andermaal op het podium belandt, is Max woest, op het team. Met een slimmere strategie is Ricciardo zowel Max als Bottas voorbijgegaan. Terwijl Max de hele race vast heeft gezeten achter Bottas. Inhalen is door de bredere auto's in Monaco echt onmogelijk geworden. Wat dat betreft heeft de Formule 1 zich weer eens in de voet geschoten. De bredere, gemenere en aerodynamisch veel gevoeligere auto's maken het inhalen veel lastiger. Er wordt al snel geklaagd over te weinig inhaalacties. Max heeft er enorm de smoor in. Mechanische pech, crashes, oké, maar je teamgenoot die je inhaalt met een betere strategie kan hij moeilijk verkroppen. Op aanraden van Jos praat hij het uit met het team. Toch, stilaan begint het te piepen en te knarsen bij Red Bull. De motor-upgrade van Renault wordt nog maar eens uitgesteld. Ferrari, Mercedes en de wereldtitel verdwijnen meer en meer uit zicht. Helmut Marko waarschuwt: Red Bulls grote baas Dietricht Mateschitz wil niet alleen meedoen in de Formule 1. Als er niet snel resultaten komen, kan het zomaar zijn dat de stekker eruit gaat.

De volgende race dan maar. Canada. Bliksemstart van Max! Vanaf de vijfde startplaats (jawel, alweer) is hij veel sneller weg dan Räikkönen, schuin voor hem. Omdat Vettel vooral bezig is om Bottas te blokken aan de binnenkant, schiet Max naar de buitenzijde, waar hij ruimte heeft om heel laat te remmen en zowel Bottas als Vettel voorbij te steken. Als tweede, achter Hamilton, rondt Max de eerste bocht. En passant heeft hij een stuk van de voorvleugel van Vettel stuk gereden. 'Had hij maar eerder moeten remmen.' *No love lost.* Wat een begin. In Nederland schuiven we allemaal naar het puntje van onze stoel. Hamilton vooraan, nou ja. Maar die tweede plek gaat Max niet zonder slag of stoot opgeven. Totdat in ronde elf ineens alle stroom uitvalt in de Red Bull. Max valt stil langs de baan. Accu leeg. Zelfs de radio werkt niet meer, zodat we ook geen boos gefoeter horen. Na afloop wel. Max is zwaar teleurgesteld: 'Het hele seizoen is ruk,' verzucht hij voor de televisiecamera's.

Twee weken later komt er in Azerbeidzjan een uitgelezen kans om revanche te nemen. Het circuit in het centrum van Bakoe is een bizarre baan. Er is een gigantisch lang recht stuk, waar eenvoudig 370 wordt gehaald, maar er zijn ook passages waar nauwelijks twee auto's naast elkaar passen. De vele haakse bochten maken het alles bij elkaar tot een wat saaie baan. In 2016 was de race een slaapverwekkende optocht. De race van 2017 maakt alles goed. Er ontpopt zich een ware hotse-knotse-kneuzen-Grand Prix, waarin alles en iedereen tegen elkaar aan rijdt en waarvan zo'n beetje iedereen tot op de dag van vandaag denkt dat hij hem had kunnen winnen. Zelfs Alonso blijft erbij dat de race voor McLaren-Honda had moeten zijn. Om te beginnen rijden Bottas en Räikkönen weer eens tegen elkaar op en torpedeert Kvyat zijn teamgenoot Sainz. Later rijden ook de twee Force India's elkaar keihard in de wielen, precies op het moment dat ze uitzicht krijgen op het podium en misschien wel meer. Diverse safetycarfases en zelfs een rode vlag zijn er nodig om alle brokstukken op de baan op te ruimen. Het meest bizarre moment van de race vindt plaats tijdens een safetycarfase. In de smalle passages lijkt Vettel even niet op te letten, waardoor hij bijna tegen Hamilton op rijdt. Over de radio schreeuwt Vettel dat Hamilton hem een brake-test gaf! Woedend stuurt hij daarop zijn Ferrari langszij, begint te gebaren en stuurt dan zelfs op de Mercedes in. Botsing. Voor de zoveelste maal heeft Vettel zijn emoties niet onder controle. Het is een volkomen idiote actie, een viervoudige wereldkampioen onwaardig. Een actie waar hij best voor gediskwalificeerd had mogen worden. Vettel komt weg met een tijdstraf. Als Hamilton even later een probleem krijgt met de headrest, moet hij naar de pits en ligt de weg open voor een andere winnaar. En dat is niet Max. Hij is al in de openingsfase gestrand. Vechtend met Pérez om de derde plaats viel de oliedruk weg. 'Ja hoor, daar gaan we weer...' klinkt het cynisch via de boordradio. Het is Ricciardo die er met de zege vandoor gaat. Als de race na de rode vlag vanachter de safetycar opnieuw van start gaat, speert Ricciardo in één manoeuvre drie tegenstanders tegelijk voorbij. Hülkenberg, Massa en Stroll worden met een weergaloze actie in hun hemd gezet voor bocht 1. Dolblij laat Ricciardo op het podium zijn schoen vol champagne rondgaan.

Max is dan al naar huis. Hij praat niet met de pers. De uitvalbeurt in Bakoe deed hem het meest zeer, bekent hij later. Hij vliegt linea recta naar huis in Monaco, om daar urenlang met zijn scooter door de omgeving te gaan toeren. Daarna speelt hij tot diep in de nacht op zijn Playstation. Dan is hij het kwijt. De frustratie in het kamp Verstappen loopt echter op. 'Max doet zijn uiterste best voor het team, dan mag hij dat ook van het team verwachten,' stelt zijn manager Raymond Vermeulen. Helmut Marko probeert de boel te sussen. Hij begrijpt alle commotie wel. 'Max doet alles goed, hij rijdt geweldig en dan valt hij uit en wint zijn teamgenoot vanuit een kansloze positie. Ik begrijp zijn emoties. Die moet hij ook hebben. Maar we zien ook dat de auto steeds sneller wordt, en eens is het gedaan met de pech. Zijn tijd komt nog wel.'

Eens is het gedaan met de pech. Wie weet in Oostenrijk op de Red Bull Ring. De negende race van het seizoen alweer. Thuiswedstrijd voor het team. De race blijkt ook zeer in trek bij de Nederlandse supporters. Red Bull reserveert zelfs een speciale Verstappen-tribune. Zeventienduizend man in oranje Max-shirts. Dat is toch de droom van iedere sporter. Het is een prachtig gezicht. Al die fans vol hoge verwachtingen zullen Max echter niet één keer voorbij zien komen racen. Want al in de eerste bocht gaat het mis. Daarvoor eigenlijk al. Op weg naar de grid voelt Max dat de koppeling niet goed is vandaag. Met veel moeite komt hij van zijn plaats als de lichten doven. De Force India's schieten meteen voorbij, ook de McLarens dreigen. En dan vliegen de stukken in het rond. Kvyat, die een hele goede start heeft, vertelt later dat hij door alle gewirwar zijn referentiepunt kwijt was. Hij remt veel te laat en botst tegen Alonso aan en Alonso botst op Max. Beide auto's gaan achterstevoren en zien in hun spiegels de rest van het veld in de verte verdwijnen. Alonso is woedend: 'Waarom dit geduw? Het is geen potje bowling!' Max hinkt nog door, maar moet uiteindelijk zijn auto langs de kant parkeren. Wat een sof. Vijf uitvalbeurten in negen races. Pech? Ja, gewoon pech.

Een week later in Engeland blijft alles heel en heeft Max een lekker duel met vriend Vettel. Het is duwen en trekken, ze geven geen duimbreed toe. Eerst drukt Vettel Max bijna van de baan, daarna zijn de rollen omgekeerd. Boos gesticuleert Vettel vanuit de cockpit. 'Wil hij soms botsautootje spelen?' schampert Max over de radio. De Red Bull blijkt echter nog altijd te langzaam. Meedoen om de winst zit er niet in.

In Hongarije tikt Max in de tweede bocht in een al te gretige manoeuvre zijn teamgenoot van de baan. Een doodzonde. De race is meteen over voor Ricciardo. 'Was het wie ik denk dat het is?' vraagt hij boos over de radio. Ja, die was het. 'Max kan er niet tegen als iemand hem inhaalt,' gromt Ricciardo later. Na afloop biedt Max zijn excuus aan en is alle onmin snel weer verdwenen. Hoog tijd voor de zomerstop. Tijd om op te laden.

De zomerstop is er voor de teams. Alles gaat dicht, er wordt niet meer aan de wagens gewerkt. Vakantie. Heel toevallig ga ik ook al jaren in augustus op vakantie en ben ik altijd net op tijd terug voor Spa. De Grand Prix van België is traditioneel de eerste race na de zomerstop. De bijna echte thuisrace voor Max. Massaal stromen de fans naar de Ardennen. Voor het eerst sinds jaren is de Grand Prix helemaal uitverkocht. De organisatie knijpt zich in de handen. Spa-Francorchamps is ook nog eens Max' favoriete circuit. Snelle bochten – echt racen. De kwalificatie verloopt zoals verwacht. Plaats vijf, achter Räikkönen, voor Ricciardo, en bijna een volle seconde achter de man op pole, Hamilton. Het blijft lastig. Zonder brokken draaien ze ditmaal meteen na de start door La Source, omlaag naar Eau Rouge en omhoog over de Raidillon. De fans gaan er eens lekker voor zitten. Eindelijk weer racen, en wie weet wat er vandaag nog in zit... Tot ronde nummer acht. Pal voor de neus van de duizenden supporters boven op de Kemmel valt de Red Bull stil. Motor. 'Niet te geloven...' klinkt het nog net over de boordradio. De deceptie is enorm. Elke keer wanneer er grote hordes supporters de circuits omzomen, is het binnen de kortste keren over en uit voor Max: Barcelona, Red Bull Ring, Spa. In mijn column stel ik voor dat ze voortaan maar incognito moeten gaan, die rode stier lijkt wel allergisch voor oranje. Al is het dit keer niet zozeer de rode stier. Het is de krachtbron achterin. Een soort veiligheidsklep heeft de hele boel afgesloten omdat de motor zichzelf mogelijk ging opblazen. Als de auto terug is in de pits en de veiligheidsklep wordt gereset, loopt de motor weer als een prinsesje. Als hij het hoort, gromt Max dat hij hem dan nog liever opblaast op het circuit. Is Renault te voorzichtig geweest? Alain Prost, adviseur en boegbeeld Renault, komt naar de Red Bull-pits om zijn excuses aan te bieden. Maar 'sorry', daar hebben we niks meer aan, aldus Max. 'Dit mag gewoon niet gebeuren bij een topteam.' Het is geen kwestie meer van pech of geluk, het is gewoon slecht. Max is diep teleurgesteld. Voor de fans, die allemaal dure tickets hebben gekocht, maar ook voor zichzelf. Alle energie en goede hoop, opgedaan in de zomer, is in één klap vervlogen. Dit houdt hij niet lang meer vol, geeft hij toe.

19

MaxMania

De pechserie van Max groeit in Nederland uit tot een nationale kwestie. Iedereen is ermee bezig en heeft er een mening over. Nu het slecht gaat met het Nederlands elftal en die zeventien miljoen bondscoaches het ook even niet meer weten, hebben we ineens zeventien miljoen Formule 1-managers. Voor de zoveelste keer moet ik, als het over Max gaat, denken aan Senna. Senna's Formule 1-loopbaan – zijn prestaties en tegenslagen – werd in Brazilië werkelijk tot op het bot meebeleefd. In de kranten, op de televisie: heel het land was er voortdurend mee bezig. Het volk hunkerde naar zijn successen. Zo lijkt het in Nederland nu ook te gaan. Net als bij Senna hijgt de ganse natie Max in de nek. Want eindelijk hebben we een echte Formule 1-held, dan zal het ons toch niet gebeuren dat de glorie ons door de vingers glipt?

De lange pechreeks hakt er eens te meer in omdat voor het grote publiek de Formule 1 alleen maar Max is. Vettel, Hamilton en hoe ze allemaal ook mogen heten, zijn slechts hindernissen die Max voorbij moet om te winnen. En kampioen te worden. Mensen kijken Formule 1 voor Max. Als Max uitvalt, gaat de televisie uit. Het gaat om het succes van Max, het racen zelf is blijkbaar minder boeiend. Zelfs langs de circuits zie je mensen boos of teleurgesteld hun spullen pakken en vertrekken zodra Max uit de race ligt. Gelukkig beginnen ze nog niet met stoeltjes te smijten of bussen te verbouwen. Toch, het merendeel dat de moeite neemt om naar de circuits te gaan blijft doorgaans gewoon lekker zitten om te kijken naar de race. In Oostenrijk begon men zelfs Max' teamgenoot Ricciardo aan te moedigen. Het Oranjelegioen langs het circuit blijft, ondanks alle tegenslag, voornamelijk een vrolijke bende. Ook op Zandvoort, als daar weer de Jumbo Familie Racedagen 'driven by Max Verstappen' plaatsvinden. Opnieuw is het prachtig weer en komen er meer dan honderdduizend fans opdraven. Max scheurt met de auto langs het enthousiaste publiek, gooit er nog wat donuts uit en verbetert en passant nog even het zestien jaar oude ronderecord. Maar records op Zandvoort tellen niet. Nog niet.

Hoe meer Max uitvalt, hoe meer toch ook de frustraties oplopen onder de fans. Met name op de sociale media, waar de onderbuik vrije uitloop heeft. Meer en minder anonieme zenders roepen dat Max weg moet bij die prutsers van Red Bull. Als hij daar blijft, is er straks opnieuw een Nederlands autosporttalent verspild! Max moet nú naar Mercedes, die winnen tenminste. Ben je gek, weten anderen, Max heeft een Ferrari-hart, Ferrari dáár moet hij heen. Er zijn ook mensen die zeker weten dat er sprake is van een complot. Max wordt gesaboteerd. Door de concurrentie. Of door die lepe Ricciardo, die maar podiums blijft scoren met zijn vervelende gelach. En dan parafraseer ik alle berichten hier nog in volwassen, beschaafde-mensentaal. Natuurlijk zijn er ook nog de Max-haters, die het allemaal allang wisten: zie je wel, net zo'n heethoofd als zijn vader, hij staat vaker in de grindbak dan op de baan. Je wilt het allemaal niet weten. Meningen, analyses en verwensingen duikelen over elkaar heen. Met de opkomst van Max zijn de Formule 1-blogs, -vlogs en -nieuwssites in Nederland werkelijk niet meer bij te houden. Rond het Formule 1-wereldje gonsde het altijd al van de geruchten, met internet wordt alles uitvergroot. Hele en halve waarheden worden klakkeloos gekopieerd. De kranten liften mee op alle belangstelling, en ook de roddelbladen weten Max inmiddels te vinden.

In de diverse talkshows op de televisie mogen erkende Formule 1-analisten zich over de kwestie buigen. Want wat is er in godsnaam aan de hand? Waarom wint Max niet? Waarom gaat alleen zíjn auto steeds kapot en niet die van zijn teamgenoot? De analisten beginnen onmiddellijk met het weerleggen van alle mogelijke kritiek op Max. Max is heus niet te wild of te ruw voor de auto, dat kan in de moderne Formule 1 niet meer. Dat spul kan overal tegen. Formule 1-auto's kunnen bijna niet meer stuk (nee, we zien het...). Ze hebben gelijk. Vroeger konden coureurs nog wel eens te ruw zijn met de versnellingsbak, of door verkeerd schakelen zelfs de hele motor opblazen, maar in de moderne Formule 1-auto's wordt dit alles door elektronica geregeld en gecorrigeerd. 'Zelfs een aap kan een Formule 1-auto besturen,' heeft Niki Lauda, ongetwijfeld jaloers op deze luxe, wel eens gezegd. Max heeft pech. Het is echt gewoon domme pech. Remmen, accu, koppeling, veiligheidsklep: het hoort overal tegen te kunnen, maar het kán ook allemaal kapot. Formule 1 is en blijft een mechanische sport. Je bent afhankelijk van de techniek en die kan je zonder opgaaf van redenen zomaar in de steek laten. Het is een van de moeilijkst te verteren aspecten van de sport. Het incasseren van dit soort tegenslag hoort bij de leergang van iedere Formule 1-coureur. Niet het vertrouwen verliezen. Kalm blijven. Het is echter opvallend hoe fanatiek Max in de praatprogramma's in bescherming genomen wordt. Terwijl er in de serieus te nemen media eigenlijk nergens kritiek op hem geleverd wordt. Heeft dat rondzingen van allerlei onzin op de sociale media dan toch effect? Gaat het toch in onze hoofden zitten? Of zijn de kenners stiekem bang dat de trein misschien uit de rails loopt en dat Max net als Jos alsnog een negatief etiket krijgt opgeplakt waardoor al het enthousiasme weer omslaat in het aloude defaitisme: zie je wel, het wordt in Nederland nooit wat met die Formule 1...

De week na het echec op Spa is de race op Monza. Met zijn lange rechte stukken en snelle bochten is Monza traditioneel een circuit waar het vooral om het motorvermogen gaat. Teams met mindere motoren beschouwen de race op voorhand als verloren en wisselen alvast de motor voor de volgende race in Singapore, waar zij meer kans denken te maken. Het wisselen van motoren of motoronderdelen is echter beperkt, om kosten te besparen. Wie meer dan vier motoren gebruikt, krijgt een gridstraf: de coureur wiens motor wordt gewisseld, moet tien plaatsen achteruit op de grid. Worden er meer motoronderdelen te vaak gewisseld, dan kan de straf oplopen tot wel dertig of meer plaatsen achteruit, wat gewoon achteraan starten betekent. Het systeem werkt al jaren, maar in Monza wordt het dit keer wat erg veel. Red Bull wisselt bij beide coureurs de motor, Sainz wisselt, Hülkenberg, de beide McLarens. Alles bij elkaar moeten de bestrafte coureurs 150 plaatsen achteruit. Sommige tien plaatsen, anderen wel dertig. Het gevolg is dat Lance Stroll op de eerste startrij belandt. Het is een rommeltje. Zelfs de grid-girls weten even niet meer waar ze moeten gaan staan. Regelmatig is er kritiek op het systeem van de gridstraffen. In Monza laait het weer op. De fans begrijpen het niet, wordt er gezegd. Maar volgens mij begrijpen de fans het heel goed. Alleen een deel wil het niet begrijpen, omdat hun favoriet tot de bestrafte coureurs behoort. Zo ook in Nederland. Max is deze keer een van de voornaamste slachtoffers. In de totaal verregende kwalificatie heeft hij een geweldige tweede tijd neergezet, maar door de motorwissel moet hij beginnen vanaf plaats dertien. De verontwaardiging over de straf is groot: waar slaat dat nou op? Al die belachelijke regels, zoiets mag toch gewoon niet?

Vanaf de dertiende plek begint Max maar weer eens aan een van zijn inhaalraces. Al bij de start schiet hij diverse tegenstanders voorbij. In de eerste chicane ligt hij al negende en in de volgende bocht gaat hij ook Pérez voorbij. Achtste. Zo kennen we hem weer. In de derde ronde wil Max ook Massa voorbij in de eerste chicane. Massa geeft echter geen centimeter ruimte, de auto's raken elkaar en Max komt naast de baan terecht, waar hij over de hoge, oranje kerbs hobbelt. De aanvaring resulteert in een lekke band – race verloren. Nederland ontploft. Wat denkt die Massa wel, die oude zeurkous die allang uit de Formule 1 had moeten verdwijnen, hij moet een straf krijgen! De wedstrijdleiding oordeelt anders: racing incident. En dat is terecht. Max had beter nog een ronde kunnen wachten tot de DRS gebruikt mocht worden (in de openingsronden is dat niet toegestaan), dan had hij Massa waarschijnlijk vrij eenvoudig voorbij kunnen rijden. Toch is er, ook na afloop, bijna niemand die deze mogelijkheid ziet. Massa is de grote boosdoener. Het hoort natuurlijk ook bij Max: het gaatje was er, dus gaan! Rustig een ronde wachten is er gewoon niet bij. Hij is een racer. Ook in Nederland kunnen zijn fans en volgers niet langer wachten. De pechreeks sleept iedereen mee, we willen allemaal zo graag dat Max weer eens wint. Te graag. Eens moet die gifbeker toch leeg zijn?

20

Et emergo

Je ziet het vaker bij coureurs in het tweede jaar in de Formule 1 of bij een topteam: een dip die eigenlijk helemaal geen dip is. Het is de steil omhoog vliegende curve die wat afvlakt. Het wordt allemaal wat lastiger, het is niet meer doorbraak na doorbraak: eerste race, eerste punten, eerste podium, eerste zege. En soms zit het gewoon tegen zonder dat je er echt iets aan kunt doen. Hoe ga je daarmee om? Dat is een belangrijk aspect, veel minder zichtbaar en des te lastiger, in elke sport en zeker in de Formule 1. *Character building* heet dat. Niemand heeft met de *debriefs* van Red Bull mee kunnen kijken. Hoe moet je je opstellen na de zoveelste uitvalbeurt? Blijf je kalm, of moet je juist met de vuist op tafel slaan? Ga je wijzen? Of alleen luisteren? Of moet je de boel moed in praten? De balans tussen kritiek en motivatie is soms wankel. Na de Grand Prix van Oostenrijk is Max op de fabriek van Red Bull in Engeland geweest om het personeel toe te spreken. Motiverend. Teamchef Christian Horner ziet daarom wel iets positiefs in de pechreeks: Max wordt er sterker van. Max haalt zijn schouders op: 'Ik heb dit niet nodig om sterker te worden. Geef mij maar een winnende auto.'

Het enige positieve is: de Red Bull RB13 gaat steeds sneller en begint de andere twee topteams stilaan uit te dagen.

De Grand Prix van Singapore, de veertiende race van het seizoen, met nog zeven races te gaan, biedt kansen. Op het stratencircuit, waar in de nacht geracet wordt, is de Mercedes meestal niet vooruit te branden. Het langzame circuit ligt hen niet. Tijdens de twee trainingssessies op vrijdag is Ricciardo de snelste. Op zaterdag, in de laatste vrije training, voert Max de lijst aan. De Red Bulls hebben overduidelijk de snelheid te pakken. De kwalificatie gaat in drie korte sessies: Q1, Q2 en Q3. Na elke sessie vallen er vijf coureurs af, tot in Q3 de overgebleven tien coureurs strijden om poleposition. Zowel in Q1 als in Q2 laat Max de snelste tijd noteren. Gaat hij op weg naar zijn eerste poleposition? Pole, je wint er niks mee. Nou ja, je mag helemaal vooraan starten, dat is natuurlijk de beste plek om een race te beginnen. Het is ook een teken, het is prestige: je bent de snelste van allemaal. Echt snelle coureurs scoorden in hun carrières veel polepositions. Jim Clark was lang recordhouder, tot Senna hem ruimschoots passeerde. Senna werd op zijn beurt weer ingehaald door Schumacher. Er komen echter steeds meer races per jaar, dus ook meer poles. Als je kijkt naar de percentages, staat Fangio bovenaan, met 55 procent – in meer dan de helft van zijn Grands Prix stond hij dus op pole! Clark volgt met 45 procent, Senna staat op 40. Hamilton volgt met zo'n 35 procent. In 2017 evenaart Hamilton in Canada het aantal polepositions van Senna en in Monza passeert hij ook Schumacher. Het eerste van de onaantastbaar geachte records van Schumacher is gesneuveld.

Max is in 2017 vaak sneller dan zijn teamgenoot in de kwalificatie, maar een poleposition heeft hij nog niet gescoord. In Singapore kan hij de jongste polesitter in de Formule 1-geschiedenis worden. De spanning stijgt als de laatste sessie begint. Max zet onmiddellijk een supertijd neer. Maar meteen daarop gaat Vettel sneller. Het is een van de specialiteiten van Vettel: net als Schumacher weet hij precies op het juiste moment dat ene superrondje te rijden. Max slaagt er niet meer in om de tijd van Vettel te verbeteren. Alleen Vettel zelf gaat sneller. In de allerlaatste minuten verbetert hij zijn eigen tijd nog eens. Tijdens dat rondje slaat hij echter ook met een van de achterwielen hard tegen de afzetting. Er is weliswaar geen schade, maar het lijkt een teken: misschien is Vettel wel iets te veel gebrand op een goed resultaat in Singapore.

Naast elkaar staan ze, de vrienden, op de eerste rij. Max ruikt zijn kans op de zege en Vettel ziet een kans om Hamilton weer te passeren in de strijd om de wereldtitel. Hamilton start slechts vanaf plaats vijf.

Als de lichten doven, is Max goed weg, iets beter dan Vettel. Achter Max is Räikkönen echter nóg beter gestart. Vettel kijkt opzij. Hij ziet hoe Max bijna op gelijke hoogte komt en besluit hem flink af te knijpen. Hij stuurt zijn Ferrari diagonaal over de baan naar links. Het is een oude Schumacher-truc. Schumi werd erom gehaat in de jaren negentig, maar nooit bestraft. Terwijl Vettel op Max afrijdt, ziet hij niet hoe aan de andere kant van de Red Bull Räikkönen rakelings langs de pitmuur voorbij komt. Max ziet het aankomen: hij komt klem te zitten in een Ferrari-sandwich. Vettel laat geen ruimte over, remmen zou helemaal gevaarlijk zijn, de wielen van Räikkönen en Max raken elkaar. Alles gebeurt in een flits onder volle acceleratie. Räikkönen slaat onmiddellijk dwars en ramt de Ferrari van Vettel in de flank. Vonken sproeien in het rond. Stuurloos tolt Räikkönen over de uitrit van de pitstraat. Max roept al over de radio dat hij schade heeft en dan tikt het rechtdoor gegleden Ferrari-projectiel nummer 7 hem hardhandig van de baan: 'Ooohrg!' Race over. Ook de McLaren van Alonso is geraakt en uitgeschakeld. Vettel is de eerste bocht in gedoken. Zijn Ferrari is aan de zijkant zwaar beschadigd. Water uit de radiotoren sproeit over de banden, hij spint tegen de afzetting, neus eraf – hij moet eveneens opgeven. De leider in de race heet Lewis Hamilton.

Herhalingen tonen dat Max geen kant op kan, hij wordt gemangeld door de twee Ferrari's. Vettel verontschuldigt zich later dat hij Räikkönen niet gezien heeft. Toch is het gewoon oliedom. Voor de zoveelste keer is hij betrokken bij een startcrash. Door zo agressief in te sturen zoekt hij het gevaar op. Hij maakt de ruimte kleiner en de kans op ongelukken groter. Kan iemand hem eens vertellen dat je races niet wint in de eerste bocht? Of is hij zo gefixeerd, om niet te zeggen geobsedeerd, door Max? Het heeft er alle schijn van. Hij had de Red Bull gewoon voor moeten laten gaan. Het ding ging waarschijnlijk toch weer stuk, bovendien reed zijn echte tegenstander nog altijd een paar plaatsen achter hem. Vettel verspeelt dure punten. Sterker nog: hij gooit zijn kans op de titel aan diggelen.

De drie Aziatische races, Singapore, Maleisië en Japan blijken beslissend in de strijd om het kampioenschap. Sinds de zomerstop heeft Mercedes sprongen vooruit gemaakt. Voor de zomer werd de auto door Toto Wolff nog uitgemaakt voor 'diva': een auto met vreemde kuren, waarvan niemand wist hoe ze op te lossen. Sinds Spa heeft het team de diva echter onder controle en prompt wint Hamilton drie races op rij. Het lek is boven. Om bij te blijven moeten Vettel en Ferrari boven hun macht reiken. En net als in 2016 bezwijken ze onder de druk. De onnodige botsing in Singapore is slechts het begin van de afgang. In Maleisië lijkt de Ferrari wederom de snelste auto, maar aan het eind van de derde vrije training, de laatste voor de kwalificatie, gaat de motor van Vettel stuk. Het team wisselt de motor in recordtijd, maar het mag niet baten: Vettel moet de race achteraan beginnen. Op zondagmiddag heeft Räikkönen op de grid, op startplaats twee, eenzelfde probleem. Verwoed zoeken de monteurs naar een oplossing, maar die is er niet. De Ferrari wordt aan de kant geduwd, Räikkönen kan niet starten. Op zoek naar meer snelheid om Mercedes te pareren heeft Ferrari waarschijnlijk te veel risico genomen. Vettel rijdt nog wel een Verstappen-achtige inhaalrace: in één ronde van plaats twintig naar dertien en daarna door naar plek vier. Het is niet genoeg. Want Hamiton – nee, Hamilton wint niet in Maleisië.

Zonder Räikkönen naast hem op de eerste rij pakt Hamilton vrij eenvoudig de leiding in de race. Achter hem probeert Bottas de tweede plek te pakken ten koste van Max, die vanaf plaats drie vertrokken is. Bottas gooit zijn Mercedes aan de buitenkant naast de Red Bull. Een paar bochten lang gaan ze naast elkaar, tot Max in bocht 3 de Mercedes achter zich kan laten. Nog eenmaal dreigt de Fin, maar Max geeft geen krimp. Dan moet Bottas afhaken. In tegenstelling tot Hamilton krijgt hij de diva maar niet aan het racen.

Als hij Bottas heeft afgeschud, gaat Max op zoek naar Hamilton. Bij het ingaan van de vierde ronde zit hij onder de achtervleugel van de Mercedes, DRS open, en zonder een moment te aarzelen zet Max zijn wagen naast de Mercedes aan de binnenkant. Naast elkaar gaan ze op de bocht af. Max eist de plek op en steekt Hamilton voorbij. 'Zo doen we dat,' klinkt het verbeten over de boordradio. Max leidt de race en loopt meteen weg bij Hamilton, zodat deze niet terug kan komen met behulp van de DRS. Natuurlijk nam Hamilton niet alle risico. Hij liet Max voldoende ruimte, hij dacht aan de titel, en dat is ook precies waar Max op rekende.

Nog tweeënvijftig ronden te gaan. Gaat het ditmaal wel lukken? Iedereen in Nederland houdt zijn adem in. Net als in Barcelona destijds wordt het doodstil op de sociale media. Toen waren het verbazing en ongeloof, nu zijn het gewoon samengeknepen billen. Tweeënvijftig ronden lang. Blijft die motor dit keer heel? Koken de remmen niet over? Zit de accu vol genoeg? En die veiligheidsklep, staat die open of moet zo'n ding juist dicht zitten? Vreselijk, wat duren die races toch lang. Op zulke momenten moet je hopen dat er achter Max van alles gebeurt – zoals Ricciardo die gehakt maakt van Bottas – en daar dan graag een paar herhalingen van. Zo gaat de tijd namelijk sneller en zit je niet steeds in een rare mengeling van trance en angst te koekeloeren naar die leidende Red Bull. Laat die maar vooral uit beeld blijven. Geen nieuws is goed nieuws. Heel af en toe schakelt de regie naar Max. Als het tekentje van de boordradio er dan bij komt, krijg je al bijna een hartverzakking: wat gaat er nu weer mis? Maar het is niks: een raar gevoel bij het schakelen, iets met de voorband – details. Kalm blijven. Hij gaat het gewoon halen. Hij moet wel blijven trappen en mag geen fout maken, want achter hem rijdt Hamilton op schootsafstand. Gelukkig is Vettel ver weg. Hoe minder ronden er nog te rijden zijn, hoe zenuwslopender het wordt. Alles blijft echter op z'n plek. Max wint. Zijn tweede Grand Prix-zege. En wat voor een! Winst! Winst als balsem, als zoetigheid die alles vergoedt. De bittere smaak van het seizoen is in één klap weggespoeld. Ja, er zijn veel punten verloren en Max geeft toe dat hem dat niet onberoerd liet, maar dat alles is nu voorbij. Winst. Niets dan lachende gezichten. Tranen zelfs bij zijn zusje Victoria. Het is pure genoegdoening.

21
De show

De nieuwe Amerikaanse eigenaren van de Formule 1, Liberty Media, zijn zich zeer bewust dat de Formule 1 naast een sportwedstrijd en big business een show is, een spektakel voor de fans. Bernie Ecclestone, begin 2017 door Liberty aan de kant geschoven, was een circusdirecteur van de oude stempel: hij stamde nog uit de tijd van de steeksleutels, motorolie en brandende bolides langs de baan. Racen op zichzelf was spektakel genoeg vond hij, zolang er tenminste flink mee verdiend kon worden. Liberty Media zoekt verbreding, modernisering. Om geld te verdienen, heus. Deelnemers mogen vanaf nu korte clips op hun sociale media publiceren, er verschijnt zelfs een filmpje van een rijdersbriefing – onder Ecclestone volkomen ondenkbaar. In Engeland komt het hele circus een paar dagen voor de Grand Prix op Silverstone naar Londen. Daar scheuren de auto's een rondje tussen Westminster en Trafalgar Square, door het hartje van de stad. De donuts, de herrie, het decor: het is echt een feest. Daarnaast worden de races steeds meer omlijst door concerten van populaire artiesten. Op weg naar de Grand Prix van Amerika merkt een journalist dat hij al een tijdje langs grote billboards rijdt waarop de Grand Prix wordt aangekondigd: 'The Grand Prix of the United States of America – starring: Justin Timberlake en Stevie Wonder.' Om wie draait het nu eigenlijk dit weekend, vraagt hij zich af. De kwalificatie op zaterdag wordt zelfs verzet, zodat deze mooi aansluit op het optreden van

Justin Timberlake. Puristen zoals ik beginnen te grommen. Wij kunnen er slecht tegen als er wordt getornd aan vaste tradities. Soms zijn we daar wat te star in. Soms hebben we helemaal gelijk.

De aanloop naar een Grand Prix op zondag, de *build-up*, verloopt altijd via een vast stramien. De coureurs worden over het circuit rondgereden in oude auto's of achter op een vrachtwagen om te kunnen zwaaien naar het publiek langs de baan. Tegenwoordig wordt er wel eens gestopt om de fans toe te spreken. Zo sprak Max in Oostenrijk en België tot zijn fans en mocht hij met een luchtdrukpistool T-shirts het publiek in schieten. Hartstikke leuk. Vooruitgang. In Amerika heeft men voor de presentatie van de coureurs dit keer iets anders bedacht. Een beroemde ringspeaker uit de bokssport, Michael Buffer, staat op een podium en kondigt de rijders met de nodige retoriek aan. Daarop komen de genoemde coureurs uit een rokende tunnel gelopen, over een rode loper omzoomd door cheerleaders die breed lachend met hun franjes wapperen. Een echte show, maar totaal misplaatst. Het is iets voor de oude, eerbiedwaardige Indianapolis 500 op Memorial Day – Amerikaanse pomp, met soldaten en liederen. De Formule 1 is daar veel te Europees voor. Het is te veel. Magnussen en Ericsson als megasterren. De boksomroeper, die normaal slechts twee helden hoeft aan te kondigen, is al snel door zijn superlatieven heen en valt in herhaling. Het is hol. Op de sociale media zie ik echter allemaal juichende berichten over de show. Even vrees ik dat ik nu toch een oude *grumpy* purist aan het worden ben, tot ik een tweet van Arie Luyendijk voorbij zie komen: 'Ik schaam me kapot voor die box-lul.' Juist! Amerika en de Formule 1 zullen het altijd lastig met elkaar blijven hebben. De Formule 1 moet vooral aards blijven, gewoon met alle vier de wielen op het asfalt blijven staan. Coureurs zijn mensen die zenuwachtig op de grid nog vlug een nietszeggend interviewtje geven. Dát willen we zien.

De race. Leuk hoor, Justin en Stevie, maar ons gaat het om de race. Die race wordt een fantastische show. Max start vanaf plaats zestien. Handenwrijvend zitten de Nederlandse racefans voor de buis: dat wordt weer een fijne pot inhalen geblazen. En dat kan op dit fraaie circuit. Dat hebben ze in Amerika dan weer wel. *The Circuit Of The Americas* is een bloemlezing van geweldige passages van circuits over de hele wereld. Na de start is er meteen een run steil omhoog naar een blinde bocht, zoals ooit de beruchte Hella Licht Kurve op de oude Österreichring, er is een snelle slingercombinatie als Maggots en Becketts op Silverstone, er is een haarspeld als de Adelaidebocht op Magny Cours, een technische passage als het Motodrom in Hockenheim en een lang doordraaiende bocht met meerdere apexen, zoals de beroemde bocht 8 in Istanbul. Hopelijk blijft het circuit lang op de kalender staan. Dan nemen we Michael Buffer en zijn cheerleaders op de koop toe.

Max zet er onmiddellijk de sokken in. Stroll, Ericsson en Wehrlein zijn na een ronde al gezien. Dan volgen per ronde Kvyat, Pérez en Massa. Vervolgens zijn Sainz en Alonso aan de beurt en een paar ronden later Ocon. Na tien ronden ligt Max alweer op de zesde plaats. Max is op hardere banden vertrokken, de leiders gaan dus allemaal eerder naar binnen voor hun bandenwissel, zodat Max in ronde 21 zelfs even aan de leiding rijdt. Na de stop van Max is de rangorde hersteld: Hamilton, Vettel, Bottas, Räikkönen, Max. Ricciardo is al uitgevallen. Op twee derde van de race besluit Red Bull te kiezen voor de aanval. Max wisselt opnieuw banden. Het kost een hoop tijd, maar op de versere banden kan hij die snel weer goed maken en waarschijnlijk meer dan dat. Algauw volgt Vettel het voorbeeld. En inderdaad, met nog vijf ronden te gaan wordt Bottas ingehaald door Vettel en Max. Wanneer Räikkönen, conform de teamafspraken, Vettel voorbij heeft gelaten, ziet hij in zijn spiegels de Red Bull van Max. En Max nadert. Als de laatste ronde ingaat, zie je Max, als Schumacher in zijn beste dagen, de auto bij zijn nekvel pakken en over het circuit sleuren. Hij komt snel dichterbij, maar waar moet hij erlangs? Je wéét dat hij het ergens een keer gaat proberen. Zoon van zijn vader. Bij de haarspeldbocht zit hij nog te ver achter. In de run omlaag dan, bij bocht 12, waar veel inhaalacties zijn geweest. Nog steeds te ver. Het Hockenheim-gedeelte, daar moet het gebeuren. Max loert, kiest af en toe al een andere lijn, wijder, sneller. Net als ze onder een loopbrug doorgaan, is er een gaatje, in de Istanbulbocht. Meteen op de eerste apex prikt Max zijn Red Bull naast de Ferrari. Räikkönen ziet hem pas op het laatste moment, geeft ruimte en ziet Max voorbij vliegen. Hij heeft hem toch te pakken gekregen! Groot gejuich op de tribunes. Commentatoren gillen het uit. Wat was dit spannend. En wat een *move*! Natuurlijk wisten we dat hij het ging doen, maar als het dan gebeurt, is het zo geweldig om te zien, om mee te maken – dit is racen, dit is Formule 1.

Hamilton wint. Vettel wordt tweede en Max completeert het podium. Of niet? Max is al in het zweethokje achter het podium, in gesprek met Vettel en Hamilton, als ook Räikkönen verschijnt. Wij weten het al. Het oordeel van de stewards is al onder in beeld verschenen. Deze keer hadden ze maar een paar tellen nodig. Een persmedewerker van de FIA komt binnen en vertelt het nu ook aan Max: hij heeft een tijdstraf gekregen van vijf seconden, omdat hij bij het passeren van Räikkönen buiten de baan heeft gereden. Voor de tweede keer in zijn korte loopbaan wordt Max net voor het podium weggeplukt. Hij glimlacht zuur. Hoe is het mogelijk? De beste inhaalactie van het jaar wordt afgekeurd.

De stoom komt nog uit zijn oren als Max even later voor de televisiecamera's verschijnt. Hij haalt hard uit naar de stewards. Een van hen probeert hem elke keer een straf aan te smeren, zegt hij. Hij noemt de man in kwestie een 'mongool'. Hij vindt het slecht voor de sport. Hij hoopt dat er volgend jaar niemand meer komt kijken. Max is boos.

22

MaxMania

In Nederland breekt de pleuris uit. De sociale media voorop. Jos Verstappen tweet onmiddellijk dat de FIA zich moet schamen en dat zij zich weer eens laten kennen als Ferrari International Assistance. Ook vanuit het buitenland komt er kritiek op de beslissing van de stewards. Mario Andretti en Alexander Wurz, voorzitter van de Grand Prix Drivers Association, vinden de straf volkomen onterecht. Ook Niki Lauda snapt er niks van: 'Het is een totaal verkeerde beslissing. We hebben afgesproken dat we de coureurs meer zouden laten racen. Hiermee wordt de sport kapotgemaakt.' Zou hij dat ook gezegd hebben als Max een van zijn Mercedes-coureurs had ingehaald? Ik denk het niet.

Al snel zijn er beelden, foto's, clips die aantonen dat Max inderdaad met vier wielen over de zeer brede kerbs is gegaan, dus buiten de witte lijn langs het asfalt. Meteen zijn er ook legio beelden van andere coureurs die deze race buiten de lijntjes zijn gegaan. Hoe zit dat dan? Je kunt er eindeloos over blijven discussiëren, en dat gebeurt dan ook. De discussies gaan in eerste instantie vooral om de inconsequente toepassing van de regels. Overal gingen er coureurs naast de baan vandaag. Dus waarom de een wel straffen en al die anderen niet? Later zal Charlie Whiting zijn stewards verdedigen met het argument dat Max de enige was die blijvend voordeel behaalde uit de overtreding. Het ging om plek drie, zoiets springt in het oog. Aan het begin van het seizoen is echter gezegd dat de wedstrijdleiding de coureurs meer vrijheid zou geven om te racen, precies zoals Lauda zegt. Dat gold ook voor de *track limits*. En wanneer coureurs in bepaalde bochten beslist niet over de rand mochten gaan, dan zou dat vooraf aangegeven worden. Later zal ook Pérez zich beklagen: de FIA moet duidelijker zijn over wat er nu wel en niet mag met die track limits. Maar ja, naar de letter van de wet hebben de stewards wel weer gelijk: *leaving the track and gaining an advantage* – inhalen naast de baan, dat mag niet. Die regel is er echter vooral voor het afsteken van erg grote stukken baan, bijvoorbeeld bij een chicane. Max volgde in wezen de lijn van het circuit, hij nam een ultrabinnenbocht. Al die dingen bij elkaar opgeteld maken een coulante beoordeling van deze situatie gerechtvaardigd. Eén ding is in elk geval duidelijk: Max verlegt grenzen. Letterlijk.

In Nederland weten we wel hoe het zit. Het bange establishment moet het jonkie zo nodig de les lezen. Ferrari moet weer geholpen worden. Normaal moeten de stewards eerst allerlei beelden checken en overleggen, nu waren ze er verdacht snel uit. Een van hen blijkt vorig jaar ook betrokken geweest bij de beslissing om Max van het podium te halen in Mexico. En hij was het die Mercedes adviseerde om een protest in te dienen in Japan, toen Max Hamilton blokte in de chicane. Heeft hij de pik op Max? Volgens iedereen in Nederland wel. Later zal een van de andere stewards, ex-Formule 1-coureur Mika Salo, onthullen dat hij na deze Grand Prix diverse doodsbedreigingen heeft ontvangen. Het begint uit de hand te lopen.

Anonieme idioten en reaguurders heb je overal, maar het lijkt er af en toe op dat veel fans fanatieker zijn dan Max zelf. Max' incasseringsvermogen werd in Amerika zwaar op de proef gesteld, dat van zijn fans lijkt bezweken. Het is echter ook de teneur in de media. Overal, in de kranten en op de televisie, wordt de affaire breed uitgemeten. Iedereen mengt zich, liefst zo luid mogelijk, in de collectieve verontwaardiging.

De dagen daarna komen er ook tegengeluiden. Eerst vallen er mensen over Max' woordgebruik. 'Mongool', dat mag je niet zeggen. Zelfs Damon Hill, die een kind met het syndroom van Down heeft, laat van zich horen: Max zou dat woord niet moeten gebruiken, tweet hij met Engels understatement. Anderzijds neemt Hamilton het voor Max op: Max is nog jong, hij zegt nu dingen die hij over een paar jaar nooit meer zal zeggen, laat hem toch met rust. In de Ziggo-talkshow *Peptalk* biedt Max zijn excuses aan voor de woordkeuze: het flapte eruit in het heetst van de strijd, hij heeft niemand willen kwetsen of beledigen. Zijn kritiek op de beslissing van de stewards blijft recht overeind. 'Ik ga me niet inhouden of liegen. Ik ben rechtdoorzee. Zo zit ik nu eenmaal in elkaar.'

Op de website van het AD mengt columnist Thijs Zonneveld zich in de discussie. Hij richt zijn kritiek niet eens zozeer op Max als wel op de cultuur die er inmiddels rond Max geschapen is. De vraag of Max iets verkeerds heeft gedaan, is verboden terrein geworden, stelt hij. De journalisten – Zonneveld doelt met name op de verslaggeving van Ziggo – zitten ongezond dicht tegen Max aan. Zo kunnen ze nooit onafhankelijk en kritisch zijn. Hij heeft een punt. Maar zo werkt het nu eenmaal in de Formule 1. De journalisten zijn, of ze willen of niet, een deel van het circus. Ze moeten op hun woorden passen. Ze moeten de hoofdrolspelers en hun gevolg te vriend houden en de sport verkopen aan het grote publiek. Als ze te veel uit de pas lopen, kunnen ze in de toekomst een mooi interview of een paar exclusieve quotes wel vergeten. Daar komt ook nog eens een flinke dosis chauvinisme bij. Niet alleen in Nederland. Ook de Britse pers steekt zijn Britse helden vaak tenenkrommend de lucht in, hetzelfde gebeurt in Duitsland. Het zal overal wel zo zijn. In Nederland is het nu veel erger, omdat wij nog nooit zo'n geweldige coureur in de Formule 1 hebben gehad. Eindelijk doen we een keer echt mee in die grotemensensport, een sport van de hele wereld. Daarom is er nu even geen ruimte voor nuance, en al helemaal niet voor kritiek. Er is in het verleden wel genoeg afgegeven op de autosport. Wie niet honderd procent voor Max is, is tegen hem. Zonneveld wordt overal weggehoond. Hij begrijpt gewoon niks van de Formule 1. Zelfs Jos stuurt een afkeurende tweet: Zonneveld moet niet doen alsof hij er alles van weet. De column is opvallend snel van de voorpagina van de site verdwenen. Er is een Belgische journalist voor nodig om de situatie van een afstand te beschrijven. In de NRC schrijft Hugo Camps: 'Half Nederland is gek van Max en hangt om hem heen als een pantser tegen kritiek en vijandigheid. Verstappen is boven alle kritiek verheven. Hij heeft een ombuiging van de volksaard ontketend: van cynisme naar aanbidding.' Ik weet niet of nu de hele volksaard is omgebogen, maar het geldt in elk geval wel voor de beleving van de Formule 1. Van vileine grindbakgrappen naar onvoorwaardelijke adoratie. Ik snap het wel. Eindelijk hebben we een winnaar. Een coureur die bovendien geweldige dingen laat zien op het circuit. Zo'n talent komt maar eens in de honderd jaar langs, stelt Niki Lauda. En zo is het. Max steekt met kop en schouders boven de rest uit en is er klaar voor om de hele Formule 1 naar zijn hand te zetten.

23
Soeverein

Slechts een week zit er tussen de races in Amerika en Mexico, en heel die week heb ik het gevoel: daar in Mexico gaat Max ze allemaal op hun nummer zetten. De titelstrijd is nog niet definitief beslist. Vettel moet winnen en Hamilton mag niet te veel verliezen. Ze zullen allebei voorzichtig moeten zijn. Max niet. Hij kan voluit gaan, hij heeft niets te verliezen. Vorig jaar was Max hier al goed bezig, en ook toen werd hij van het podium geplukt. Tijd om het een en ander recht te zetten.

Het Autódromo Hermanos Rodríguez in Mexico City is vernoemd naar de broers Rodríguez, die een halve eeuw geleden met hun triomfen en tragedies de Mexicaanse racemythologie stichtten. Aangemoedigd door hun charismatische vader – presidentiële bodyguard, regelaar, motoragent, motoracrobaat en later een steenrijke spoorwegondernemer – stortten Pedro en Ricardo zich op de racerij. Nadat ze samen in Mexico zo'n beetje alles hadden gewonnen, gingen ze Le Mans doen. In 1958 werden ze echter weggestuurd. Met zijn zestien jaar werd Ricardo nog te jong bevonden. Anders dan in Mexico lukte het papa deze keer niet om iets met de papieren te 'regelen'. Belust op revanche kwamen ze de jaren daarna terug, gesteund door Ferrari. Echter, elke keer weer reden de broers hun auto kapot. Te wild, te onstuimig. Ricardo was destijds de Mexicaanse Max: supersnel en altijd vol in de aanval tot hij vooraan lag. Hij was daarom de lieveling van het Mexicaanse publiek en van zijn vader. Ook de oude Enzo Ferrari was dol op Ricardo en gaf hem een kans in de Formule 1. Negentien was hij bij zijn debuut op Monza in 1961. Lang was hij de jongste coureur ooit die zijn auto op de eerste startrij kwalificeerde. Dat record werd pas in 2016 gebroken. Door Max. Aangejaagd door de Rodríguez-euforie werd eind 1962 de eerste Grand Prix van Mexico georganiseerd op het Magdalena Mixhuca-circuit. Ferrari besloot echter geen auto's te sturen. Ricardo wilde de race voor zijn fans natuurlijk winnen en stapte eenmalig over naar Lotus. Trots met startnummer 1 op zijn auto zette hij meteen de snelste trainingstijd neer. Tot vlak voor tijd Surtees een fractie sneller reed. Ricardo stapte opnieuw in. Hij kuste nog eenmaal de hand van zijn vader die naast de auto stond en vertrok. Om nooit meer terug te keren. Hij verongelukte in de beruchte Peraltadabocht – een schuin oplopende kombocht, vlak voor de finish. Mexico was in diepe rouw. Andere tijden. De Peraltadabocht wordt niet meer gebruikt. Hij ligt er nog wel, verstopt achter het stadion. En Pedro? Pedro deed het wat rustiger aan. Hij won uiteindelijk in Le Mans in 1968 en zegevierde in twee Grands Prix. Toch verongelukte ook hij, tijdens een onbeduidende Sportscar-race op de Norisring in Duitsland.

Ik geef toe dat ik stiekem wel eens bang ben geweest dat Max de Nederlandse Ricardo Rodríguez ging worden. Nu, na drie jaar, ben ik gerust. Max, hoe jong hij ook is, weet wat hij doet. De complexen van onze vaders dragen we toch wel met ons mee, het gaat erom dat je vooruit gaat, je eigen weg kiest. In Mexico voegt Max daar weer een nieuwe dimensie aan toe.

In de vrije trainingen zijn het Mercedes en Red Bull die de toon zetten. Max gaat steeds wat sneller en in de derde vrije training voert hij de lijst aan. Ook in de kwalificatie zit hij steeds voorin, in Q2 zet hij opnieuw de snelste tijd neer, sneller heeft nog niemand gereden dit weekend. Gaat hij dan hier in Mexico voor zijn eerste poleposition? Nee, want in Q3 flikt Vettel zijn kunstje weer: op het allerlaatste moment perst hij een superronde uit zijn Ferrari en pakt de pole. Max is niet blij, want dit keer was hij wel heel dichtbij. Zesentachtigduizendste van een seconde scheelt het. *That's motorracing.* Op zondag staan ze weer naast elkaar: Vettel en Max. Als de lichten uitgaan stormt het hele veld over dat lekkere lange stuk van bijna een kilometer richting bocht 1. Vettel is goed weg. Max duikt meteen achter hem in de slipstream. Na een paar honderd meter komt hij eruit tevoorschijn en komt hij aan de buitenkant bijna langszij. Nog verder naar buiten rijdt Hamilton, kijkend naar wat er nu weer gebeuren gaat. Remmen. Vettel ligt voor, maar Max neemt aan de buitenkant meer snelheid mee de bocht in. Zij aan zij, Max met twee (jawel, twee, dat mag) wielen over de witte lijn. Geen van beide geeft af. Er is een lichte touché van de banden. Max ligt iets voor, heeft in bocht 2 de binnenkant en pakt de leiding. Net als in Canada rijdt hij bij zijn inhaalactie een stukje van Vettels voorvleugel af. Opnieuw heeft hij geluk dat hij geen lekke band oploopt. Hamilton glijdt ook voorbij Vettel en dreigt heel even aan de buitenkant in bocht 3 bij Max. Dan is er nog een touché: Vettels beschadigde voorvleugel raakt de rechterachterband van Hamilton. Eenmaal beschadigd heeft koolstofvezel vlijmscherpe randen, dus Hamiltons band wordt onmiddellijk lek gestoken. Bam! Wat een start. Max heeft de beide titelkandidaten op hun nummer gezet. Allebei moeten ze de pits in, Hamilton om banden te wisselen, Vettel haalt een nieuwe neus. Vettel moest winnen om zijn titeldroom levend te houden. Dus die strijd lijkt nu wel beslist.

Max leidt. Soeverein. Hij heeft het al vaker gezegd: al die inhaalacties zijn wel leuk en mooi om te zien, maar liever wint hij van kop af een doodsaaie race. Van start tot finish. Zo heeft hij het al zo vaak gedaan in de karts. Zo is hij in zijn element: lekker racen, de snelste van allemaal, op de winst af, alles onder controle. Hij zet Hamilton op een ronde, Vettel bijna. Je hebt van die dagen dat alles goed gaat, dagen dat je niks kan gebeuren. Dit is er zo een voor Max. Op de pitmuur krijgen ze het echter Spaans benauwd als de ene na de andere Renault-motor de geest geeft. Ricciardo valt uit met motorpech in ronde vijf. Hülkenberg in de vierentwintigste, Hartley in de dertigste en Sainz in de negenenvijftigste ronde. Allemaal motorproblemen. Via de radio wordt Max gevraagd om wat langzamer te rijden, een beetje zoals Bottas achter hem. Het lukt niet echt, grinnikt Max over de radio. Na afloop kan hij er alleen maar om lachen. Dit was de gemakkelijkste race uit zijn loopbaan. Hij hoefde alleen maar een beetje op de banden te letten. Het volle stadion juicht als Max zijn auto voor het podium geparkeerd heeft. Het publiek weet het: vandaag hebben ze iets bijzonders gezien. Iedereen gunt het hem. Niemand die hem deze keer komt weghalen. Max heeft wat Senna had en wat Schumacher ook had: de overtuiging, de wetenschap dat zij de Formule 1 in zijn gestapt om er te heersen. *To own it.* Deze race is een voorbode. Er zullen nog heel wat races volgen waarin Max onmiddellijk de kop grijpt, wegloopt en controleert. Saaie races. Heel veel saaie races. Alleen niet voor Max en zijn fans, want winnen, zei Jody Scheckter ooit in een interview, winnen verveelt nooit.

V

Tegen de top aan

24

De belangrijkste les 2018

Eind 2017 tekent Max een nieuw contract bij Red Bull, tot en met 2020. Bij het Red Bull-team voelt hij zich thuis. Zij hebben hem tenslotte de kans gegeven, er is wederzijds vertrouwen en het team draait inmiddels helemaal om hem. De klinkende resultaten aan het eind van het seizoen helpen natuurlijk ook. Evenals het stevige salaris. Red Bull tast diep in de buidel: het exacte bedrag blijft geheim, maar insiders schatten het tussen de veertig en zestig miljoen voor drie jaar. Dietrich Mateschitz heeft het ervoor over. 'Het is mijn droom om Max de jongste Formule 1-wereldkampioen te maken met Red Bull.' Dat is overigens geen romantiek, dat is marketing. De verwachtingen voor 2018 zijn hooggespannen.

Maar in het voorjaar van 2018 gaat eigenlijk alles mis. Tijdens de kwalificatie voor de eerste race in Melbourne blijken Mercedes en Ferrari te beschikken over een speciale motorsetting die kortstondig extra vermogen levert. Hamilton noemt het extraatje de 'partymode'. Hiermee eisen zij eenvoudig de beste startplaatsen op. Max weet al op voorhand dat hij elke race op achterstand begint. Meteen na de start zit hij zelfs een tijdje vast achter Kevin Magnussen in een Haas. Een Haas! Max wordt ongeduldig, want dit was niet de bedoeling. De bodem van de auto raakt beschadigd, waardoor hij later spint. Een race om snel te vergeten.

De race in Australië blijkt echter de trigger voor een hele

reeks fouten, botsingen en uitvalbeurten. Het lijkt erop dat Max de opgelopen achterstand te gehaast wil goedmaken. In Bahrein vliegt hij tijdens de kwalificatie van de baan. Tijdens de inhaalrace die volgt, botst hij met Hamilton. In China lijken de kansen te keren. Door een snelle bandenwissel tijdens de safetycarfase kunnen de Red Bulls de aanval inzetten op de leiders. Bij een poging Hamilton in te halen schiet Max naast de baan, en een paar ronden later rijdt hij, te ongeduldig, tegen Vettel op. Na afloop geeft hij het zelf toe: hij heeft het verprutst. Is dit een keerpunt? Is dit het einde van de Sturm und Drang-periode die elke kampioen in zijn jonge jaren moet doormaken? Waar drie jaar eerder zijn opmars door de Formule 1 begon met overdonderende inhaalacties in China, stuit Max nu op een andere liga. Mannen als Ericsson en zelfs Pérez lieten zich nog afbluffen en opzijzetten, Vettel en Hamilton gaan niet aan de kant. Zij rijden in snellere wagens en strijden om zeges en om de titel. Wereldwijd is er kritiek op Max. Hij is te wild. Zo wordt hij nooit kampioen. Net zijn vader, wordt er in Nederland vaak vilein aan toegevoegd. Jos verdedigt zijn zoon: 'Ik wil niet dat hij zijn rijstijl verandert. Maar misschien moet hij soms wat meer nadenken.'

De race in China wordt gewonnen door Ricciardo. Max' teamgenoot ruikt zijn kans. Voor alle camera's verklaart hij dat hij klaar is voor de strijd om de wereldtitel. En in de volgende race, in Azerbeidzjan, ontbrandt een fascinerende strijd tussen de teamgenoten. Ricciardo lijkt in de straten van Baku meer snelheid te hebben en valt aan. Max verweert zich. *Wheelbanging*. Het gaat een paar keer maar net goed. Tot de negenendertigste ronde. Op het rechte stuk zet Ricciardo opnieuw de aanval in. Rechts. Max dekt die kant af. Als Ricciardo naar links duikt, beweegt ook Max naar links. Te dicht achter Max raakt Ricciardo alle *downforce* kwijt. Hij kan niet hard genoeg meer remmen en knalt tegen de wagen van zijn teamgenoot op. Beide auto's stuiteren zwaar beschadigd de uitloopzone in. Race over. Het moest er een keer van komen. Red Bull noemt de crash onacceptabel, maar weigert één schuldige aan te wijzen. De teamleiding had echter moeten ingrijpen. Het ging om meer dan de vierde plaats in de race, het ging om de hiërarchie binnen het team. Ricciardo vocht in Bakoe voor zijn laatste kans om binnen het team op de eerste plaats te komen. Tegen beter weten in. Want na Max' royale contractverlenging en de droom van Mateschitz weet Ricciardo ook wel dat hij zijn beste tijd bij Red Bull heeft gehad.

In Barcelona eindigt Max weer eens op het podium, als derde. In Monaco gaat het nog beter. In alle vrije trainingen zijn de twee Red Bulls absoluut de snelste. Ferrari en Mercedes kunnen in het bochtenlabyrint hun partymode niet ontplooien. De kwalificatie is hier allesbepalend, dus de overwinning lonkt. Tot, in de slotminuten van de laatste vrije training, Max er bij het zwembad keihard af vliegt. In de vangrail. Grote schade, die niet snel genoeg meer te repareren is. De kwalificatie is naar de haaien en dus ook de race. Vanaf de laatste startplaats in Monaco heeft zelfs Max geen enkele kans op een topklassering. Hoe kan het? 'Sainz zat in de weg,' voert Max nog als verklaring aan. Maar hij beseft ook: dit mag niet gebeuren. Zoiets moet in je systeem zitten. *Hazard* op de baan in Monaco tijdens de vrije training: meteen van het gas. Geen onnodige risico's, vooral schadevrij blijven, er staat nog niks op het spel. Het is allemaal leren, door schade en schande. De kritiek laait op, vooral op de sociale media. Zelfs Jan Lammers weet het even niet meer: 'Max is dé belofte. Alleen moet dat geen waardevolle cadeaubon worden die je nooit inwisselt.' Ook bij Red Bull wordt een hartig woordje gesproken. Naar buiten toe blijft Christian Horner mild. ‘Max moet stoppen met het maken van dit soort fouten. Hij zal ergens een resetknop moeten zien te vinden.’

Voor Max telt het allemaal niet. Niemand hoeft hem iets te vertellen. Hij praat liever met Jos. Jos herinnert Max aan de tijd dat hij nog kartte. Toen ging hij er soms ook te verbeten en te wild in. Destijds drukte Jos hem op het hart dat hij op zulke momenten best iets rustiger aan kon doen, omdat hij ook dan nog steeds de snelste was. Zo werkt het in de Formule 1 blijkbaar ook. Ergens na Monaco heeft Max het gemerkt. ‘Doordat ik in zekere zin wat langzamer aan ging doen, was ik uiteindelijk sneller,’ vertelt hij tegen het eind van het seizoen in een interview. Een mooie definitie van volwassen worden. Het is de belangrijkste les voor Max in 2018, misschien wel in zijn hele loopbaan. Rustiger aan doen. In de drie jaar op weg naar de top was dat absoluut een taboe. Maar nu, tegen de top aan, waar je de wereldtitel kunt ruiken, wordt de weg smaller, de marge kleiner, de tegenstand genadelozer. Nu wordt er iets extra’s gevraagd. Is racen meer dan iedereen zo snel mogelijk voorbij peren. Heus, zijn aanvallende rijstijl verandert niet, maar dat minimale flintertje kalmte brengt overzicht op het moment dat het nodig is. En dat leidt tot resultaat.

In Canada wordt Max opnieuw belaagd door de pers. Ook dat is de Formule 1. Aan het eind van de persconferentie is Max het zat. De volgende die begint over zijn rijstijl, die kan een kopstoot krijgen, dreigt hij. Dat is ook Max. Geen blad voor de mond. Op zondag scoort hij een solide derde plaats. In Frankrijk wordt hij zelfs tweede. Op naar Oostenrijk.

De Red Bull Ring in Oostenrijk kleurt ieder jaar meer en meer oranje. In 2018 is er pal naast de baan zelfs een hele *Max Verstappen Village* aangelegd. Inclusief een grote feesttent, waar Max ’s avonds acte de présence geeft. Maar liefst veertigduizend Nederlanders zijn naar de Grand Prix van Oostenrijk gereisd, en ze krijgen waar voor hun geld. Eindelijk zien zij hun Max een keer winnen. In de openingsronde steekt hij met een fraaie manoeuvre Räikkönen voorbij. Als Bottas daarna uitvalt en Mercedes blundert met de pitstops, ligt de weg ineens open. Het worden vijfenveertig zenuwslopende ronden voor zijn fans, maar netjes zijn banden sparend stuurt Max lijnrecht op de zege af. Het dak gaat eraf. Beelden van de gek springende en gezellig zingende oranje tribunes gaan de hele wereld over. Onder het podium staat Jos te glunderen: 'Mensen moeten nooit meer twijfelen aan zijn zogenaamd agressieve rijstijl. Max weet precies wat hij doet.'

Het is een keerpunt. Na de zomerpauze scoort Max 133 punten. Alleen Hamilton scoort er meer. Hamilton verkeert vanaf de zomer in topvorm, onder druk van Vettel en Ferrari. Ferrari lijkt in 2018 het gat naar Mercedes te hebben gedicht. De motor levert duidelijk meer vermogen. Voor de zomer wisselden Hamilton en Vettel elkaar voortdurend af aan kop in de strijd om de titel. Rond de zomer heeft Ferrari zelfs de overhand. Maar Vettel vergooit zijn kansen. In Hockenheim glijdt hij, royaal aan de leiding rijdend, naast de baan. Op Monza gaat hij te gehaast in de aanval bij teamgenoot Räikkönen, waarna hij met Hamilton botst. In Frankrijk rijdt hij bij de start tegen Bottas aan en in Japan botst hij met Max. Net als in voorgaande jaren is Vettel te vaak betrokken bij incidenten vroeg in de race. Zijn ongeduld nekt hem. In het heetst van de strijd mist hij blijkbaar toch de rust en het overzicht dat een echte grote kampioen nodig heeft. Precies daarom pakt Hamilton in 2018 zijn mooiste titel: hij heeft Vettel overduidelijk verslagen. Hamilton maakt zelden fouten. Precies op de momenten dat het moet staat hij er. Hij rijdt legendarische kwalificatierondjes, snelle, foutloze races en slaat zodra het kan meteen toe. En als het niet anders is, pakt hij gewoon de nodige punten, zoals in Engeland en België. In Mexico pakt Hamilton zijn vijfde wereldtitel.

Net als in 2017 leeft de Red Bull aan het eind van het seizoen helemaal op. In Mexico lijkt Max op weg naar een volgende record: de jongste *polesitter* ooit. Het is zijn laatste kans; als het hem niet lukt, blijft dat record in handen van Vettel. In de ijle lucht is de Red Bull de baas: in alle vrije trainingen is Max de snelste. Maar de poleposition wordt hem op het allerlaatste moment afgesnoept door zijn teamgenoot. Max is woedend. De bandentemperatuur klopte tijdens de kwalificatie ineens niet meer. Even getergd als vorig jaar rijdt hij op zondag de race snaarstrak naar huis. Zijn tweede zege van het jaar.

Twee weken later is ook de derde in de maak, in Brazilië. Op Interlagos passeert Max de vier intrinsiek snellere auto's vóór hem: eerst de twee Ferrari's, dan de twee Mercedessen. Gewoon op de baan. Ongekend. Zelfs Hamilton heeft geen antwoord. De Red Bull is top met de banden, de strategie klopt. Max gaat winnen. Tot in de vierenveertigste ronde Esteban Ocon moeilijk gaat doen. Op zijn verse banden gaat de Fransman een duel aan met Max. Onnodig, want hij rijdt al op een ronde achterstand. Als Max hem niet voorbij wil laten, wordt het duel hard en in de Senna-S botsen de auto's op elkaar. De twee jonge wolven stuiteren van de baan en de oude vos glipt voorbij: Hamilton wint de race. Max is furieus; zo hard ga je de leider, die immers een volle ronde op je voor ligt, niet te lijf. De wedstrijdleiding is het met hem eens: Ocon krijgt een tijdstraf van tien seconden. Maar ja, dat brengt Max zijn zo goed als zekere overwinning niet terug. Eenmaal uit de auto gaat hij dan ook boos op zoek naar de Fransman, met wie hij het in de Formule 3 al regelmatig aan de stok had. Bij de weegschaal treft hij hem. Als Ocon ook nog eens de vermoorde onschuld speelt, barst voor Max de bom: hij duwt Ocon van de weegschaal, dreigt nog eens en beent dan woest naar het podium. Er wordt een hoop *fuss* over gemaakt in de pers. Max krijgt zelfs een straf van de FIA. De politieke correctheid schiet een beetje door, zelfs in de Formule 1. Want dit is sport, adrenaline. Max gaat verhaal halen. Precies zo handelde Senna toen Irvine hem ooit in de weg zat in Japan. Schumacher wilde ooit Coulthard te lijf. Piquet bokste bijna Salazar neer! Achter het podium is Hamilton de wijste. Volgens hem had Max het duel met Ocon niet zover moeten laten komen en ruimte moeten laten: 'Jij had meer te verliezen dan hij…' Tja, het is natuurlijk makkelijk praten als je al vijf keer wereldkampioen bent. Het tekent 2018 nog maar eens: een hard leerjaar.

25

Maximaliseren

2019

In de winter van 2018 komt er een eind aan het slepende huwelijk tussen Red Bull en Renault. Jarenlang hebben ze samen gewonnen, maar samen verliezen bleek lastiger. Renault slaagt er niet in om een hybridemotor te ontwikkelen die de strijd aan kan gaan met Mercedes en Ferrari. Vooral in 2017 is er veel met modder naar elkaar gegooid. In 2018 ging Toro Rosso al met Honda in zee, als proef voor het zusterteam Red Bull. Bij Toro Rosso is men tevreden: er wordt eindelijk echt samengewerkt. En omdat er weinig zicht is op progressie met Renault, waagt ook Red Bull voor 2019 de sprong. Is Honda het ontbrekende puzzelstukje in het pakket? Honda's samenwerking met McLaren was een flop, maar Honda boekt stilaan progressie en natuurlijk heeft Red Bull in Japan in de keuken mogen kijken. Mercedes-chef Toto Wolff weet het zeker: 'Het is een kwestie van tijd voordat Honda weer vooraan meedoet.' Honda heeft geld, Honda heeft faciliteiten, data. Maar ja, dat hebben ze nu al jaren...

In 2019 heeft Honda ook Max. Tijdens de kwalificatie voor de eerste race, in Australië, blijkt het gat naar Mercedes nog altijd groot, maar Max begint toch op een hoopgevende vierde startplaats. Tijdens de race passeert hij ook nog eens Sebastian Vettel en scoort zo het allereerste podium voor Honda sinds hun terugkeer in de Formule 1. De Japanners zijn in tranen. Dr. Marko jubelt: 'Met dit pakket kan Max meedoen om de titel!' De ontnuchtering komt al snel. In de volgende races, in Bahrein en China, heersen Mercedes en Ferrari als vanouds, de Red Bull-Honda komt domweg snelheid tekort. Max doet wat hij moet doen: maximaliseren. Hij wordt een paar maal achtereen vierde en haalt zo zoveel mogelijk punten bij elkaar, om de achterstand beperkt te houden. Wie weet hoe het seizoen zich ontwikkelt.

Ferrari lijkt in 2019 opnieuw een match voor Mercedes. Echter, het rommelt in Maranello. De Scuderia heeft Charles Leclerc ingelijfd. Voor het eerst sinds heel lang is er gekozen voor een jong talent. Met zijn erelijst en ervaring lijkt Vettel vooralsnog de aangewezen eerste man, maar écht heel duidelijk is het niet. Zeker niet als Leclerc bijna wint in Bahrein. Een nieuw koningsdrama lijkt in de maak. Bij Mercedes zijn de rollen duidelijker verdeeld. Valtteri Bottas is snel, wint races, maar het lijdt geen twijfel dat hij over een heel seizoen het onderspit delft tegen Hamilton. De eerste vier races verdelen ze nog onder elkaar, daarna wint Hamilton er vier op een rij. Bottas klaagt niet, doet geen rare uitspraken, hij is gewoon de ideale tweede coureur.

Op 14 mei is er goed nieuws vanaf Zandvoort. De FOM sluit een deal met het circuit voor drie jaar: de Formule 1 komt terug naar Nederland. Het circuit wordt grondig gerenoveerd, vooral wat betreft de faciliteiten. Ook het circuit wordt hier en daar aangepast: de uitgang van de pitstraat komt voorbij de Tarzanbocht te liggen en de Hugenholtz-bocht wordt verbreed en opgehoogd met een banking. Ronduit spectaculair is de verandering van de Arie Luyendyk-bocht. De bocht krijgt een fikse banking, zodat de Formule 1-auto's een langere DRS-aanloop krijgen. Het ziet er indrukwekkend uit. Op 3 mei 2020 zal het zover zijn. De kaarten zijn in no time uitverkocht.

In Monaco, waar de paardenkrachten altijd minder tellen, is Max ineens dicht bij de zege. In de slotfase kan hij Hamilton, die op minder goede banden aan de leiding rijdt, aanvallen. Passeren in Monaco is echter een ander verhaal. Hamilton geeft geen krimp. Bij een ultieme poging in de chicane komt het tot een lichte touché, maar Hamilton blijft voorop. Uiteindelijk loopt Max zelfs het podium mis, wegens een tijdstraf voor de onveilige pitstop, waarmee hij eerder in de race Bottas passeerde. Inmiddels is Max bezig aan een indrukwekkende reeks. Vanaf de Grand Prix van België in 2018 finisht hij een seizoen lang – eenentwintig races – niet buiten de top vijf. Niemand heeft het nog over te jong of te ongeduldig. En in de zomer van 2019 begint hij, met Honda, te winnen.

In Oostenrijk staan Max en Leclerc op de eerste startrij. Dit is het duel van de toekomst. De rivaliteit tussen de twee is al oud. Max en Leclerc kennen elkaar al van de karts. Op de sociale media duiken steeds meer filmpjes op van boze of huilende jongetjes – Max en/of Leclerc – die elkaar de schuld geven van onverkwikkelijke gebeurtenissen op de kartbaan. Omdat Max als een komeet doorstootte naar de Formule 1 en Leclerc de gebruikelijkere, langere weg nam, duurde het even voor ze elkaar weer tegenkwamen, maar nu staan ze naast elkaar, vooraan, in de Formule 1. Max heeft een dramatische start. Terwijl Leclerc de leiding pakt, komt Max pas als achtste voor de met Oranjefans volgepakte tribunes langs. Het wordt een ware inhaalrace. In de openingsronde gaat Max teamgenoot Pierre Gasly voorbij. In de ronden erna schiet hij ook langs Lando Norris, Räikkönen en Vettel. Als Hamilton tijdens de pitstops de neus van zijn wagen laat vervangen, schuift Max op naar plek drie. Gestaag hengelt hij Bottas binnen en gaat hem ook vrij makkelijk voorbij. Dan is alleen Leclerc nog over. Ronde na ronde komt Max, op versere banden, dichterbij. De oranje Red Bull Arena kolkt, je weet dat er een aanval gaat komen. Op weg naar bocht 3, de beste plek om in te halen, kijkt Max al: links of rechts. Als Leclerc een ronde later de deur iets te ver open laat, prikt Max zijn Red Bull meteen aan de binnenkant naast de Ferrari. Naast elkaar duiken ze de bocht in. Geen van beiden bindt in. Maar bij het uitkomen van de bocht wordt de Ferrari door de Red Bull naar buiten gedreven en daar houdt de baan op. Leclerc stuitert over de kerbs en sluit via de uitloopzone achter Max aan. Beide coureurs gillen over de boordradio. Max rijdt op de zege af. Maar al snel verschijnt in beeld de gevreesde melding van de stewards: het duel tussen de auto's met nummer 16 en nummer 33 is *under investigation*. De podiumceremonie gaat gewoon door: Max op de hoogste trede, Leclerc, met een gezicht op onweer, wat lager ernaast. Naderhand moeten ze zich melden bij de stewards. Heeft Max Leclerc van de baan geduwd? Al zo vaak hebben de stewards voor een actie als deze een straf uitgedeeld. Maar even vaak kwam er kritiek: laat de coureurs toch racen, een beetje duwen en trekken hoort erbij. Ruim drie uur duurt het overleg. Het is duidelijk dat de stewards zich realiseren dat hun beslissing bepalend is voor de toekomst van de sport. Op de baan, in het perscentrum en op de sociale media wordt in spanning afgewacht. Even ontploft er van alles als er een bericht verschijnt dat Max een tijdstraf van vijf seconden krijgt. Het blijkt een nepbericht. Aan het begin van de avond komt eindelijk het verlossende woord: de uitslag blijft zoals-ie was, dit is racen. Honda heeft zijn eerste zege sinds 2006 binnen. Wat McLaren en Alonso maar niet lukte, flikt Max. Grommend neemt Leclerc zijn verlies: oké, als het zo moet, dan gaat hij er ook harder tegenaan. Meteen de volgende race, op Silverstone, vliegen ze elkaar alweer in de haren. Het is een adembenemend duel op hoge snelheid. Keer op keer steken ze elkaar voorbij, zij aan zij gaan ze door Stowe, door Luffield en Brooklands, glijdend, half naast de baan, soms helemaal. Bikkelhard, maar fair. Het roept herinneringen op aan het legendarische duel tussen René Arnoux en Gilles Villeneuve in Dijon, veertig jaar eerder. Als Max ook in gevecht raakt met Vettel, rijdt de Duitser echter tegen Max op en is het afgelopen met alle gevechten. Na afloop biedt Vettel meteen zijn excuus aan. Hamilton wint.

Twee weken later regent het pijpenstelen op Hockenheim. Terwijl Max zijn virtuositeit nog eens demonstreert, glijden zijn tegenstanders een voor een van de baan. Leclerc, Hülkenberg en Bottas stranden. Ook Hamilton raakt van de baan en moet de neus wisselen. De tweede zege voor Max en Honda is binnen. Een week later pakt Max in Hongarije zijn allereerste poleposition. Tijdens de race duelleert hij met Hamilton. Hard tegen hard. Dan doet Mercedes een strategische meesterzet. Na een onverwachte extra pitstop en een briljante achtervolging kan Hamilton op zijn versere banden Max eenvoudig voorbij. Hoe dan ook, Red Bull doet vooraan mee, de achterstand in de strijd om de titel is weliswaar meer dan zeventig punten, maar niets is onmogelijk.

Een volgende ontnuchtering komt meteen na de zomerpauze. Op Spa valt Max na een botsing met Räikkönen al in de eerste ronde uit, op Monza moet hij na een motorwissel achteraan beginnen. De toch al dunne titeldroom voor 2019 gaat in rook op. Op Spa wordt echter alles gerelativeerd door het fatale ongeluk van Anthoine Hubert in de Formule 2-race op zaterdag. Terwijl er auto's crashen en er ogenblikkelijk dubbel geel wordt gezwaaid, rijdt het Formule 2-veld volgas de Raidillon op. De auto van Hubert, die is teruggestuiterd op de baan, wordt finaal doormidden gereden. De hele racewereld is van slag, rouwt. Op zondag stappen ook de Formule 1-coureurs met een zwaar hart weer in de auto. Leclerc, landgenoot en vriend van Hubert, behaalt een emotionele eerste Grand Prix-zege.

Als Leclerc ook op Monza wint en Vettel in Singapore, komen er verdachtmakingen richting Ferrari. De rechtelijnsnelheid van de Ferrari is verdacht veel hoger dan van de concurrentie. Sjoemelt de Scuderia met de brandstoftoevoer? Ontregelen zij de sensor die de beperkte benzinetoevoer registreert? Red Bull vraagt de FIA om opheldering. De FIA kondigt aan dat de brandstoftoevoer voortaan met twee sensoren gemeten zal worden. Meteen is Ferrari voor de rest van 2019 zijn snelheid kwijt en stevent Hamilton eenvoudig op zijn zesde titel af. Bij Ferrari blijft het rommelen, Vettel en Leclerc zitten elkaar regelmatig in de weg en in Brazilië komt het tot een botsing. Teambaas Mattia Binotto, die het hele jaar al kritiek krijgt dat hij niet streng genoeg is, weet dat het volgend jaar anders moet. In Brazilië schittert Max nog een keer. Hij pakt de pole en passeert tot tweemaal toe Hamilton in de Senna-S, en wint. Het is duidelijk dat Honda grote stappen heeft gemaakt. Het seizoen wordt afgesloten in Abu Dhabi. Hamilton triomfeert, voor de elfde keer dit seizoen. Op het podium wordt hij geflankeerd door Max en Leclerc. Hamilton weet dat ze eraan komen: 'Ik voel me bevoorrecht dat ik deel uitmaak van deze periode, waarin veel jonge gasten naar voren komen. Ik verheug me op de spannende gevechten met hen in de toekomst.' In Zandvoort rijden intussen de graaf- en asfalteermachines heen en weer. Het werk schiet op. Laat 2020 maar komen.

26

Het coronajaar

2020

In januari 2020 verlengt Max zijn contract met Red Bull tot en met 2023. Met Red Bull en de progressie die Honda heeft gemaakt, moet hij op den duur kunnen strijden om de wereldtitel. Maar wil hij de jongste wereldkampioen ooit worden, dan móét het dit jaar gebeuren. Niemand weet nog wat de wereld boven het hoofd hangt.

Tijdens de wintertests in februari worden er nog grapjes gemaakt. De Grand Prix van China, die voor 19 april gepland stond, is al uitgesteld, maar de uitbraak van het coronavirus gaat zo snel dat de motorhomes misschien maar beter meteen naar Zandvoort gereden kunnen worden. Als het even tegenzit, wordt de Grand Prix van Nederland in mei straks de eerste race van het seizoen! Met de moed der wanhoop reist het hele Formule 1-circus begin maart af naar Australië, maar gaandeweg komt ook die race steeds meer op losse schroeven te staan. Op donderdagavond trekt McLaren zich terug, omdat er een teamlid is besmet met het coronavirus. Dan ontspint zich een aloud Formule 1-ritueel: eindeloos moet er overlegd worden of er wel of niet gereden wordt. Sommige teams willen wel, andere niet. Wereldwijd neemt de verontwaardiging toe. Pas op vrijdagochtend, een paar tellen voor het begin van de eerste vrije training, wordt het hele evenement afgelast. Het publiek wacht al bij de poortjes. De Formule 1 botst met volle snelheid op de pandemie.

De een na de andere race wordt uitgesteld of gecanceld. Ook de race op Zandvoort wordt uitgesteld tot nader order. De ontgoocheling in Nederland is groot. Zal er wel een wereldkampioenschap zijn in 2020? Acht races zijn er minimaal nodig. Achter de schermen werkt de FOM aan een alternatieve kalender. Het televisiegeld, zo'n achthonderd miljoen dollar, staat op het spel. Tegen de zomer is er een plan. Wanneer de Formule 1 zich opsluit in verschillende bubbels en iedereen met grote regelmaat wordt getest, dan moet het mogelijk zijn om veilig races te houden. Races zonder publiek.

Op 5 juli neemt het ingekorte, onzekere en nog lang niet geheel gevulde seizoen 2020 een aanvang. Na een verplichte, korte quarantaine komt de Formule 1 samen op de Red Bull Arena, voor twee raceweekends achter elkaar. In afgeslankte vorm. Teams nemen minder mensen mee, er is veel minder pers en publiek is er helemaal niet. Het is raar: terwijl de wereld zucht onder een pandemie, gaan wij racen. Tegelijk geeft het een gevoel van triomf: het virus krijgt ons er niet onder. Net als de hervatte voetbalcompetities brengt de Formule 1 een beetje licht en weer wat lijn in het overhoopgegooide leven. Het is stil in de paddock en ook langs de baan is het leeg, maar zodra de motoren worden gestart is het *business as usual*. Het werkt. Natuurlijk, de Formule 1 is al zo lang vooral een televisiesport.

Business as usual is ook de dominantie van Mercedes. Bottas wint de openingsrace, Hamilton wint een week later. Opnieuw moet Max in de achtervolging. In de eerste race valt hij uit met een elektronisch probleem, de tweede race wordt hij derde. Alleen Max kan enigszins in het spoor van de Mercedessen blijven; de Ferrari's zijn te langzaam. Het wordt een rampjaar voor de Scuderia. In de winter is er een geheime schikking getroffen tussen Ferrari en de FIA, over het vermeende gesjoemel met de brandstoftoevoer. Er is niks illegaals gebeurd, houdt Ferrari vol. Het feit dat de schikking geheim blijft, zegt echter genoeg. Ferrari en de teams met een Ferrari-motor hinken in 2020 kansloos achterop. 'Het gaat nog jaren duren voor we weer aan de top staan,' waarschuwt teambaas Binotto. Daarnaast maakt Ferrari, nog voordat het seizoen losbarst, bekend dat het eind 2020 niet verdergaat met Vettel. De kaarten worden definitief op Leclerc gezet. Wat Alonso niet lukte, lukt dus ook Vettel niet: Ferrari weer kampioen maken. Af en toe leek het mogelijk, bij momenten had Ferrari een snellere wagen, maar over een heel seizoen moest Vettel boven zijn macht reiken om Mercedes te verslaan. Te vaak ging hij op cruciale momenten in de fout.

Intussen komen er steeds meer races op de kalender. Zonder publiek. Zandvoort bedankt daarvoor. Begrijpelijk, want het hele project draait om de Oranjezee die naar de duinen komt, en dat zal in 2020 niet meer gaan. Na de twee races in Oostenrijk is er een race in Hongarije en dan tweemaal Silverstone.

In Hongarije schuift Max op weg naar de startgrid hardhandig van de baan. In recordtijd repareren zijn monteurs echter de schade en uiteindelijk sleept Max nog een tweede plek uit het vuur. Het is net als in 2019: maximaliseren. En hopen dat het tij keert. Op Silverstone lijkt hij in de eerste race opnieuw genoegen te moeten nemen met een derde plek, tot Bottas een lekke band krijgt en Max een plaats opschuift. Omdat Hamilton buiten bereik blijft, maakt Max nog een extra pitstop voor nieuwe, zachte banden waarmee hij een extra punt voor de snelste ronde kan scoren. Had hij dat maar niet gedaan, want ook Hamilton krijgt een lekke band, in de laatste ronde! Max zet een eindsprint in, maar net op tijd komt Hamilton, op drie wielen, als winnaar over de finish. Een week later wint Max de race wel, dankzij een slimmere bandenkeuze. Het kán dus wel, Mercedes verslaan. Is de titelrace nog open? Volgens Helmut Marko wel. Max zelf is realistischer: 'Het is niet gezegd dat we meteen weer meedoen om de titel.' Het antwoord komt al snel in Spanje en op Spa: tweemaal zegeviert Hamilton. Er staat in 2020 geen maat op de Brit en zijn machine. De Mercedes W11 is volgens Hamilton de beste auto uit de hele serie sinds 2014. Hamilton zelf is definitief de grootste van zijn generatie. Een lang onhaalbaar geacht record van Michael Schumacher sneuvelt in 2020: op de Nürburgring boekt Hamilton zijn eenennegentigste Grand Prix-zege, waarmee hij Schumi evenaart. Na afloop krijgt hij uit handen van Michaels zoon Mick een helm van Schumacher aangeboden, een prachtig gebaar. Twee weken later in Portugal wint Hamilton voor de tweeënnegentigste keer.

Zo lijkt het seizoen 2020 in de plooi gevallen. De top drie – Hamilton, Bottas, Max – start vooraan, rijdt weg en verdeelt de podiumplaatsen. Toch heeft de tweede seizoenshelft nog wel wat verrassingen in petto. Op Monza gooit een safetycarfase de race flink overhoop. Max valt uit, Bottas komt vast te zitten in het middenveld en Hamilton krijgt een tijdstraf omdat hij een pitstop maakt terwijl de pitstraat gesloten is. Ineens rijden er heel andere coureurs vooraan. Pierre Gasly rijdt de race van zijn leven en wint zijn eerste Grand Prix, in een Alpha Tauri (voorheen Toro Rosso). Carlos Sainz komt na een spannende achtervolging net tekort, hij wordt tweede in een McLaren, Lance Stroll eindigt als derde in een Racing Point (voorheen Force India). Het is bijna aandoenlijk om te zien: na de volksliederen en de champagne blijven de coureurs nog even hangen op het podium om samen bij te komen van de verbazing. Een jaar eerder werd Gasly nog afgeschreven als teamgenoot van Max, bij Alpha Tauri is hij weer helemaal opgebloeid. Het valt ook niet mee om de teamgenoot van Max te zijn. Max doet dingen met de Red Bull die voor anderen niet haalbaar zijn. De druk is daarom groot. Ook zijn nieuwe teamgenoot, Alexander Albon, blijkt niet echt bestand. Misschien moet Red Bull niet langer een veelbelovend talent als tweede man naast Max nemen, maar een snelle, solide coureur die er genoegen mee neemt om tweede viool te spelen.

Een week na Monza wacht al de volgende verrassing: Mugello. Nooit eerder streek de Formule 1 neer in Toscane. Mugello blijkt een geweldig circuit, met uitdagende, supersnelle bochten en veel hoogteverschillen. Bovendien worden foutjes genadeloos afgestraft door de grindbakken naast de baan. Het is misschien het enige voordeel van het coronajaar: de Formule 1 ontdekt nieuwe circuits als Mugello en Portimao in Portugal, maar ook oude bekenden als Imola, de Nürburgring en het circuit in Istanbul. Allemaal oldskool circuits met een pittig karakter. Formule 1-eigenaar Liberty kondigt aan dat er in de toekomst mogelijk gerouleerd gaat worden met circuits. Dat lijkt me een uitstekend plan. Net zoals het me raadzaam lijkt om ruimte te maken voor klantenauto's en Formule 1-races buiten het officiële wereldkampioenschap. De dwangbuis waarin Ecclestone de Formule 1 heeft laten groeien, mag misschien wel wat losser. De race op Mugello staat in elk geval bol van sensatie. Max begint vanaf de voorste startrij, maar komt door een probleem met de motor niet goed weg en belandt in het gedrang in het middenveld. In de smalle bochten bergop komt het bijna onvermijdelijk tot een botsing. Räikkönen, Gasly en Grosjean raken elkaar. Max wordt in de crash meegesleurd: race over. Een lange safetycarfase volgt, maar bij de rollende herstart gaat er nog veel meer mis. Diverse coureurs achteraan gaan te vroeg op het gas, met een flinke kettingbotsing als gevolg. De Alfa van Giovinazzi vliegt door de lucht. Gelukkig raakt er niemand gewond. De rode vlag wordt gezwaaid, de race afgebroken en een nieuwe, staande start volgt als de brokstukken zijn opgeruimd. Op twee derde van de race is er nóg een herstart, na een flinke crash van Stroll. Dwars door alle chaos rijden de Mercedessen een nieuwe dubbelzege naar huis.

Spektakel ook in Turkije. Omdat het circuit net voor de Grand Prix opnieuw geasfalteerd is, blijkt de baan zo glad als ijs. Als het bovendien gaat regenen, lukt het bijna niemand meer om zijn auto op de baan te houden. In de nacht van vrijdag op zaterdag laat de organisatie een grote groep gewone auto's langdurig over de baan rijden om wat rubber neer te leggen. De volgende ochtend spoelt de regen het weer weg. Op de ijsbaan, waar wagenbeheersing gevraagd wordt, is Max in alle vrije trainingen de snelste. Toch wordt hij in de kwalificatie afgetroefd door Stroll. Tot ieders verbazing pakt het rijkeluiszoontje zowaar zijn eerste pole. Racing Point, het team van papa Stroll, ligt het hele seizoen onder vuur. De roze auto is bijna een exacte kopie van de Mercedes uit 2019. Er volgen protesten over specifieke onderdelen. Het team moet vijftien constructeurspunten inleveren en de FIA verbiedt later ook software en 3D-fotografie waarmee auto's eenvoudig gekopieerd kunnen worden. Tegen het eind van het seizoen presteren de roze Mercedessen echter verrassend goed, te beginnen op de Turkse ijsbaan. Omdat de Red Bulls bijna niet van hun plek komen, speren Stroll en zijn teamgenoot Sergio Pérez ervandoor. In de helse omstandigheden bouwen ze een enorme voorsprong op. Zodra de pitstops komen en er andere banden gekozen worden, valt Stroll terug. Pérez echter houdt vol. Max heeft zich intussen teruggeknokt. Maar wanneer hij Pérez wil passeren, komt hij te dicht achter de Racing Point, verliest alle downforce en glijdt van de baan. Achter hen krijgt Hamilton inmiddels meer en meer grip op de baan en de race. Geduldig heeft hij de wedstrijd naar zich toe laten komen. Hij passeert beheerst Pérez, wint de race en kroont zichzelf daarmee tot wereldkampioen. Met zijn zevende titel komt Hamilton op gelijke hoogte met Schumacher. Meteen duikt weer de vraag op: wie is de grootste? Maar grote kampioenen zijn moeilijk te vergelijken. Schumacher had in zijn tijd meer invloed op het team en het management en was daarmee bepalend voor de successen van Ferrari. Hamilton stapte wat dit aangaat meer in een gespreid bedje. Maar Hamilton profileert zich meer als superster, ook buiten de Formule 1. Hij gebruikt vooral de nieuwe media om zich uit te spreken over maatschappelijke kwesties als klimaatverandering en diversiteit, en dat maakt hem tot een heel andere, eigentijdse en bijzondere kampioen.

Het Formule 1-seizoen wordt afgesloten met drie raceweekenden in het Midden-Oosten. De eerste race, in Bahrein, begint met een knal. Na de eerste bochtencombinatie raken er links en rechts auto's naast de baan. Een daarvan schiet op hoge snelheid frontaal in de vangrail en explodeert. De klap en de enorme vlammenzee doen het ergste vrezen. Taferelen uit de jaren zeventig. Rode vlag. Het is Grosjean, zo blijkt wanneer alle auto's zijn teruggekeerd in de pits. Verdere beelden van het ongeluk blijven uit; nooit een goed teken. Dan is er een shot van Grosjean, achter in de Medical Car ter plaatse. Hij is in orde. Iedereen haalt opgelucht adem. Dan komen de herhalingen en blijkt hoe heftig het ongeluk is geweest. De Formule 1 is ontsnapt aan een ramp. Door een uitwijkmanoeuvre maakt Grosjean contact met Kvyat en schiet rechts de baan af. De Haas slaat in de vangrail, breekt in tweeën, waarbij ook de benzinetank scheurt. De auto vliegt in brand. De Medical Car, die standaard in de openingsronde achter het veld aan rijdt, stopt onmiddellijk. Marshals met brandblussers komen al aangerend. Zodra in de vlammen achter de vangrail het silhouet van een coureur zichtbaar wordt, besluit de dokter daar te blussen. Even worden de vlammen lager en meteen springt Grosjean, gesteund door de chauffeur van de Medical Car, uit het vuur tevoorschijn. Hij is gered. Hij heeft heel veel geluk gehad. Geluk dat hij niet klem zat of bewusteloos is geraakt, want niemand had hem uit de vuurzee kunnen halen. De wagen is dwars door de vangrail gegaan, waarbij de halo Grosjean van onthoofding heeft gered. Slechts met brandwonden aan handen en voeten belandt Grosjean in het ziekenhuis. Achtentwintig seconden heeft hij in de hel doorgebracht, aanvankelijk overtuigd dat hij doodging, totdat de gedachte aan zijn drie kinderen hem de kracht gaf om uit het wrak te klimmen. De schrik zit erin. Zo'n inferno is de Formule 1 niet meer gewend. Toch, als de vangrail is gerepareerd, wordt de race gewoon hervat en gewonnen door Hamilton.

Een week later staat Hamilton aan de kant. Hij is besmet met Covid 19. Eerder in het seizoen raakten Pérez en Stroll al besmet. Mercedes zet het Britse talent George Russell in de auto. De Formule 2-kampioen van 2018, die al twee seizoenen voor hekkensluiter Williams rijdt, stelt niet teleur. De pole mist hij op een paar duizendsten, maar in de race rijdt hij langdurig op kop. Hij zou ook gewonnen hebben, maar door een radioblooper verknalt Mercedes de pitstops. Russell zet nog een achtervolging in, tot een lekke band hem definitief terugwerpt. De ontgoocheling is groot. Max kan niet profiteren van alle pech bij Mercedes: hij is na vijf bochten al uit de race gekegeld door een onbesuisde inhaalactie van Leclerc. Ook Pérez was bij die crash betrokken, hij kon echter als laatste verder en wint na een geweldige inhaalrace alsnog de wedstrijd. Iedereen gunt het de Mexicaan, die voor 2021 zijn zitje verliest en langs de kant komt te staan. Racing Point, dat in 2021 Aston Martin zal heten, heeft namelijk Vettel aangetrokken. Omdat papa Stroll alles betaalt, is Lance natuurlijk zeker van zijn plekje. De plek van Vettel bij Ferrari wordt ingenomen door Carlos Sainz, die bij McLaren regelmatig heeft laten zien dat hij een plek bij een topteam verdient. McLaren lijft onmiddellijk Daniel Ricciardo in. McLaren komt er weer aan. Onder leiding van ex-Porsche-man Andreas Seidl maakt het afgegleden team grote stappen. In 2020 eindigen ze alweer als derde in het constructeurskampioenschap, in 2021 hebben ze weer een Mercedes-motor en met Ricciardo een echte winnaar. Ricciardo heeft in 2020 Renault weer op het goede spoor gezet. Hij scoorde zelfs een podium, waarna teamchef Abiteboul, door een weddenschap met Ricciardo, verplicht werd een tattoo te laten zetten. Renault verrast nog meer met de aankondiging dat Fernando Alonso in 2021 weer in de auto zal stappen. Winnen zit er volgend jaar waarschijnlijk nog niet in, maar Renault en Alonso zetten alles op 2022, wanneer een nieuw reglement zorgt voor nieuwe auto's. Ook Ferrari hoopt in dat jaar weer echt mee te kunnen doen.

De laatste race van het bizarre coronajaar vindt plaats in Abu Dhabi. Het wordt een demo van Max. In een spannende kwalificatie pakt hij precies aan het slot de pole en op zondag leidt hij soeverein van start tot finish. Abu Dhabi is sinds het hybride tijdperk exclusief jachtterrein van Mercedes geweest. Deze ijzersterke overwinning belooft wat voor 2021. Het zal echter het laatste jaar samen met Honda zijn. De Japanse fabrikant houdt het na 2021 voor gezien. Voor de zoveelste maal trekt Honda zich terug uit de Formule 1. Red Bull zet alles op alles om vanaf 2022 het motorproject van Honda zelf voort te zetten, anders zijn ze aangewezen op Renault, waarvan ze nog maar kortgeleden op pijnlijke wijze gescheiden zijn. Max' teamgenoot in 2021 wordt op de valreep toch Pérez. Red Bull stapt even af van het idee dat het altijd eigen talenten in de auto moet hebben. Met Pérez als tweede coureur kan Red Bull meer doen tegen Mercedes, al zal hij waarschijnlijk spoedig merken dat alles draait om Max. Nog één Honda-jaar, de auto blijft nagenoeg gelijk, het momentum is er met de zege in Abu Dhabi: kan Red Bull in 2021 nu wel sterk uit de startblokken komen, zodat Max vanaf het begin mee kan doen om de wereldtitel, of sterker nog: hem eindelijk kan binnenhalen?

Dankwoord en fotoverantwoording

Mijn dank gaat uit naar *alle* medewerkers van het tijdschrift *Formule 1*, door de jaren heen. Speciaal naar Linda, die mij door de paddock loodste, en Daan, voor zijn kritische blik op het manuscript.

Foto's 1, 2 en 6 zijn gemaakt door Koen Vergeer. De overige foto's zijn van Peter van Egmond.

atlas contact
ZANDVOORT
EEN KLEINE GESCHIEDENIS VAN
DE GROTE PRIJS VAN NEDERLAND
1948-2021
KOEN VERGEER

Koen Vergeer

Zandvoort

Met Max Verstappen op jacht naar de wereldtitel keert de Formule 1 terug naar het circuit van Zandvoort. Een plek met een roemrucht autosportverleden. Helden als Fangio, Stewart, Lauda en Senna – allemaal scheurden ze door de duinen. In *Zandvoort. Een kleine geschiedenis van de Grote Prijs van Nederland* vertelt Koen Vergeer het verhaal van het Zandvoortse circuit en hoe de Formule 1 en het hele circus eromheen veranderden. Hij vertelt over coureurs in de straten van een typische badplaats, over Tarzanbocht en Scheivlak, vuurzeeën, epische duels en onvergetelijke triomfen. *Zandvoort* laat je voelen waarom het zindert wanneer de ultieme raceklasse door de duinen raast.

Opgetekend door Koen Vergeer
Kalff
Leven in de racerij
atlas contact
GOODYEAR

Koen Vergeer

Kalff

Er zijn maar weinig mensen die vanuit zoveel verschillende perspectieven over de autosport kunnen praten als Allard Kalff. Eerst nog als jeugdige fan, daarna als aanstormend racetalent (hij trok met zijn broer in een busje door Europa en werd kampioen Formule Ford) was hij uiteindelijk op zijn plek als populaire pitreporter en Formule 1-analist. Tussen 1990 en 2012 was Kalff pitreporter bij Eurosport en RTL. Het was een tijd dat de pers onbeperkt toegang had tot de pits en Kalff heeft de Formule 1 dan ook als geen ander van binnenuit beleefd. Hij raakte bevriend met vele bekende coureurs, onder wie wereldkampioenen als Michael Schumacher, Mika Häkkinen en Damon Hill, maar ook met Johnny Herbert, Rubens Barrichello, Jos Verstappen en Alex Zanardi. Het boek staat vol smakelijke anekdotes uit het wereldje: van een unplugged privéconcert van Beatle George Harrison tot het theezetten voor Ayrton Senna. Kalff gunt ons een veelzijdige, soms hilarische maar vooral een onbekende kijk achter de schermen van de autosport. Van Zandvoort tot Le Mans, van Indianapolis tot de Dakarrally.